本书受以下项目资助：
中央支持地方高校改革发展资金—高水平本科教育改革经费
广西一流本科专业——广西民族大学历史学
2024年度广西高等教育本科教学改革工程项目"师范认证背景下民族地区高校历史学专业卓越教师培养实践研究"（2024JGA167）

中学历史 教学智慧

（第三辑）

朱华进　主　编
龙小峰　副主编

暨南大学出版社
JINAN UNIVERSITY PRESS

中国·广州

图书在版编目（CIP）数据

中学历史教学智慧. 第三辑 / 朱华进主编；龙小峰
副主编. -- 广州 ： 暨南大学出版社，2025. 2. -- ISBN
978-7-5668-4113-1

Ⅰ. G633.512

中国国家版本馆 CIP 数据核字第 2025D69E28 号

中学历史教学智慧（第三辑）
ZHONGXUE LISHI JIAOXUE ZHIHUI（DI-SAN JI）
主　编：朱华进　副主编：龙小峰

出 版 人：阳　翼
责任编辑：曾小利　苏　洁
责任校对：许碧雅
责任印制：周一丹　郑玉婷

出版发行：暨南大学出版社（511434）
电　　话：总编室（8620）31105261
　　　　　营销部（8620）37331682　37331689
传　　真：（8620）31105289（办公室）　37331684（营销部）
网　　址：http：//www.jnupress.com
排　　版：广州尚文数码科技有限公司
印　　刷：广州小明数码印刷有限公司
开　　本：787mm×960mm　1/16
印　　张：13.5
字　　数：252 千
版　　次：2025 年 2 月第 1 版
印　　次：2025 年 2 月第 1 次
定　　价：65.00 元

（暨大版图书如有印装质量问题，请与出版社总编室联系调换）

前 言

····

　　广西民族大学历史学专业开设于 1960 年，是广西办学时间最早的历史学专业之一。该专业 2006 年获得专门史硕士点，2010 年获得中国史一级学科硕士点，2015 年获得学科教学（历史）硕士招生资格，2022 年成为广西一流本科专业建设点。专业定位为师范类专业，办学符合学校"民族性、区域性、国际性"方向，立足广西，扎根民族地区，辐射全国，建设成引领民族地区历史教育的广西一流师范专业，培养具有历史学科核心素养、学科思维和实践能力的优秀人才。

　　近年来，广西民族大学历史学专业从三个方面对学生的师范教育开展深入建设：一是以本为本，强化师范生培养。建立师范训练小组，加强教师导学、学生研学，加大教育实践改革。在多学科渗透的理念下，注重专业知识的跨学科延展，将课堂教学与课外实践合二为一，加强与校外实践教育基地的联动，形成校内外合力。举办师范生演讲比赛、教学技能比赛、教育信息化比赛等，以赛促学，提升师范生教学技能水平。二是推行"见习—研习—践习"的实践教学模式，有效激趣。以教育"三习"为抓手，推行探究式学习、问题式教学、项目式教学和案例教学的教学模式。通过兴趣小组、课程沙龙、研修工作坊等系列活动，极大提升了师范生的教育技能。三是积极开展特色科研实践活动，夯实人才培养质量。历史学师范生的实践能力与理论知识储备水平相辅相成，同步而行。历史学推行本科导师制，打造师生科研共同体。以"课堂＋社会＋工作坊"激发学生求知，"稽古壮游"专业思政品牌、广西边疆市县民间历史文献调研活动、八桂历史文化地理田野工作坊、"历史教育研习社"等，均能很好地加深学生的问题意识和提高学生解决问题的能力。今后亦将重点构建"通识教育＋专业基础课程＋专业拓展课程＋科研训练＋教学实践"五位一体的卓越师范生人才培养模式，多措并举推动历史学专业在师范教育建设方面取得较为丰硕的成果。本专业在专业建设、课程优化、教学改革、教辅出版、教学竞赛、在线课程、教师荣誉方面均有收获，特别是在国家级、自治区级师范生教学技能比赛中都获得了佳绩。

本书是对本专业师范教育建设的阶段性总结，所收录的论文围绕"中学历史大单元教学的理论与实践"的主题展开论述，共计19篇论文，为结合广西民族大学历史学专业的具体情况以及广西中学历史教育现状而进行的思考。书中由本系教师、校外中学一线历史教师与历史教研员撰写的文章共7篇；由硕士研究生撰写的文章共6篇；由本科生撰写的文章共4篇，部分是由其本科毕业论文修改而来；1篇为本系教师与硕士研究生共同署名；1篇由校外中学一线历史教师与外校博士生（亦是本系毕业生）合作而成。本书出版后将用于历史学本科师范生和学科教学（历史）专业硕士研究生的培养，囿于学力浅薄，书中难免存在一些不尽如人意之处，还望读者多多指正。

本书出版获2024年特色本科高校建设及高校教学质量与改革工程经费、历史学一流本科建设经费支持，暨南大学出版社的编辑也尽心给予了帮助，我们在此谨致谢忱。

朱华进
2024 年 12 月 10 日于南宁

目　录

……

人工智能赋能高中历史大单元教学论析

——以《中外历史纲要(下)》第七单元的教学实践为例*

李方恩　李海青**

在当今的信息时代，教育领域正经历着前所未有的变革。具体到高中历史教学而言，传统的教学模式面临着诸多挑战，如教学手段单一、知识点繁杂、理解难度较高等。在课堂实践中，如何激发学生的学习兴趣、提高教学效率、培养学生的学科核心素养，成为亟待教育工作者解决的问题。大单元教学理念的出现为解决这些问题提供了思路。与此同时，人工智能技术的迅猛发展也为广大高中历史教师进行教育创新提供了新的机遇。我们尝试将人工智能引入高中历史大单元教学，希望在已有的基础上①，为解决以上问题提供一些借鉴和参考。

---

* 本文系广西民族大学民族学与社会学学院"民族学一流学科"资助项目"人工智能辅助中学历史教学与科研的研究"、广东省湛江市中小学教育科学规划2024年度重点项目"基于智慧技术的大单元教学"（2024ZJZD017）的阶段性成果。

**李方恩，广西民族大学民族学与社会学学院历史系教师；李海青，任职于湛江市体育学校，中学历史高级教师。

① 目前相关的研究成果有：樊聪. 智能数据在高中历史教学中的应用［D］. 郑州：河南大学，2020；李德. 人工智能在中学历史教学中的应用研究［D］. 长沙：湖南师范大学，2020；谭毅. 人工智能如何赋能历史高效课堂［J］. 中学历史教学参考，2020（14）：27-29；张若开. 中学历史教学中使用人工智能的利弊分析［J］. 赤峰学院学报（哲学社会科学版），2021，42（11）：101-105；吴双. 人工智能驱动下普通高中历史学科教学模式创新研究［D］. 重庆：西南大学，2023；王钰铭. 探析人工智能聊天软件兴起对中学历史教学的影响：以ChatGPT为例［J］. 互联网周刊，2023（14）：23-25；郑耿标. 基于生成式人工智能的历史学习评价设计初探［J］. 历史教学（上半月刊），2024（3）：20-29. 这些研究成果对人工智能引入历史教学的各方面进行了初步的探讨，但关于人工智能与高中历史大单元教学相结合的研究成果目前尚未见到。

一、人工智能引入高中历史大单元教学的必要性

大单元教学为高中历史教学提供了新的理念支撑。目前高中统编历史课本《中外历史纲要》采取了通史体例，知识体系较为完备，且引入了一些学术界的新观点。然而《中外历史纲要》对教师的教和学生的学都提出了更高的要求。从教师方面来看，《中外历史纲要》给教师带来了不小的教学压力，教师们普遍感到在有限的教学时间内有效地完成教学任务较为困难；对学生而言，《中外历史纲要》知识点众多、繁杂，线索杂乱，需要具备较高的学习能力，这给他们带来了挑战。大单元教学模式能够较好地解决这些问题，帮助学生建构式、整体式地理解、掌握历史知识，培养其学习能力和创新思维能力；对教师而言，则可以帮助他们很好地理清教学逻辑，化繁为简。

然而，从大单元教学理念到教学实践，需要一种较为便捷、可靠、实用的技术路径来落实。从学生层面而言，大单元教学和之前的学习其实没有根本的差别，有的学生反映这种教学的讲解更为抽象跳跃，无法激发学习兴趣和学习热情。面对这样的教学现状，以数字化技术为依托，将人工智能与教育相结合的智慧教学模式应运而生。这种模式"利用智能化技术（灵巧技术）构建智能化环境"，在人机交互的软、硬件环境中"师生可以施展灵巧的教与学方法，使学生的不可能变为可能，由小能变为大能"①，可以为传统历史教学注入新的活力和创意。教师在课堂上充分运用这种融合了人工智能的智慧教学模式，将创造出更加丰富、多样和具有创新性的教学方式。

二、人工智能助力大单元教学的途径

人工智能助力高中历史大单元教学是一个全新的尝试，这种尝试当然也是围绕着教育教学的基本规律展开的。我们希望通过技术层面的尝试，突破一些长期以来困扰历史教学的瓶颈与问题。

首先，人工智能非常有助于课堂教学中特定情境的构建。在人工智能的加持下，教师可以运用多种现代化的教学手段，如虚拟现实技术等将历史知识以更加生动、形象的方式呈现给学生，创设出更符合教学需要的情境。而合适的情境正是大单元教学之必须："情境的创设是大单元教学整体设计深

---

① 祝智庭，贺斌. 智慧教育：教育信息化的新境界 [J]. 电化教育研究，2012（12）：5—13.

度关联环节中的重要一环"①。教师通过图片、视频、音频等多媒体素材的展示辅助教学，甚至可以借助"文心一言""通义万相"等模型来生成符合指令要求的图片并将之运用到课堂之中。② 这些素材可以让学生更加直观地了解历史事件和人物，感受历史的魅力和深度。

其次，人工智能可以帮助学生更好地理解大概念，把握大单元。把握大单元的关键在于理解大概念，"大概念所反映的是学科基本结构，是学科知识背后的基本原则"③。也就是说，大单元教学是用来落实大概念的。在教学实践中，教师可引导学生通过运用"GitMind""AmyMind"等人工智能模型，通过生成思维导图等方式，来帮助学生整体把握、理解大概念的内涵和外延，知晓大单元的逻辑架构，从而能够架构起学科知识的框架，了解掌握不同时期历史发展的特征与总体趋势。

最后，人工智能可以帮助教师更好地把控课堂，为落实大单元教学模式提供路径支撑。在传统的课堂中，教师通过测验、课堂讨论、互动答疑等方式来了解学生对知识的掌握状况，而在智慧教学模式下，教师借助人工智能可以做到无缝隙、全覆盖式地了解学生整体掌握的情况，从而及时对自己的教学进行调整。教师还可以借助人工智能的分析系统，实现对学生一对一式的精准辅导，或者解惑答疑，引导学生进行实时交流、深入思考；或者针对学生学习中的问题，让智慧教学系统不断地抓取相关题目，进行训练推送并测评，直到学生掌握相关知识为止。

三、人工智能赋能高中历史大单元教学的实践探索

我们以《中外历史纲要（下）》第七单元的大单元教学案例为依托，在教学实践中开展了基于人工智能的高中历史大单元教学探索。探索的总体目

---

① 朱其凤. 指向深度学习的大单元教学情境创设探究 [J]. 安徽教育科研, 2023 (20)：22 – 24.

② 对于人工智能生成的图片或者情境在历史教学中的运用，学界还有争议。有学者指出，以求真为追求的历史课堂所引用的资料等应当是符合历史学规范的。另一些学者则认为，为了达成求真的目标，在"目标正义"的视域下，历史课堂在途径与方法上可以采用更宽泛的技术路径，详情可参阅《中学历史教学中使用人工智能的利弊分析》等文章。本文认为为了更好地达成教学目标，在一定限度内可以使用人工智能生成的材料来丰富课堂，前提是需明确告知学生这些材料的来源，避免引发混淆。

③ 李刚，宁妍. "1＋N"全景教学模式：以大概念为主线的大单元教学设计框架 [J]. 天津师范大学学报（基础教育版），2023，24 (5)：51 – 56.

的是通过人工智能在高中历史大单元教学中的应用，提高教学效率，增强学生的学习体验感、沉浸感，培养学生的学科思维能力，促进学生学科核心素养的全面发展。在这一过程中，我们寻求的不仅仅是知识的传递，更是对学生个性化需求的精准把握和满足。

本研究基于湛江市体育学校高一（3）班的大单元教学实践案例展开，以下为本次实践探索的过程。

（一）教学设计和实施过程

1. 教学内容分析

我们首先输入课标、教材等相关文本，运用"文心一言""科大讯飞"等模型整合了本单元教学内容。本单元以"20世纪上半期的重大历史事件和现象"为核心，旨在引导学生深入理解国际秩序的演变。本单元的四课所叙述的20世纪上半期的重大历史事件和现象都影响了这一时期国际秩序的演变。据此我们定义单元主题为：战与和的辩证——20世纪上半期的国际秩序，提炼的大概念是国际秩序。我们再从单元主题大概念的切入点来整合单元的四个课时：战争的火种——帝国主义的争夺与世界大战的爆发，对应第14课；和平的曙光——十月革命与新国际秩序的构建，对应第15课；战与和的交织——两次世界大战间的民族民主运动与"二战"后的国际秩序，对应第16课、17课。案例借助人工智能大模型创新教学设计，将情景模拟和问题导向相结合，旨在引导学生深度参与历史课堂，让他们在轻松愉快的氛围中领略历史的魅力。

2. 学情分析

我们运用希沃白板的自动组卷批改功能，发放课前学情测试题目，目的是通过对该班学生的起点能力、学习风格和数字素养的分析来更精准地设计教学目标和方法。通过课前测我们发现，该班学生知识积累相对薄弱，起点相对较低，他们对于第七单元涉及的内容，如20世纪上半期的国际秩序、俄国十月革命及苏联社会主义建设等，只有一些较浅的认知，缺乏系统性的认识。但是，学生们的直观思维和形象思维能力较强，喜欢参与性强的学习方式。根据这些情况，我们决定采取一种情境化、参与性的教学策略，设计一些与历史相关的教学活动，让学生通过亲身参与来加深对历史知识的理解和记忆。根据该班学生团队合作精神较强的特点，我们决定加强教学的互动性，组织讨论和分享，促进学生之间的交流与合作，提高学习效果。该班学生的数字技能基础较好，但是信息筛选和处理方面的能力较差，因此我们决定在教学中要引导学生有效地利用网络资源，增强其鉴别能力。

3. 教学目标设定

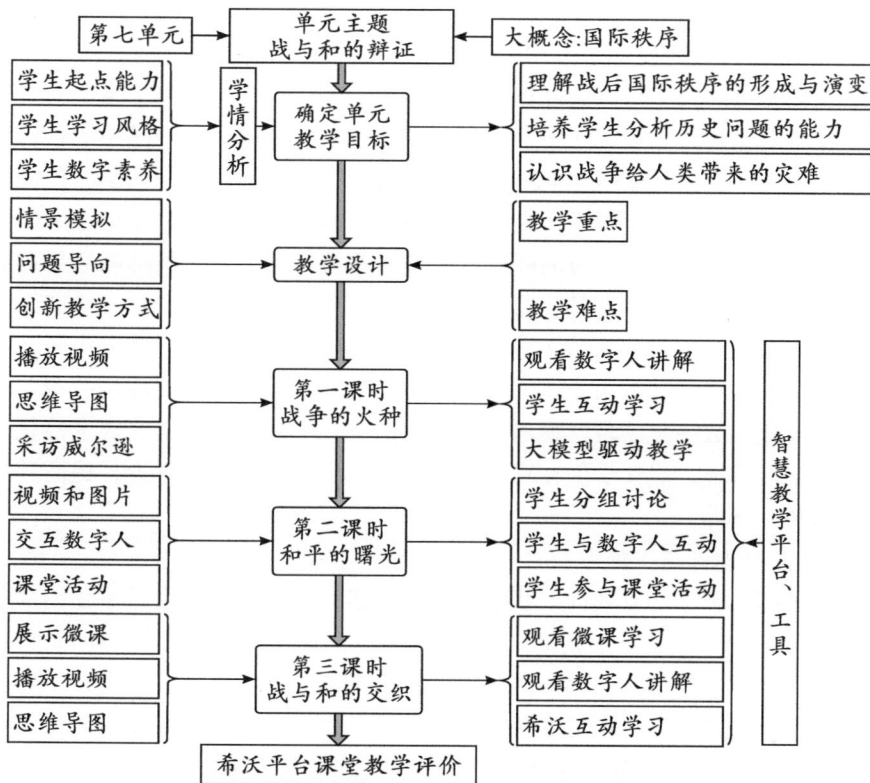

图1 《中外历史纲要（下）》第七单元数字化教学案例

根据学情分析的结果，我们设定了具体的单元教学目标（见图1），包括学生对两次世界大战的基本史实的掌握，以及对国际秩序形成与演变的理解。具体而言，首先是学生能够掌握两次世界大战的基本史实，理解战后国际秩序的形成与演变；其次是培养学生分析历史问题的能力，能够从多个角度探讨历史事件的成因和影响；最后是引导学生认识战争给人类带来的灾难，培养学生的和平意识和国际视野。接下来，我们将单元目标细化为课时教学目标，第1课时为了解第一次世界大战的起因、经过和结果，理清战后国际秩序的变化，第2课时是探索俄国十月革命的历史意义和苏联社会主义建设的实践，理解列宁和斯大林对社会主义建设理论和实践的贡献，以及苏联早期的社会和经济变革，第3课时是理解十月革命对亚非拉民族解放运动兴起的鼓舞作用，分析这些运动如何沉重打击了帝国主义和殖民主义，以及对世界殖民体系和国际秩序的影响。了解第二次世界大战的背景、过程和结果，以及战争是如何改变世界政治格局，并导致冷战时期两极格局的形成的。教学目标的设定旨在确保学生能够有步骤地掌握知识，获得能力，提高素养。

4. 教学方法与技术手段的融合

我们充分利用了希沃交互白板一体机、"文心一言"大模型驱动的数字人、视频剪辑工具等数字化平台和资源进行教学。这些技术手段还能较好地调动学生的积极性，吸引他们充分参与到课堂中来，提高他们的学习积极性和主动性。这些技术工具不仅为教师提供了丰富的教学手段，也为学生提供了互动、探究、个性化学习的环境。通过这些技术的应用，教师能够更直观地展示历史事件的时空背景，帮助学生形成正确的历史时空观念。"文心一言"大模型驱动的数字人威尔逊、列宁为学生提供了生动、有趣的讲解，可以帮助学生更好地理解历史。同时，通过以上数字化平台与资源的应用，本单元智能化、数字化的教学案例为学生打造了一个集互动、探究、个性化于一体的学习情境，能让学生在轻松愉快的氛围中领略历史的魅力，提高其历史学科核心素养。

5. 学案设计与实施

为了提高教学的有效性，我们设计了学案。该课学案的设计紧密围绕教学目标展开。学案1、学案2、学案3分别对应着不同的教学内容和目标，通过具体的学习任务和活动，引导学生深入学习。学案在课前准备、学习过程、学习评价和反思之中都发挥着重要作用。例如，在学案1中，学生通过观看"一战"的相关图片资料，感受战争的残酷与无情，探讨战争的起因、帝国主义国家间的利益冲突如何导致了战争的爆发。本案例中的数字化教学资源有思维导图、数字人讲解"一战"动态视频、"一战"重要战役视频、威尔逊总结第一课时知识点视频、第一课时知识胶囊、"文心一言"驱动的实时交互数字人列宁、"十月革命的性质"视频、第二课时知识胶囊、"一战"后福煦元帅预言视频、数字人讲解亚非拉民族民主运动微课视频、数字人讲解"二战"动态视频、雅尔塔体系视频、第三课时知识胶囊等。

（二）人工智能赋能教学评价和学生反馈

人工智能辅助教学是全过程性的，不仅有课前、课中，还有评价，"人工智能赋能教育评价必须依托技术发展与相关基础设施建设，因此须创建评价环境，构建指向学习共同体的多元评价平台"①。在本案例的教学中，我们

① 吴小凡. 人工智能赋能教育评价的概念理路与实践路径［J］. 新乡学院学报，2022，39（8）：73－76.

开展了全过程教学评价活动，引导学生主动建构知识体系，培养学科素养。

1. 诊断性评价

在课前，我们通过希沃云平台的作业功能自动组卷，发放作业进行单元学情的测试，对学生的学习起点能力进行评估，了解学生的历史知识积累、学习风格、数字素养等情况。根据诊断结果，教师能够更精准地设计教学内容和方法，以满足学生的个性化需求。学生作答后由希沃平台自动批改，统计结果如图4所示。

学生作答平均正确率仅为42%，即大部分学生的学科积累不理想，因此，教师必须认真制定合理的教学策略。

2. 过程性评价

在教学过程中，教师利用数字化平台和资源，实施过程性评价。通过观察学生在课堂上的表现、参与度、互动情况等，结合希沃知识胶囊等工具收集的数据，对学生的学习状态进行实时监控和评估。同时，鼓励学生进行自我评价和同伴评价，促进他们自主学习能力和合作学习能力的发展。对比之前的情况，采用人工智能进行教学后，该班学生在课堂上的学习参与度比以往有所提高，另外知识胶囊实现了当堂进行教学评价的功能，学生答题情况由希沃平台进行自动批改和统计（见图2），这些技术手段提高了教学效率，增强了学生的学习效果。学生参与教学与作答的情况如表1、表2所示：

本册综合作业报告

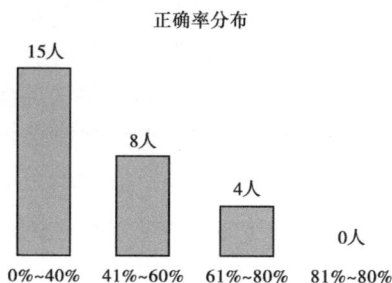

完成人数	平均正确率	平均耗时
27 / 28	**42**%	**3**分**42**秒
未提交作业名单 ＞		

正确率分布

图2　学生作答后由希沃平台自动批改的结果

表1　学生参与教学情况（课时3 知识胶囊时长 0′5″）

观看次数	观看人数	互动参与度	答题正确率	完课率	平均观看时长
32	28	65%	59%	59%	0′4″

表2　学生作答情况

学生	总观看时长	观看完整度	观看次数	互动参与度	正确率	最后观看时间
莫同学	0′2″	4%	2	100%	50%	2024 - 05 - 17　19：36
康同学	0′20″	100%	1	100%	17%	2024 - 05 - 17　15：08
刘同学	0′0″	0%	1	17%	0%	2024 - 05 - 17　15：06
鲁同学	0′9″	100%	3	100%	67%	2024 - 05 - 16　21：26
傅同学	0′6″	81%	3	100%	50%	2024 - 05 - 16　21：09
张同学	0′6″	100%	2	100%	83%	2024 - 05 - 16　21：02
许同学	0′0″	0%	1	0%	0%	2024 - 05 - 16　20：57
李同学	0′3″	96%	1	17%	0%	2024 - 05 - 16　20：56

由表1、表2可以看出，凡是较为完整地看完了视频任务的学生，大都可以做出较好的回答；也有一些学生，在这种崭新的教学模式之下，仍然是一种"脱机"的状态，这也凸显了这种创新模式并非万灵圣药，仍然有一些传统模式下存在的痼疾没有解决。

3. 总结性评价

在单元教学结束后，我们通过单元测试、作业分析、课堂表现等综合评价方式，对学生的学习成果进行总结性评价，评估学生对本单元历史知识的掌握程度与运用能力等的提升情况。从我们的课堂观察来看，之前在课堂上昏昏欲睡的学生，在人工智能参与的课堂上大都能集中精神听讲，并认真作答了。也就是说，大部分学生对人工智能赋能大单元历史课堂教学持积极态度，可见这种教学模式有助于提高他们的学习兴趣和参与度。

（三）案例教学反思

在该班的历史教学中，我们尝试了一系列基于人工智能与设备进行创新的教学方法和手段，旨在提高学生的学习兴趣和学科素养，提升课堂效能。

总的来看，我们的实践探索可以归结为教师的教和学生的学两个方面。在教师的教方面，人工智能能够为教师提供有力的教学技术支持，帮助教师更加精准地把握教学重点和难点，从而提升高中历史大单元教学的质量和效率。在学生的学方面，人工智能能够收集并分析学生在学习过程中的各种数据，如学习进度、兴趣点、难点等，从而为每个学生提供量身定制的学习方案。

经过教学实践，学生整体学习效果提升明显，但也暴露出一些亟待解决的问题，值得大家深入反思和改进。

首先，教学效果确有明显的提升。通过情景模拟和问题导向的教学方式，学生的课堂参与度明显提高。他们更愿意主动思考、积极发言，与教师和同学进行互动交流。通过引导学生搜集和分析史料，学生的史料实证能力得到了锻炼。他们逐渐了解如何从史料中提取有效信息，并运用这些信息进行合理的分析和推断。在教学过程中，我们注重培养学生的历史思维能力，如因果分析、归纳分类、比较鉴别等，使得学生的历史思维能力得到了一定的提高。此外，学生不仅在历史知识和技能方面得到了提升，而且在情感态度和价值观方面也有所变化。教师发现，学生开始关注历史与现实的关系并体会到了历史对个人和社会的意义。

其次，我们对该模式的运用尚处于初期，存在诸多需改进之处。尽管我们在教学中采用了多种人工智能的数字化工具和资源，但仍有部分学生对教学内容缺乏兴趣。这可能是学生学习习惯培养的问题，毕竟教育并非万能的，饶是教师如何绞尽脑汁，也会有学生不打算跟从教师，这不全是教学设计的问题，还要从学生所处的各种环境中找原因。当然，这也可能与教学内容和学生的实际生活、兴趣点结合得不够紧密有关。虽然我们在教学中使用了人工智能，但应用不够深入，未能充分发挥数字化工具的优势。例如，在史料搜集和分析方面，未能充分利用网络资源，为学生提供更多样化的史料资源，使得学生的个体差异和学习需求未得到充分尊重和满足。在人工智能时代，不仅不能忽视，反而应更加强调学生的主体地位，"在探索人工智能赋能教育教学的过程中，始终要将学生作为主体，坚持以人为本，立德树人"[①]。由于学生个体差异较大，教学过程中未能充分满足学生的个性化学习需求，这导致部分学生在课堂上难以跟上教学进度，而另一部分学生则感到教学内容过于简单。

---

① 赵珊，蒋进. 人工智能赋能语文教学的思考［J］. 中国信息技术教育，2023（2）：70－74.

最后，我们思考了改进策略与措施。作为施教者，我们所确定的基于人工智能的教学设计应更加深入地了解所教学生的文化背景和兴趣爱好，将教学内容与学生、学校的特色充分结合，设计更具针对性和吸引力的教学方案，力争做到"众口多调"。我们需要进一步探索数字化工具在教学中的应用，如利用网络资源搜集和分析史料、利用算法模型技术进行个性化学习推送等，以充分发挥数字化工具的优势。我们必须关注学生的个体差异，实施差异化教学，更加关注学生的不同特点和学习需求，采用因材施教的教学策略和个性化辅导方式，以满足不同学生的学习需求。同时，我们应当把人工智能技术与多元化的评价方式，如口头报告、小组讨论、项目合作等结合在一起，以全面了解学生的学习情况和发展潜能。

四、人工智能赋能高中历史大单元教学的挑战与对策

在进行具体的探索之余，我们尝试在更高的站位上进行思索，希望能够得出一些具有前瞻性的认识。随着人工智能的快速发展，其在教育领域的应用日益广泛，也引发了前所未有的变化与挑战，我们只有充分探讨这些挑战，并提出相应的对策，才能让人工智能真正为高中历史的大单元教学插上一双翅膀。

首先，必须充分关注技术应用的伦理和安全问题。同其他技术的使用一样，人工智能的使用也有伦理与安全的问题。"人工智能教育应用伦理规范包括人工智能教育应用设计伦理规范、人工智能教育应用开发伦理规范以及人工智能教育应用实施伦理规范等。"[1] 在高中历史大单元教学中应用人工智能同样面临着伦理和安全问题。人工智能技术在收集、处理和分析学生数据时可能会涉及学生的隐私。此外，技术的不确定性可能导致数据的丢失或外泄。为应对这些挑战，教育者和技术开发者需共同努力，确保技术应用遵循严格的伦理标准。第一，技术应用要有健全的数据保护政策，必须明确数据收集、存储和使用的规范，保障学生的隐私权。第二，要提高算法的透明度，确保教学决策过程的公开、公平、公正。第三，加强伦理教育，提高学生的数字素养，使他们能够在充分利用技术带来的便利的同时，也有足够的保护个人隐私与数据的意识。

其次，教师与教育管理机构都应当尽快适应责任角色和工作方式的转

---

① 王素月. 人工智能教育应用背景下教师教学伦理研究 [D]. 重庆：西南大学，2021.

变。人工智能技术的应用改变了教师的传统角色和教学方式。面对这一转变，教师专业发展需与时俱进。人工智能技术手段可以承担一些常规的教学任务，如基于互联网知识抓取的知识点讲解、作业批改等。在这种情况下，教师更加需要提高专业素养与学术素养，具备充分的鉴别力，在搜集材料时摒弃那些"民间科学家"提供的似是而非却很有煽动性的材料，避免使自己"网友化"，而要严格遵循课标的要求，从浩如烟海的各种资料中选择最为恰当的、最符合核心素养培养的材料来创设情境。再者，教师的工作重点不再是单纯的知识传授，而是要从知识传授者转变为学习引导者和设计者。同时，教师应主动适应新角色，利用人工智能进行教学创新，如设计基于问题的学习活动，促进学生创新型思维的发展。各级教育管理机构也需要跟上时代的发展，"构建一种凸显教师主体性地位、回归教育育人本质、嵌合智能教育特征的智能教学能力体系已然刻不容缓"①。教育管理机构应当有足够的站位，具有一定的前瞻性，为教师提供持续的培训和专业发展机会，帮助教师掌握人工智能工具的使用，并探索新的教学策略，为立德树人总体育人目标的达成提供良好的软、硬件环境，并提供及时的技术支持。

再次，从学生层面而言，要关注学生适应性和接受度的培养。一般而言，新技术的引入会引起学生极大的兴趣，但是也可能给他们带来某种不适，特别是对于那些习惯于传统教学方式的学生，他们或许存在畏难情绪。为提高学生的适应性和接受度，教育者需要采取积极的应对措施。第一，通过培训和引导，让学生理解人工智能的价值和优势。第二，应当多设计互动性强、参与度高但是技术门槛低的技术应用活动，让学生在实践中体验技术带来的学习乐趣。第三，充分发扬教学民主，鼓励、引导学生参与到教学设计与评价的全过程中，提出他们的意见和建议，增强他们对新教学模式的认同感。

最后，要做好教学资源和平台的建设与维护。高质量的教学资源和稳定可靠的平台是人工智能技术在高中历史大单元教学中有效应用的基础。然而，资源的开发、整合以及平台的建设与维护需要大量的时间、资金和专业技术支持，针对这些问题应建立多方合作机制，让教育管理部门、学校和技术公司协同合作，共同投入资源，开发适应教学需求的高质量教学资源，同时，应当建立稳定的技术维护和更新机制，确保教学平台的长期稳定运行。

---

① 田宏杰，龚奥. 智能教育时代高校教师教学能力体系研究［J］. 苏州大学学报（教育科学版），2020（4）：73－82.

此外，还应该鼓励开发、促进优质教学资源的广泛传播和应用。就目前而言，人工智能技术的应用在汽车制造，图文、音视频的制作等行业方兴未艾，然而，在中学各个学科教学方面，各种智能模型的开发进展却不大。据我们的了解，语文、数学、外语等学科已经有了少量模型，不过由于不能及时跟进课本修订等问题，这些模型的使用存在不少问题。政治、历史等"小众"学科的智能模型就更少见了。目前问题的关键在于学科教师往往不了解技术进展，而技术专家则不了解学科教学，如何促进两者的沟通与衔接是未来努力的方向。总而言之，虽说人工智能技术在高中历史大单元教学中的应用仍然面临诸多挑战，但只要大家积极应对，采取切实可行的对策，是可以克服这些问题的。只要教师、技术提供商和管理者共同努力，人工智能就绝不仅仅是推动高中大单元教学了，而且能够推动整个教育领域的进步。

综上，本研究以一个教学案例的应用为切入点，深入探讨了人工智能在高中历史大单元教学中的应用。研究结果显示了人工智能在推动高中历史大单元教学模式方面的潜力和重要性。人工智能在提升学生课堂参与度、激发学习兴趣、促进批判性思维和创新能力发展方面的作用是切实的。此外，本研究还讨论了人工智能应用中的挑战与应对策略。我们认为，只要及时跟进学习，让技术专家与教学专家充分结合，辅之以必要的技术保障，就一定可以让人工智能在教育领域发挥重要的充满创新精神的作用。

高中社会史大单元教学策略探究

——以选择性必修2第五单元"交通与社会变迁"为例

由 迅 杨琴司韵*

　　《普通高中历史课程标准（2017年版2020年修订）》首次提出"大概念教学"，即"重视以学科大概念为核心，使课程内容结构化，以主题为引领，使课程内容情境化，促进学科核心素养的落实"①。"大概念教学"的提出要求教师打破传统的单元教学，将知识点整合进行大单元教学，以便于学生从整体上掌握历史内容。大单元教学既可以帮助学生建立系统的知识结构，也能助力学生核心素养的培养，还能提高课堂的教学效率，已经成为提升高中历史教学的一种重要途径。学界对大单元教学的研究已经非常深入。任明满梳理了大单元教学的历史脉络，厘清了已有研究的进展和误区，明晰了培养学科核心素养的新路径。②郑林对历史学科大概念的内涵、本质与作用进行了探究。③陈志刚探究了如何运用大概念理念来实践大单元教学，并提出了促进学科核心素养落地的策略。④此外，还有诸多学者和一线教师对大单元教学的理论与实践都进行了探索。但对选择性必修2"经济与社会生活"为中心的社会史大单元教学的探讨还不充分，本文以其第五单元"交通与社会变迁"为例，尝试探索社会史大单元的教学策略。

* 由迅，广西民族大学民族学与社会学学院历史系教师；杨琴司韵，广西民族大学民族学与社会学学院2022级学科教学（历史）专业硕士研究生。

① 中华人民共和国教育部.普通高中历史课程标准：2017年版2020年修订［S］.北京：人民教育出版社，2020：4.

② 任明满.大单元教学：历史脉络、研究现状及路径选择［J］.课程·教材·教法，2022，42（4）：97-105.

③ 郑林.历史学科大概念的内涵、本质以及在教学中的作用［J］.课程·教材·教法，2023，43（4）：97-104.

④ 陈志刚.教学设计的变革与大概念、大单元教学的实施［J］.历史教学（上半月刊），2021（9）：21-27.

一、社会史教学的大单元主旨提炼

大单元教学是借助大概念、大任务、大问题，使学生能按照由浅入深的思维逻辑掌握知识体系的教学方式。陈志刚认为"大单元教学的核心思想是系统性思维，要求从整体高度思考学习单元，并把达成单元目标看作一个整体性的任务，从内容选择与重组、目标的设计与分解、活动的组织与实施、评价反馈甚至作业布置等各个环节都要进行系统的和整体的设计与思考"①。基于此，教师在进行大单元教学时，需要钻研课标，分析教学内容，提炼出贯穿于整个大单元教学的大概念，再打破教材原有的子目限制，根据大概念对知识进行有效整合。

（一）基于课标与教材的提炼

课程标准是国家的纲领性文件，对教学具有规范和指导作用。《普通高中历史课程标准（2017 年版 2020 年修订）》提出历史学科五大核心素养是一个不可分割的整体，这对历史教学提出了新的要求，如何落实核心素养的培养和提升学生历史思维能力成为教学中亟需关注和努力的方向。"学科核心素养的出台倒逼教学设计的变革，教学设计要从设计一个知识点或课时转变为设计一个大单元。"② 有鉴于此，教师应在课标指引下从整体上对教学相关的各个要素进行组织优化，为学生搭建一个综合学习的平台，助力学生核心素养的培养。

课程标准对"经济与社会生活"的学习要求是："了解自古以来中外不同人群的生产活动、经济活动和日常生活方式的变迁，将有利于学生认识经济与社会、经济与生活的互动关系，深化对人类社会发展历程的认识。"③ 再结合选择性必修 2 教材内容可知，"经济与社会生活"以"食物生产""劳作方式""商业贸易""居住环境""交通发展""医疗卫生"六个主题为引领，以时序为推进，介绍了这六个方面发展的历史脉络以及它们对人类社会所产生的影响。因此，每个单元的教学应紧密围绕其主题，并引导学生探讨

---

① 陈志刚. 教学设计的变革与大概念、大单元教学的实施［J］. 历史教学（上半月刊），2021（9）：21－27.
② 崔允漷. 学科核心素养呼唤大单元教学设计［J］. 上海教育科研，2019（4）：1.
③ 中华人民共和国教育部. 普通高中历史课程标准：2017 年版 2020 年修订［S］. 北京：人民教育出版社，2020：26.

在该主题的影响下人类社会发生的变化。

具体到 "交通与社会变迁" 单元，课程标准为："了解古代的水陆交通建设及主要交通工具；认识新航路开辟和工业革命对促进交通进步的作用；认识 20 世纪交通运输的新变化对民众生活及社会变迁的意义。" 根据课程标准，第五单元 "交通" 主题的概念是 "了解古代的水陆交通建设及主要交通工具"，这要求学生归纳古代水陆交通发展的成就和主要交通工具的演变。"人类社会变化" 的概念包括两个方面：一是 "认识新航路开辟和工业革命对促进交通进步的作用"，旨在引导学生理解近代以来交通领域的革命性变化，突出技术进步和物质生产的丰富对交通发展的推动作用；二是 "认识 20 世纪交通运输的新变化对民众生活及社会变迁的意义"，这要求学生关注现代交通运输的发展情况，以及这些发展是如何改变当下社会和人们的生活方式的。因此，我们遵循课程标准中所凝练的主旨，以 "交通与社会变迁" 作为统摄本单元的大概念进行教学。①

（二）紧扣大概念的单元统摄

概念并非孤立存在的，它是有大小之分且呈现出一种层次分明的结构的。学科大概念之下应为统摄诸单元的大时段学习主题，统摄一单元内诸课题的 "单元主旨"，以及统摄一课中诸子目的 "课时教学立意"。② "学科大概念""大时段学习主题""单元主旨""课时教学立意" 这四个概念构成了由宏观至微观、由抽象至具体的梯度逻辑体系。在此体系中，上级概念为下级概念提供框架和方向，而下级概念则是对上级概念的深化和具体体现，它们共同构建了一个完整且高度凝练的历史学习活动体系。唯物史观是科学的历史观和方法论，其基本原理是历史学科最上位的大概念。例如社会基本矛盾是推动社会发展的根本动力，这一概念的上位的大概念就统摄着选择性必修 2 "经济与社会生活" 的所有内容，体现了教材的整体性和贯通性。

大概念是大单元教学得以生成的内核，也是大单元教学指向的具体目标。适合高中历史教学的大概念并不是现成的，需要教师下功夫去探索，将其凝练出来作为大单元教学的主旨。同时，大概念作为学科核心素养的具体体现，应当与教学内容和素养目标结合起来进行综合考量。

---

① 中华人民共和国教育部. 普通高中历史课程标准：2017 年版 2020 年修订 [S]. 北京：人民教育出版社，2020：27.

② 丁继华，杨竞，刘晓兵. 论大概念教学的实施路径 [J]. 历史教学（上半月刊），2021（9）：9 – 14.

首先，应以教材为基石，将核心素养向下细化，分解为更具体的大观念。以"经济与社会生活"为例，从社会史的角度出发，六个主题体现了一些更加具体的大观念。例如，生产力的发展促进社会运行机制的改变。第五单元"交通与社会变迁"揭示了交通发展对社会运行动力机制的影响；第六单元"医疗与公共卫生"体现了医疗保障制度的完善对社会运行激励机制的影响。又如，生产力的发展推动社会结构的变化。第一单元"食物生产与社会生活"通过阐述农业生产方式和食物分配制度的变化介绍了社会结构的变化。这些大观念中都体现了唯物史观、时空观念等核心素养。

其次，借助历史文献、学术论文、专家建议等资源，以达成历史学科核心素养为目标，将知识点往上提升，找出具有迁移性的大单元内核。以本单元教学为例，要使学生理解生产力的发展推动社会运行机制改变这一概念，教师可以通过带领学生从时间和空间上梳理交通发展的具体情况，进而分析生产力的发展对新兴产业崛起、城市空间重塑、时间观念变更等社会生活产生的影响，从而使学生认识到生产力的发展促进了社会运行机制的改变。在这一过程中不仅有助于学生核心素养的培养，而且有助于学生更深入地掌握社会史知识。

二、大单元下社会史教学内容的重构

第五单元"交通与社会变迁"以2课7个子目阐述了交通业的发展过程，其中，第一课是第二课的基础。现将本单元内容梳理成表1：

表1 "交通与社会变迁"单元内容

课时	子目	主要内容	关键意旨
第一课：水陆交通的变迁	古代的陆路交通与水路交通	路的产生、古代各地区道路和运河的修建与开凿	传统陆路交通和水上交通发展的基本史实，主要突出古代传统陆路交通对促进国家统一的作用
	对海洋的探索与全球航路的建立	中国古代"海上丝绸之路"的形成；新航路的开辟及其对交通的影响	主要突出古代海上交通对内促进统一、对外联系世界的作用
	工业革命与交通的发展	工业革命对交通业的影响	主要强调生产力发展对社会的推动作用
	交通与社会变迁	古代传统交通的发展对社会的影响	古代传统交通在宏观上对国家产生的影响

（续上表）

课时	子目	主要内容	关键意旨
第二课：现代交通运输的新变化	陆海交通的发展	汽车、高铁、航运技术等现代交通建设的变化	20 世纪传统交通的新发展
	航空的发展	飞机的产生以及航空业的发展	新兴交通工具的出现及其发展
	现代交通与社会生活	现代交通对个人、城市和社会的影响	交通影响社会的深度和广度

从教材内容上看，本单元构建了一个长时段、大跨度的历史时空，上可追溯到原始社会时期，下至 20 世纪，不仅阐述了中国交通业的发展，而且介绍了世界范围内各个地区交通业的成就以及三大洋五大洲之间的联通，相对完整地展现了交通业发展的历史，总体上厘清了交通业的发展脉络以及交通发展对人类社会的影响。

从知识逻辑上看，两个课时之间呈现一种递进的关系，展现了交通业从"旧"到"新"的演变过程。第一课时可以概括为"旧"，主要介绍传统的交通方式（陆上交通、海上交通）的发展，第二课时则强调"新"，既陈述了第一课时中介绍的传统交通工具、路线是如何更新进步的，突出了传统陆海交通发展达到的新高度，又介绍了新世纪交通业在新生产力下所实现的创新，在交通方式上实现了新突破；而且交通业的新发展对社会的影响更加全面、深刻，主要表现在其促进了物流业兴起、世界成为"地球村"，重塑了城市空间，改变了人们的日常生活，使得现代社会生活焕然一新。

但以上内容分别呈现在"水陆交通的变迁""现代交通运输的新变化"两个课时当中，打断了交通业发展的连贯性，学生在学习时可能会产生割裂感。如陆路交通和海洋交通的发展历程被分割在不同课时内，不利于学生理解同一事物发展所具有的连贯性，导致学生对历史发展缺乏纵向的整体认识。有的内容在表述时可能重复出现，如全球航路的建立和第一子目（古代的陆路交通与水路交通）当中水路交通的发展情况，尽管它们处于同一课时，但表述时在时空上显得重复、叠加，容易引起混乱，不利于学生理解事物发展的关联性，导致学生对历史发展缺乏横向的整体认识。杨共乐在解释本教材的编写规则时说："改变以往教科书编写过程中经常使用的原因、过程、意义模式，采用先叙事后阐述影响、意义与作用的编写逻辑。"① 由此可以看出，两课都是先阐述交通发展的具体情况，最后一个子目（交通与社会变迁、现代交通与社会生活）则阐述了交通发展的影响。这更加印证了若是将两课中关联内容分开学习可能会导致学生难以理解知识之间的深层联系，这无疑达不到新课改对于中学历史教学的要求，因此，我们需要对本单元内容进行重新整合，优化教学流程，以实现社会史大单元教学培养学生核心素养的目的。

在"交通与社会变迁"这一大概念的引领下，对单元内容进行重组并形成相应的知识框架势在必行，现整理成表2：

表2　"交通与社会变迁"重组后的知识框架

大概念	课时	立意	重组说明	重组意图
交通与社会变迁	第一课：交通业发展的历史脉络	继承与发展	第一课的第一、第二、第三子目和第二课的第一子目合并为一个子目	使交通业的发展脉络更加清晰，便于分析发展特点和发展趋势
		创新与突破	第二课的第二子目单独为一个子目	突出交通业的新变化，强调现代交通业与传统交通业的区别
	第二课：交通发展对人类社会的推动作用	互动与影响	第一课的第四子目和第二课的第三子目合并为一个子目	突出交通发展的影响，便于比较传统交通业和现代交通业所造成的影响差异

如表2所示，对本单元的教学内容和知识框架进行了全新构建后，形成了以交通的发展为核心线索，突破传统教材框架的束缚，分课时、有重点的大单元教学内容。本单元教学整合后仍由两课时组成，分别聚焦于"交通业发展的历史脉络"以及"交通发展对人类社会的推动作用"。第一课"交通业发展的历史脉络"中，学生需要认识交通业由低级向高级的演变过程，通

① 杨共乐.唯物史观是认识历史的根本遵循：统编高中选择性必修2《经济与社会生活》编写思路与内容解释 [J]. 课程·教材·教法，2020，40（10）：16–20.

过学习交通动力与方式的变革，进而探讨这些变化如何引起各国交通发展目标的转变，并总结交通发展的整体趋势。学生在《中外历史纲要》中已经学习过陆上与海上丝绸之路的形成、新航路的开辟等知识，但是这些涉及交通发展的基本史实零散分布于不同的课文当中，学生难以系统地掌握。重构后的课程，则系统梳理了古今中外交通发展的历史脉络，有利于学生掌握交通史的整体知识。

第二课 "交通发展对人类社会的推动作用" 是将原有课时中的最后一个子目合并在一起，两课的这一子目都阐述了交通发展对社会发展的推动作用，乍一看可能会感到重复，但其实是从不同的角度介绍其影响。"水陆交通的变迁" 的第四子目以秦朝的道路建设为例说明了交通进步在政治上促进了国家统一；又以清江浦、郑州和美国纽约为例，说明了交通变化在经济上影响区域开发和城市兴衰。"现代交通运输的新变化" 的第三子目通过快速发展的物流业说明交通进步对社会生产方式产生了影响，又从城市繁荣、人口增长、城市空间划分的角度解析了交通发展对城市生态的改变，进而论述交通发展对人们日常生活方式的重塑，极大地拓展了交通对社会影响的深度和广度。重构后的课程整合了以上内容，便于学生通过对比传统与现代交通业的发展情况，突显其影响力的日益扩大。此设计旨在确保内容完整、逻辑连贯，注重学生思维渐进发展，通过递进的方式构建完整的教学结构。通过这样的教学方式，学生不仅能够丰富知识储备，还能在提升学科素养方面取得显著成效。因此，我们可以制定如下单元教学目标并展开深入教学：

（1）理解物质生产的丰富、交流需求的增加和科学技术的发展对交通发展的促进作用。

（2）概述交通业的发展历程，总结古今特点，认识传统交通业与现代交通业之间的关系。

（3）通过学习中国现代交通业的发展成就，提升民族自信与家国情怀。

（4）通过对比传统交通和新兴交通的发展情况，分析交通发展的影响，理解交通发展推动了社会进步。

以上大单元教学目标的制定是在课标的指引下，结合了整合优化后的教材内容和学情，以 "交通与社会变迁" 这一大概念为引领，从学科核心素养的角度出发，旨在提升学生综合能力和学科思维的大单元教学目标。大单元教学目标的细化是整个教学过程的指南，起着提纲挈领的重要作用。

三、社会史大单元教学的实施策略

大单元教学具有任务驱动的特点，它强调学生的学习活动须与大任务相结合，在完成任务的过程中掌握知识，提高能力和核心素养。大任务可以有效整合零散的知识，促使学生关注知识背后的联系，深化对历史知识的理解，养成核心素养。[①] 又由于社会史涉及现代社会生活的前沿，展现出生活化等特点，所以在通过任务驱动的方式推进课堂的过程中，教师还要注意以下几点教学策略的实施。

（一）坚持唯物史观，夯实社会史教学的理论基石

唯物史观作为马克思主义的重要理论之一，为我们分析社会历史现象提供了科学的方法论指导。唯物史观的基本观点构成了我们理解历史变迁和社会发展的理论基石。"交通与社会变迁"这一单元旨在引导学生从交通发展这一社会史角度深入认识和理解历史的变迁。在本单元的教学中，我们特别强调社会的基本矛盾推动社会发展这一唯物史观的基本原理，并将其贯穿始终。通过探究不同历史时期的交通发展，学生能领会到交通方式的变革是如何推动社会变革的。

在第一课时中，可以设计三个学习任务和一个学习延伸来分解该课时的学习主题，通过设置递进的问题链，引导学生逐步深入思考，以更好地培养其历史学科核心素养。

学习任务一：结合所学，探究交通的起源和发展动力的变化。

问题1：古代道路从天然到人工经历了什么？

问题2：材料中体现的是什么历史事件？这些历史事件是如何影响交通业的发展的？

学习任务二：探究交通方式的变革。

问题1：梳理陆海交通的发展历程并比较它们之间的特点。

问题2：20世纪交通业出现的新变化及其特点。

问题3：传统交通业和现代交通业之间的关系是什么？对比中外交通建

---

① 朱烁红. 新课程标准理念下的历史大任务教学策略：以"战国时期的社会变化"教学为例［J］. 江苏教育研究，2022（16）：77-80.

设的发展历程，找出中外交通建设的异同点。

学习任务三：探究交通发展的目的变化。

问题 1：结合《中外历史纲要》分析古代政府推动交通发展的原因。

问题 2：近代中国和西方国家交通发展的原因。

问题 3：结合材料分析现代各国为何发展交通。

学习延伸：结合所学，探究交通发展的整体趋势。

在这一部分的教学中，教师不仅要引导学生梳理交通发展的基本史实，还要通过对比古今中外交通建设的异同，让学生感知中国崛起的不易。

在第二课时中，教师可以设置两个学习任务来分解该课时的学习主题：

学习任务一：从宏观上探究交通变迁对社会整体产生的影响。

问题 1：结合材料思考交通发展对社会产生的影响。

问题 2：交通发展对世界各国尤其是当代中国产生了什么影响？

学习任务二：从微观上探究交通发展对人类日常生活产生的影响。

问题 1：结合材料，分析古代交通的改进产生的影响。

问题 2：观看视频，结合实际，分析近现代交通的发展对我们自己、对世界各地的人们产生的影响。

在教学过程中，全程贯穿着生产力与生产关系之间的辩证关系这一唯物史观基本原理，力求让学生在掌握历史知识的同时也能理解历史发展的动力和规律。并通过对学习任务的探究和解决，使学生在这一过程中能够真正理解和掌握唯物史观的理论精髓。

为了在教学中更好地渗透唯物史观并促成教学目标的达成，教师还可以采用多种教学方法，如可以让学生选择一种交通工具进行探究，追溯其起源、观察其特点、畅想其未来，再预留时间给学生发表想法或是创设情境让学生交流；还可以联系实际，利用乡土资源拉近学生与历史的距离，提高学生的学习兴趣，有效突破社会史教学的重难点。如教师可以根据当地交通工具的变化情况进行教学，也可以向学生提问：旅游时是否注意过旅游地与家乡的交通发展的异同？通过这种以小见大的方式促成教学目标的达成，也能使学生通过自己日常生活的变化感受生产力发展对社会发展的促进作用。

（二）打破学科壁垒，丰富社会史教学内涵

由于历史学科具有综合性、广博性等特点，且社会史又贴近学生的生

活，因此，在进行社会史大单元教学时，可以融入文学、哲学、地理学等学科的知识，打破学科壁垒。以本单元为例，教师可以与语文学科做好联动，利用描写交通道路的古代诗歌导入新课，如王安石的《泊船瓜洲》："京口瓜洲一水间，钟山只隔数重山。春风又绿江南岸，明月何时照我还？"[①] 教师对诗歌的交通因素进行挖掘并设置问题：王安石为什么选择从江宁东去京口，从瓜洲渡江？然后从"交通和社会变迁"的角度阐释：隋唐大运河之通济渠能直达汴京，以洛阳、开封为交通枢纽的运河水系，连接了全国的政治中心和主要经济区。这样不仅可以让学生顺利完成历史学科知识的学习，而且能实现跨学科的交叉融合，促进学生综合能力的提升，这也契合了新课程改革的要求。

另外，教师还应致力于构建一个综合知识体系，引入多元视角，丰富社会史教学内涵。由于社会史与其他专题史紧密相连，教学时需强调与其他领域如经济、政治、文化的内在联系，避免表面化教学，引导学生从微观层面深入剖析历史现象，同时从宏观角度审视历史的演进，挖掘历史现象背后的深层联系。例如，课文中提到"19 世纪 60 年代中期，中国人建造的蒸汽动力轮船黄鹄号试航成功，揭开了中国近代造船工业的序幕"[②]。黄鹄号蒸汽轮船是中国自己设计建造的第一艘蒸汽机明轮船。从表面上看，这是中国近代水上交通的发展成就，属于社会史的范畴，但深入分析其历史背景，可以发现这一成就的实现并非偶然，它是中国在内忧外患的背景下，有识之士为维护清朝统治而发起的洋务运动的产物，反映了列强侵略的影响及中国人民自强不息的决心与努力。

综上所述，通过不同学科知识之间的融合和多元视角的引入，充实了社会史大单元教学的内涵，为学生的学习提供了更广阔的视野，也使社会史大单元教学更加生动，有助于提高学生的学习兴趣，提升教学效果。

（三）重视教学衔接，加强与必修内容的联系与互动

选择性必修教材作为必修教材的拓展和补充，不仅是对基础知识的深化，也是为了使学生能构建更全面的知识体系。尽管《中外历史纲要》中关于交通的内容分散在多个不同的课时中，但若教师能巧妙地整合这些内容，

---

① 中华人民共和国教育部. 语文：六年级下册 [M]. 北京：人民教育出版社，2020：110.

② 中华人民共和国教育部. 历史：选择性必修2：经济与社会生活 [M]. 北京：人民教育出版社，2020：70.

加强选择性必修与必修内容之间的联系与互动，将能更有效地落实新课标所提出的要求。

例如，在 "古代的陆路交通与水路交通" 这一子目中对秦朝的道路修建做了描写："秦朝修筑的驰道、直道和五尺道等，构成了以咸阳为中心的全国性道路网。"① 这一史实在《中外历史纲要（上）》第 3 课 "秦朝统一多民族封建国家的建立" 中也有提及："秦朝还大规模推行巩固统一的措施……修驰道、直道……整顿社会风俗等。"② 不同的是，前者是介绍古代陆路交通的发展情况，后者却是强调秦朝巩固中央集权而采取的措施，教师可以将两者相衔接，强调古代陆路交通对促进国家统一的作用。

又如，在 "对海洋的探索与全球航路的建立" 这一子目中对 "郑和下西洋" 这一史实进行了介绍："从 1405 年到 1433 年，郑和七次下西洋……其规模是历史上罕见的。"③ 在《中外历史纲要（上）》中则是这样描述的："15 世纪前期，明成祖派遣宦官郑和远航海外……给明朝带了较大的财政负担，因此后来未能持续。" 前者强调的是中国在海洋探索方面的成就，后者则全面阐述了这一历史事件，旨在结合 "戚继光抗倭" 来叙述明朝经略海疆的举措。在学习这部分内容时，教师可以将其衔接起来，加强学生对基础知识的掌握，建立起知识之间的联系。

总之，在探讨高中社会史大单元教学的策略时，需要明确的是，在根据课程标准、教材内容提炼单元主旨和重构课时内容时，都要基于学科大概念的统摄，立足社会史视角，引导学生站在时代的高度审视历史事件与社会发展的紧密联系。在教学过程中，不仅要设置由易到难的学习任务以推进历史大单元教学，而且要注重社会史教学与大单元教学的结合，关注社会史的特点，坚持唯物史观的指导，加强社会史与其他专题史、其他学科的联系，加强与必修内容的互动，灵活运用多种教学方法，使学生通过社会史大单元教学看到历史的完整性和复杂性，能够在掌握基础社会史知识的同时，构建起完整的历史知识体系，并引起对社会史学习的重视。

---

① 中华人民共和国教育部. 历史：选择性必修 2：经济与社会生活 [M]. 北京：人民教育出版社，2020：67.
② 中华人民共和国教育部. 中外历史纲要：上 [M]. 北京：人民教育出版社，2019：15.
③ 中华人民共和国教育部. 历史：选择性必修 2：经济与社会生活 [M]. 北京：人民教育出版社，2020：69.

大概念视域下高中历史单元教学主题提炼策略

姚　静[*]

高中历史新课程标准明确提出新教学要求："进一步精选了学科内容，重视以学科大概念为核心，使课程内容结构化，以主题为引领，使课程内容情境化，促进学科核心素养的落实。"[①]这是学科大概念首次引入高中历史课程标准。关于大概念教学，叶小兵教授认为是"根据大概念重新建构学习内容的框架，围绕大概念来组织和开展教学活动，以大观念、大任务、大问题来统领整个学习过程，使学生的认识不是停留在分散的、碎片化的知识表层上，促进学生建构合理的历史认识框架"[②]。这也是我们常说的大单元大概念教学。这种教学方式要求教师能合理整合教材内容使之结构化。教学实施过程中常常会有三种关联的设计，分别为大单元整体学习设计、单元学习设计和课时学习设计，三者是包含关系。

第一，大单元整体学习设计指用大概念的教学理念，对教材的顺序、结构进行适当的调整，将教学内容进行有跨度、有深度的重新整合。[③]这种类型的设计基本是跨教材单元的，也可以是跨学科的，与传统的专题复习设计类似。第二，单元学习设计指根据单元的主题，从单元整体的角度对教学内容加以整合，重新设计单元下各课的组合，打通单元的内容，突出单元教学的重

---

[*]　姚静，崇左市教育局教育科学研究所副所长、中学高级教师。

①　中华人民共和国教育部. 普通高中历史课程标准：2017 年版 2020 年修订 ［S］. 北京：人民教育出版社，2020：4.

②　叶小兵. 钻研新教材，用好新教材：统编高中历史必修教材使用的若干建议 ［J］. 历史教学（上半月刊），2020（8）：3－5.

③　叶小兵. 钻研新教材，用好新教材：统编高中历史必修教材使用的若干建议 ［J］. 历史教学（上半月刊），2020（8）：3－5.

点，跨课时重组内容。① 这种类型的设计是我们新课讲授常用的单元主题教学模式，也是本文着重讲述的模式。第三，课时学习设计指在单元整体基础上，根据该课的主题，适当调整课文子目及内容，选定课文内容中的关键知识作为教学重点，以点带面，强干弱枝，使学习和探究的问题更为聚焦。② 在教学实践当中，这三种设计的关键，是基于大概念的教学主题的提炼，这对一线教师而言是一个不小的挑战。笔者尝试通过具体课例，浅探在单元学习设计时主题提炼的几个策略。

一、关联大单元，提炼单元教学主题

大单元往往是跨教材单元的，在进行单元主题提炼时，可以先站在大单元视角提炼出大单元大概念，然后关联大单元大概念去思考单元主题。以《中外历史纲要（上）》为例，整个中国古代史（第一章至第四章）4 个模块可以作为一个大单元进行整体设计，4 个单元标题分别为："从中华文明的起源到秦汉统一多民族封建国家的建立与巩固""三国两晋南北朝的民族交融与隋唐统一多民族封建国家的发展""辽宋夏金多民族政权的并立与元朝的统一""明清中国版图的奠定与面临的挑战"。从模块的标题我们看出中国古代史聚焦两大线索，一条是明线即统一多民族封建国家发展历程，另一条是暗线即统一多民族封建国家发展的动因。从大单元视角分析，中国古代史（第一章至第四章）大单元的主题可以提炼为统一多民族封建国家发展历程。关联大单元主题，4 个单元主题可以分别提炼为统一多民族封建国家的建立与巩固、统一多民族封建国家的发展、统一多民族封建国家的新变化和统一多民族封建国家的繁荣与危机。

再以《选择性必修 1：国家制度与社会治理》第三单元"法律与教化"为例，选择性必修 1 课程是通过国家制度和社会治理的相关内容，提示人类政治生活的发展。教材以专题方式进行编写，由 6 个专题组成，从人事管理、法律、外交、财政等国家制度不可或缺的重要组成内容入手，讲述东西方各国的制度建设和社会治理。从教材编写特点分析，必修 1 的 6 个专题 6 个单元就是一个大单元，大单元主题就是国家制度与社会治理。第三单元

① 叶小兵. 钻研新教材，用好新教材：统编高中历史必修教材使用的若干建议 [J]. 历史教学（上半月刊），2020（8）：3-5.

② 叶小兵. 钻研新教材，用好新教材：统编高中历史必修教材使用的若干建议 [J]. 历史教学（上半月刊），2020（8）：3-5.

"法律与教化"共 3 个课时，第 8 课是中国古代的法制与教化，第 9 课是近代西方的法律与教化，第 10 课是当代中国的法治与精神文明建设。三个课时中相关的历史发展主线在教材的单元导言中得到了清晰的反映。"法律是统治阶级意志的体现，是国家的统治工具，着眼于防范与惩处；教化是社会治理的重要工具，着眼于教育与引导。两者相辅相成。"① 单元导言明确指出法律与教化都是国家的重要治理手段，缺一不可。联系必修 1 大单元主题，本单元的单元主题确定为"法安天下，德润人心：国家与社会治理的双重支柱"。"法安天下，德润人心"就是要建立公正的法律体系和实施公正的法律制度来维护社会的和谐与安宁，以高尚的德行和道德准则来影响和感化人们的心灵，法律和教化都是东西方治理国家的重要手段，二者相辅相成，缺一不可。

据此，大单元主题与单元主题是相互关联的，是上位概念与下位概念的关系。

二、关联新课标，提炼单元教学主题

解读新课标是教学设计及实施的前提和基础，关联新课标，才能准确地提炼出单元教学主题。以《中外历史纲要（上）》第一单元为例，本单元课标在课本单元导言中表述为："了解中华文明的起源情况以及早期国家特征；了解孔子、老子学说与百家争鸣局面及其意义；理解战国时期变法运动的必然性，认识秦汉时期统一多民族封建国家的建立、巩固在中国历史上的意义，以及秦朝崩溃和两汉衰亡的原因。"② 从新课标的内容分析，本单元学生要掌握的必备知识包括中华文明的起源、早期国家特征、孔子和老子学说、百家争鸣局面及其意义、战国时期的变法运动、秦汉时期统一多民族封建国家的建立和巩固、秦朝崩溃和两汉衰亡等，本单元的学习重点是要学生认识统一多民族封建国家的建立、巩固在中国历史上的意义，以及秦朝崩溃和两汉衰亡的原因。在实施本单元的教学中，要把这些必备知识之间以及相关联的学科概念如"早期国家""华夏认同""统一多民族封建国家"之间的逻辑关系梳理清楚，在教学过程当中还要寻找这些学科概念的上位概念，才能更好提炼单元主题。根据以上分析，结合教材，本单元立意可概述为"从远

---

① 中华人民共和国教育部. 历史：选择性必修 1：国家制度与社会治理［M］. 北京：人民教育出版社，2020：44.
② 中华人民共和国教育部. 普通高中历史课程标准：2017 年版 2020 年修订［S］. 北京：人民教育出版社，2020：1.

古到秦汉时期，中华文明从多元走向一体；从早期国家到秦汉统一多民族封建国家，中华民族和中华文明的多元一体格局初步形成"。根据立意，本单元的主题就是聚焦统一多民族封建国家的建立和巩固。

三、关联新教材，提炼单元教学主题

新教材中单元导语往往就揭示了单元主题。以《中外历史纲要（上）》第一单元为例，本单元导语概述："中华文明多元一体，源远流长，生生不息，展现出自身道路的特点与风格……秦汉是中国统一多民族封建国家的形成时期，奠定了大一统君主专制中央集权国家治理的基本模式。"[①] 这句话蕴含了本单元的教学立意即中华文明的独特发展道路：统一多民族封建国家形成。

本单元的 4 个课时围绕教学主线，层层落实教学立意。第 1 课"从中华文明的起源到早期国家"要求理解中华文明起源和早期发展是一个多元一体的历程；第 2 课"诸侯纷争与变法运动"要求理解春秋战国时期是早期国家向封建大一统国家的过渡时期，变法改革进一步促进了华夏认同，理解华夏认同奠定了统一多民族封建国家建立的基础；第 3 课"秦统一多民族封建国家的建立"和第 4 课"西汉与东汉——统一多民族封建国家的巩固"要求了解秦王朝确立了中国古代统一多民族封建国家的政治制度和政治疆域，顺应了历史发展趋势，是国家认同中大一统政治认同和疆域认同的体现。两汉王朝在此基础上做了进一步调整和发展，以中央集权专制主义统治为特征的统一多民族国家得以巩固，是国家认同中政治继承和大一统意识的进一步发展。关联单元主题，各课时的主题可提炼如表 1 所示：

表1　第一单元"历史文化认同：统一多民族封建国家的建立和巩固"各课时主题

课时	学习任务	关键问题
第 1 课 多元文明，一体发展：从中华文明起源到早期国家	【任务一】探寻早期文化遗存的特点 【任务二】概括分析夏、商、西周的统治特点 【任务三】探究早期国家特征	1. 如何理解早期文化遗存与中华文明的关系？ 2. 如何理解夏、商、西周的统治特点？ 3. 如何理解中华文明多元一体与早期国家特征的关系？

① 中华人民共和国教育部. 中外历史纲要：上 [M]. 北京：人民教育出版社，2019：1.

（续上表）

课时	学习任务	关键问题
第2课 民族交融，华夏认同：诸侯纷争与变法运动	【任务一】怎样认识诸侯纷争与华夏认同 【任务二】如何理解变法运动与华夏认同 【任务三】如何理解百家争鸣与华夏认同	1. 春秋战国时期，列国纷争，内外战争不断，为什么会出现"华夏认同"？ 2. 如此动荡的时期，为什么会成为后世统一多民族国家建立与发展的"轴心时代"？
第3课 一统天下，国家认同：秦统一多民族封建国家的建立	【任务一】分析秦开创"大一统"统治的条件和措施 【任务二】分析秦的暴政与灭亡原因 【任务三】评价秦始皇	1. 如何理解秦统一多民族封建国家的建立对后世的深远影响？ 2. 秦的灭亡对后世的警示和教训是什么？ 3. 如何运用唯物史观辩证评价秦始皇？
第4课 汉承秦制，中国认同：西汉与东汉——统一多民族封建国家的巩固	【任务一】探政治认同视域下的汉承秦制 【任务二】析两汉时期国家认同的理论表达 【任务三】释两汉时期国家认同的现象	1. 从汉初郡国并行到削藩，何以推动政治认同？ 2. 两汉时期国家认同的理论如何逐步构建起来？ 3. 两汉之际的动荡政局中，"汉"为何会成为一个具有凝聚力和号召力的称号？

四、关联学术研究，提炼单元教学主题

以《中外历史纲要（上）》第一单元为例。秦汉是中国统一多民族封建国家建立和巩固时期，这个格局形成背后的动因是什么呢？费孝通认为源于中国新石器时代文化的多元交融与汇集。① 瞿林东提出历史文化认同是中华民族之民族认同的历史基础和思想基础，也是历史上各个时期的国家认同的

---

① 费孝通. 中华民族的多元一体格局：民族学文选 [M]. 北京：生活·读书·新知三联书店，2021：482－484.

思想基础。这里说的历史认同，主要指关于血缘、地理、治统的联系与认识；而文化认同，主要指关于心理、制度、道统的影响与传承。① 彭丰文认为是国家认同，而国家认同包含对政权的政治认同、地理疆域认同和历史文化认同。② 综上所述，统一多民族封建国家建立的背后动因是从远古时代到秦汉以来的民族交融，从华夏认同到历史文化认同，再到以强烈的忠君、忠于王期的意识，大一统政治意识，正统意识和政治继承意识为核心的古人的国家认同，正是这一条看不见的纽带，推动中华文明从多元走向一体，推动统一多民族封建国家建立和巩固。基于此，在认同这个大概念统摄下，本单元的主题可以提炼为"历史文化认同：统一多民族封建国家的建立和巩固"。

五、关联初、高中衔接，提炼单元教学主题

以《中外历史纲要（上）》第一单元为例，从教材内容来看，学生在初中阶段已经通过七年级上册第一单元、第二单元、第三单元共 15 课的内容学习了本单元的相关知识，初步掌握了先秦到秦汉时期的重要历史知识。初中教材呈现大量的"图说历史"，注重历史常识的储备。本单元高中教材变动的内容有：华夏族群和华夏认同的形成、侧重介绍了商鞅变法的主要内容和影响、孔子承认制度随着时代变化应当有所改良、对老子的"道"和朴素的辩证法思想进行了拓展和细化、新增了邹衍为代表的阴阳家的思想、对百家争鸣的意义进行了拓展等。针对学生具备的初中知识，高中则应加强对时空观念和历史逻辑的教学，将初中已有知识关联进大历史视域中，建构历史知识框架，将这些新增知识背后蕴含的课程立意挖掘出来，使学生在掌握好必备知识的基础上，达成史学思维培养目标和家国情怀的培育。

从课程标准的要求看，初、高中课程标准对学生学科素养的培养层次要求不同。《义务教育历史课程标准（2011 年版）》从三维目标的角度要求学生掌握必备知识，并具备一定的历史空间感和史料实证能力，理解重大历史事件的影响。例如第三单元第 1 课要求：知道秦始皇和秦统一中国，了解秦代的中央集权制度和统一措施对中国历史发展的影响。这就体现了必备知识掌握和历史解释能力要求。同一内容的高中课标要求是：通过了解秦朝的统

---

① 瞿林东. 历史文化认同与中国统一多民族国家 [M]. 石家庄：河北人民出版社，2013：8.

② 彭丰文. 先秦两汉时期民族观念与国家认同研究 [M]. 北京：中国社会科学出版社，2016：3.

一业绩和汉朝削藩、开疆拓土、尊崇儒术等举措，认识统一多民族封建国家的建立及巩固在中国历史上的意义。高中教学对统一多民族封建国家的建立的意义理解，放在了更为宽广的历史时空去探究，去理解大一统国家建立背后的民族认同、历史文化认同和国家认同，认识到是各民族共同创造了中华文明，培育中华民族共同体意识。基于初、高中教学要求侧重不同，本单元高中教学的侧重为对统一多民族封建国家建立和巩固的认识。

综上所述，基于大概念的单元主题提炼，在教学实践中，我们通常是在一定时空的大单元主题统摄下去思考教材单元的主题，然后依据教材单元的课标要求，教材分析，初、高中衔接分析及相关学术研究提炼出单元主题。单元教学在主题引领下，明确单元学习目标，然后以任务驱动教学实施，设置问题链分解教学任务，创设学习情境让学生在解决问题的过程中培养关键能力，最终落实核心素养的培育。

大单元大概念主题教学在高中历史教学中的运用

——以"隋唐制度的变化与创新"一课为例

冯炜堂*

《普通高中历史课程标准（2017年版2020年修订）》在前言中明确指出"进一步精选了学科内容，重视以学科大概念为核心，使课程内容结构化，以主题为引领，使课程内容情境化，促进学科核心素养的落实"。叶小兵指出："大单元整体学习的设计，就是基于大概念的主题单元学习设计。根据大概念重新建构学习内容的框架，围绕大概念来组织和开展教学活动，以大观念、大任务、大问题来统领整个学习过程，使学生的认识不是停留在分散的、碎片化的知识表层上，促进学生建构合理的历史认识的框架。"[1]学生在学习的过程中建构大概念，又依据大概念扩大知识建构范围，在这一过程中感知历史学科思维，最终落实历史学科核心素养的培育目标。

2021年，广西开始使用统编版高中历史教科书，广大一线同仁普遍反馈教科书内容多而庞杂，一周2个课时难以完成教学任务。如何让学生在一学年的学习时间内既能学完课本上涵盖的中外历史知识，又能落实核心素养的培育呢？课程标准中提到的"学科大概念"是一个崭新的备课视角。那么，如何在教学设计中使用"学科大概念"呢？笔者以统编教材《中外历史纲要（上）》第二单元第7课"隋唐制度的变化与创新"为例粗浅地谈谈个人的看法。

---

* 冯炜堂，宁明县宁明中学教务处副主任、教研组长。

[1] 叶小兵. 钻研新教材，用好新教材：统编高中历史必修教材使用的若干建议 [J]. 历史教学（上半月刊），2020（8）：3-5.

一、历史学科大概念确立的依据

第一，历史学科大概念确立的依据是课程标准。第7课"隋唐制度的变化与创新"对应的课程标准为："通过了解三国两晋南北朝政权更迭的历史脉络，隋唐时期封建社会的高度繁荣，认识三国两晋南北朝至隋唐时期的制度变化与创新、民族交融、区域开发和思想文化领域的新成就。"课程标准蕴含的核心概念是"创新"：政治制度的创新——科举制和三省六部制的创制促进了社会的发展；经济制度的创新促进了隋唐的发展；政治制度和经济制度的创新推动唐朝盛世局面的出现。

第二，教材是历史教学的重要参考，也是提炼历史学科大概念的重要依据和来源。在"隋唐制度的变化与创新"一课中，单元标题为"三国两晋南北朝的民族交融与隋唐统一多民族封建国家的发展"，体现了"'变态'回归'常态'——民族交融与统一多民族封建国家的发展"①。从课时标题分析，"隋唐制度的变化与创新"重点在于"变化""创新"两个关键词。"变化""创新"体现了制度的继承性与发展性。选官制度、中枢行政制度和赋税制度在前代基础上开拓创新和发展，奠定了唐朝盛世局面的基础，助力大唐盛世局面的出现。从各子目标题来看，本课有三个子目的内容——"选官制度""三省六部制""赋税制度"，内容主要是自三国两晋南北朝至隋唐在政治、经济制度上的演变。东汉灭亡后，中国进入了300多年的分裂时期，直到隋唐才重新统一。社会局面的变化推动了制度的改革与创新，科举制度由九品中正制发展而来，是因为庶族地主地位上升为统治阶层而形成的，使得人才选拔更趋公平、公正、合理，这对后世影响深远；中枢行政机构演变为三省六部制，行政体系更加成熟，提高了行政效率。这些制度的变革都是在前代制度的基础上的整合与创新，同时这些制度的创新促使中国行政体系趋于简化和合理，推动中国古代封建制度的发展成熟，也进一步巩固了中国的封建统治。本课中，"制度创新"是关键词，国家由分裂走向统一，由"变态"向"常态"回归促进制度创新，而制度的创新又推动了国家政治的巩固和统一。

第三，学者的研究成果为本课大概念的提炼提供了学术依据。"某一制

① 阎步克. 波峰与波谷：秦汉魏晋南北朝的政治文明 [M]. 北京：北京大学出版社，2009.

度之创立，绝不是凭空忽然的创立，它必有渊源，早在此项制度创立之先，已有此项制度之前身，渐渐地在创立。"①（隋唐）不仅能够兼容并蓄、综采汉魏南北朝以来不同区域、不同族群的制度文化加以融通运用，而且还能在此基础上进行改革创新。隋唐时期的三省六部制、科举铨选制、律令制、两税法等重大制度都是在继承前代政治文明的基础上有所改革和创新，使之更加完善，更符合国家政治、经济、军事、文化发展的现实需要，从而创造出了更为发达、灿烂的文明，其成就因而超迈往古。②

综上，在"变化与创新"的单元上位概念和"制度创新""文化创新"的单元核心概念统领下，我们将本课的学科概念提炼为"制度创新"。

二、历史学科大概念的教学实践

（一）学情分析下的"制度创新"大概念

关于本课内容，《义务教育历史课程标准（2022年版）》的相关要求为："开创科举取士制度"这一子目，第2课"从'贞观之治'到'开元盛世'"中"贞观之治"这一子目提到了"三省六部制"。在课时设置上，统编版《中国历史》七年级下册第1单元安排了两个课时来阐述。基于此分析可知，本课的教学重点不再是科举制度、三省六部制和两税法的具体史实，而是把握住"制度创新"的大概念，将本课子目内容进行整合，在课程标准的指导下，通过有效问题链和学习任务驱动，帮助学生理解制度创新的表现及影响，理解制度创新推动了唐朝盛世局面的出现，同时也为后世提供了借鉴；培养和落实经济基础决定上层建筑的唯物史观的意识。

（二）"制度创新"大概念下的教学内容的重整

学生对本课的知识有一定的储备，如第1课"隋朝的统一与灭亡"中"开创科举取士制度"这一子目，第2课"从'贞观之治'到'开元盛世'"中"贞观之治"这一子目提到了"三省六部制"，高中学生应对本阶段历史发展特征有立体认识。故而本课在"制度创新"大概念的统领下，对本课内

---

① 钱穆. 中国历代政治得失 [M]. 长沙：岳麓书社，2024：2.
② 李晓鹏. 帝制与盛世：汉唐明的时代（公元1500年之前）[M]. 北京：天地出版社，2023：7-41.

容进行结构化处理，构建的课时知识体系如图 1 所示：

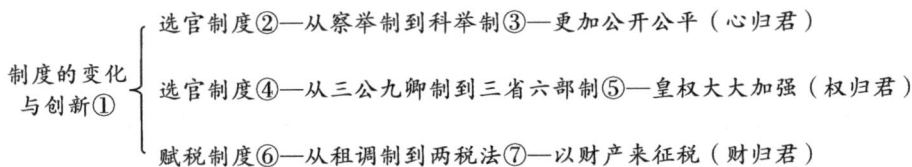

制度的变化
与创新①
- 选官制度②——从察举制到科举制③——更加公开公平（心归君）
- 选官制度④——从三公九卿制到三省六部制⑤——皇权大大加强（权归君）
- 赋税制度⑥——从租调制到两税法⑦——以财产来征税（财归君）

图 1 "隋唐制度的变化与创新"知识导图

三、落实学科大概念的课时教学设计

科举制度、三省六部制、两税法是本课的三个核心概念，指向大概念理解的核心目标是：①自主学习完善表格，知道从汉朝到唐朝时期选官制度、中枢机构和赋税制度的基本演变情况，了解制度创新的表现；②通过阅读图文史料，分析理解九品中正制、科举制、三省六部制、租庸调制、两税法的背景内容影响；③运用史料对比学习掌握科举制度、三省六部制和两税法的创新之处；④联系隋唐社会的高度繁荣，认识隋唐制度创新的意义，增强对中华文明成就的自豪感。围绕"隋唐时期为什么会出现制度创新？制度创新与隋唐盛世局面有何联系？"两个问题展开。结合人民教育出版社统编教材《中外历史纲要（上）》子目，以三大任务推进教学进程：

【学习任务一】通过分析材料，了解科举制度出现的背景及发展历程。

材料一

表 1 比较汉至唐选官制度的变化

时间	制度	方式	标准
汉	察举制	自下而上推荐	孝廉（德行）
魏晋南北朝	九品中正制	中正官评定授官	初为家世道德才能，后为门第
隋唐	科举制	分科考试	才学

材料二 人民教育出版社统编教材《中外历史纲要（上）》第 38 页"学习聚焦"：科举制使官员选拔变得更加公开和公平，中国古代选官制度逐渐走向成熟与完善。

材料三 人民教育出版社统编教材《中外历史纲要（上）》第41页"学思之窗"：进士科始于隋大业中，盛于贞观、永徽之际。缙绅虽位极人臣，不由进士者终不为美……其推重谓之"白衣公卿"，又曰"一品白衫"。其艰难谓之"三十老明经，五十少进士"。……其有老死于文场者，亦所无恨。故有诗云："太宗皇帝真长策，赚得英雄尽白头！"（王定保《唐摭言·卷1·散序进士》）

问题设计：①根据材料一和材料二思考：选官制度的演变体现了什么发展趋势？科举制有何特点？②科举制度对中国历代王朝的统治有什么影响？

教师分析：问题①意在引导学生通过阅读材料知道选官的方式和标准发生了变化：逐渐由地方向中央集中，选官的标准由注重品行、世家向注重才学转变，体现科举制度公开、公平、公正的特点。

问题②意在引导学生阅读分析材料，使学生理解通过选官制度的创新加强了中央集权，巩固了专制主义中央集权制度，巩固了统一的多民族封建国家，为后世所沿用。

设计意图：拓展延伸课内知识，加深理解科举制度对加强封建统治的作用，培养学生的史料实证意识，使学生能通过史料分析理解制度创新是一个渐进的过程，同时也培养学生的自主阅读能力和归纳概括能力。

【学习任务二】中枢行政制度创新的表现和影响。

材料四

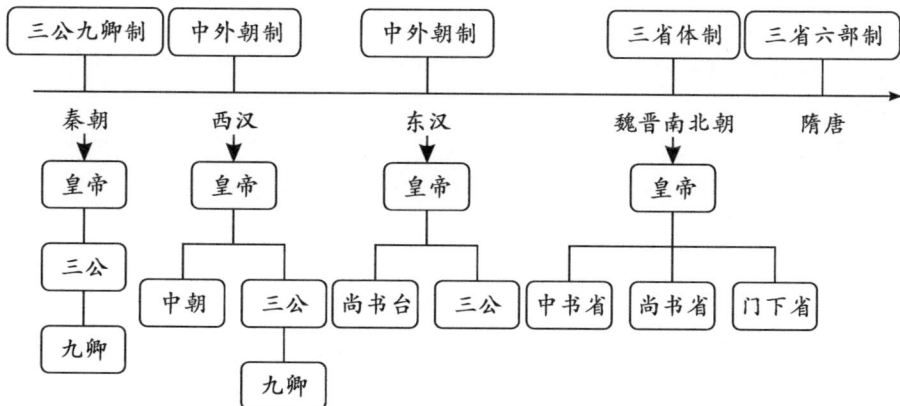

图2　三省六部制的发展历程

材料五

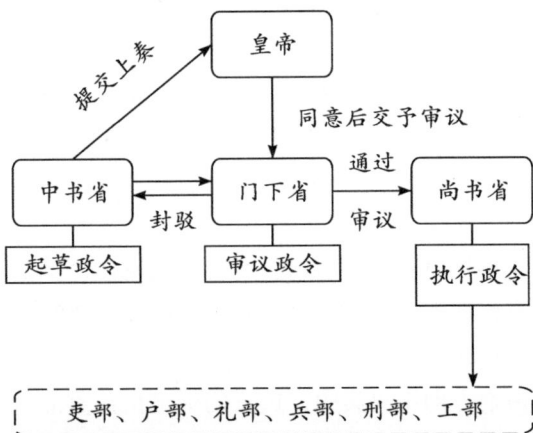

图3　三省六部制的特点

材料六　汉宰相是采用领袖制的，而唐代宰相则采用委员制。换言之，汉代由宰相一人掌握全国行政大权，而唐代则把相权分别掌握于几个部门，由许多人来共同负责，凡事经各个部门之会议而决定。（钱穆《中国历代政治得失》）

材料七　这种集体宰相制，有效地保证了皇权专制，除了玄宗时期出现过宰相专权外，基本上再没有出现过汉魏以来的那种"强权宰相"。（张启之《中国历史十五讲》）

问题设计：①根据材料四说明三省六部制的发展历程。②根据材料五概括三省六部制的特点。③根据材料六和材料七概括三省六部制的作用和影响。

教师分析：问题①意在引导学生通过示意图了解三省六部制的发展历程：从秦朝的三公九卿制到汉代的中外朝制度，再到魏晋时期的三省制度，让学生理解历史的发展不是一蹴而就的而是具有一定的过程。问题②意在引导学生通过示意图概括三省六部制的特点：分工明确、提高效率、加强皇权。问题③意在引导学生通过分析材料理解三省六部制起到加强皇权和中央集权、巩固国家统一的作用，培养学生归纳概括和理解的能力以及史料实证的素养。

设计意图：本课时内容的大部分史实学生在初中已经较为详细地学过了，通过图片让学生更为直观地归纳了解新旧知识之间的联系，并根据所学知识分析三省六部制的特点。通过对教材和补充材料的分析，深化学生对历史问题的认识。培养学生的史料实证能力及历史解释能力。

【学习任务三】如何理解赋税制度的创新。

材料八

表2　魏晋至隋唐赋税制度的变化

朝代	赋税制度	征税标准	征税项目	征税对象	征税时间
魏晋时期	租调制	户	租（粮） 调（绢帛）	受田农民	不固定
北魏孝文帝	租调制	一夫一户	租（粮） 调（绢帛）	受田农民	不固定
隋朝至唐初	租庸调制	人丁	田租、户调、 力役、杂税等	受田农民	不固定
唐朝后期	两税法	财产	户税、田税	不分主客农商， 一律纳税	夏、秋 两季

材料九　史书这样概括两税法的实行背景：唐初赋敛之法曰租庸调……玄宗之末，版籍浸坏，多非其实。及至德兵起，所在赋敛，迫趣（cù）取办，无复常准。赋敛之司增数而莫相统摄，各随意增科，自立色目，新故相仍，不知纪极。民富者丁多，率为官为僧以免课役，而贫者丁多无所伏匿，故上户优而下户劳。吏因缘蚕食，旬输月送，不胜困弊，率皆逃徙为浮户，其土著百无四五。至是，炎建议作两税法。先计州县每岁所应费用及上供之数而赋于人，量出以制入。户无主客，以现居为簿，人无丁中，以贫富为差。为行商者，在所州县税三十之一，使与居者均，无侥利。居人之税，秋、夏两征之。其租庸调、杂徭悉省。

——《资治通鉴》卷226

材料十　武德七年……丁男（21～59岁）、中男（16～20岁）给一顷……所受之田，十分之二为世业，八为口分。世业之田，身死则承户者便受之；口分，则收入官，更以给人。

——《旧唐书》

材料十一　至唐朝承平日久，人口渐增，贵族官僚通过各种合法或非法途径多占土地，口分田实际还官者又很少，政府所掌握的土地已不敷授受。……由于均田制的破坏，按丁缴纳的租庸调制也无法保证，两种附加税——按户等每户征收的户税和按地亩征收的地税在国家财政收入中的比重逐渐压倒租庸调。

——张帆《中国古代简史》

材料十二 每州各取大历（766—780）中一年科率钱谷数最多者，便为两税定额，此乃采非法之权令以为经制，总无名之暴赋以立恒规。

——陆贽《翰苑集》卷22

材料十三 国家定两税，本意在忧人……奈何岁月久，贪吏得因循，浚我以求宠，敛索无冬春……昨日输残税，因窥官库门。缯帛如山积，丝絮似云屯，号为羡余物，随月献至尊。夺我身上暖，买尔眼前恩。

——《白居易集》卷2

问题设计：①根据材料八归纳概括赋税制度的演变趋势？说明了什么问题？②根据材料九、材料十、材料十一分析租庸调制会被两税法所取代的原因？并概括两税法的内容。③根据材料十三，结合所学知识，谈谈你对两税法利弊的认识。

教师分析：问题①意在引导学生通过表格归纳从魏晋到隋唐赋税制度演变的趋势：在征税对象上，由以人丁为主逐渐向以土地和财产为主过渡；在征税时间上，由不定时征收逐渐到基本定时征收；在人身控制上，农民由必须服徭役逐渐发展为以庸代役，封建国家对农民的人身控制变得松弛；在税收种类上，由繁重到简化；在征税内容上，由实物到货币。这样的演变趋势说明：国家对农民的人身控制逐渐放松，商品经济得到发展。问题②意在引导学生通过分析材料了解两税法取代租庸调制的原因是人多地少，均田制逐渐瓦解，租庸调制亦无法维持；两税法包含户税和地税；一年分夏季和秋季两次纳税。问题③意在引导学生通过材料深度思考两税法的实行有利有弊。利：扩大纳税面，确保封建王朝的税收，解决唐朝政府的财政危机；明确各阶层税率，推进税收公平；以财产征税，照顾农民的负担能力，体现合理负担原则；户税纳钱，地税交实物，适应商品经济发展。弊：纳税时间固定；税外加征，加重负担；配赋不均，以大历十四年（779）的垦田数为准，各州各道按照所掌握的旧有数据摊派，但战乱导致田亩数量变化很大，仍以旧额摊派赋税不合理；折钱纳税，使人们的负担随币值的波动而波动，负担不稳定；按资产计税，但实际操作过程中资产难以估算。以上材料弥补了教材的缺失，增强了学生辩证看问题的能力和意识。

设计意图：通过展示教材提供的材料，培养学生通过自主阅读教材掌握基础知识和归纳概括比较的能力；并通过教材史料和补充材料，让学生学会分析史料，培养学生自主阅读掌握基础知识、史料实证及阅读理解的能力。

材料十四

制度的变化与创新
- 选官制度——从察举制到科举制——更加公开公平（心归君）
- 中央官制——从三公九卿制到三省六部制——皇权大大加强（权归君）
- 赋税制度——从租调制到两税法——以财产来征税（财归君）

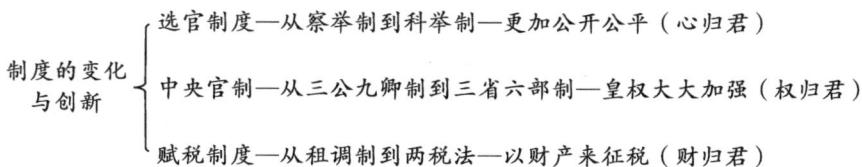

图4　本课课时总结示意图

问题设计：根据材料十四结合本课时所学分析隋唐时期制度变化与创新的实质是什么？

教师分析：本课主要介绍了隋唐在选官制度、中枢权力及赋税制度的变化：选官制度变化——心归君；中枢权力变化——权归君；赋税制度变化——财归君。其变化本质上体现了专制主义中央集权制度的加强，是统治者巩固统治的需要。

设计意图：引导学生深度思考，透过现象认识事物的本质，培养学生的辩证思维能力。

四、基于大概念的教学评价反思

本课以制度创新大概念为基础，以课堂主题"制度创新促进社会发展和唐朝盛世局面的出现"为核心，将选官制度、中枢行政制度、赋税制度从逻辑上连接起来，有历史因果逻辑的梳理，有学科素养的落实，尤其是唯物史观、史料实证、时空观念的落实。也有值得反思的地方，如教学时引导学生解读材料从而形成历史认识这一过程比较生硬，不够自然。

大概念、大单元教学是新形势下教师开展教学的一种有效思路和方法。构建具有历史学科特征的大概念教学对于教师的备课和学生的学习具有重要的意义。教学实践中反映出来的不足说明了大概念教学对教师专业素养的要求很高，需要一线教师持续深入研究课程标准和教材，阅读前沿的学术科研成果，唯有这样才能更好地实施新形势下的历史教学，更好地落实学科核心素养。

大单元视域下高中历史课堂教学实践探究

——以"南京国民政府的统治和中国共产党开辟革命新道路"为例

李盼盼*

大单元教学是现今教育教学研究的热点，那什么是大单元教学呢？陈志刚认为"大单元教学是指一个主题关联的教学内容集合及与之相联系的有机的教学过程板块。以具体核心素养目标为导向，依据教材内容与学生经验重新组织的学习活动，是对知识、技能、问题、情景、活动、评价等进行组织结构化所形成的学习单位"①。就目前而言，大单元教学是解决新教育改革带来新难题的一种新方式。在高中历史教学中，以大单元教学来变革高中历史课堂，使之成为教材知识与学科素养之间的桥梁，为素养培养在教学中的落地提供了一个很好的通道，符合新高考的学科能力要求，可推进学生学科核心素养的提升。

一、在高中历史课堂中推行大单元教学的必要性

（一）符合高中历史新课标的要求

《普通高中历史课程标准（2017 年版 2020 年修订)》（以下简称《新课标》）指出："重视以学科大概念为核心，使课程内容结构化，以主题为引领，使课程内容情境化，促进学科核心素养的落实。"②《新课标》是基础教

---

* 李盼盼，南宁市邕宁高级中学历史教师。

① 陈志刚. 教学设计的变革与大概念、大单元的实施 [J]. 历史教学（上半月刊），2021（9）：21 - 27.

② 中华人民共和国教育部. 普通高中历史课程标准：2017 年版 2020 年修订 [S]. 北京：人民教育出版社，2020：4.

育改革的前沿资料，起到引领中学课堂教学方向的作用。《新课标》指出中学课堂的改革方向，但是，对于什么是大概念，如何提炼大概念，如何提炼符合单元主干内容的主题以推进课堂教学的开展、促进学科核心素养的落实，《新课标》中并没有具体的阐述和可操作的指导意见。查阅中国知网上的相关研究结果，可以看到对大单元（大概念）教学的研究也较为热门，目前仍值得一线教师去教研。

（二）符合高中历史新高考命题倾向

目前，我国高考改革正处于新旧模式并行的过渡时期，历史高考试卷的基本模式基本稳定。"过渡时期的命题要求，加强了'考—教—学'衔接，依托课程标准和高考评价体系，并且结合考情实际，坚持稳中求进……发挥了'为国选才'的基本功能和有效引导中学历史教学的双重效用。"[①] 从已经启用新高考进行选拔考试的省份来看，历史学科新高考试题要求具有聚焦学科素养和关键能力的考查及强化试题情境设计和问题引领。且从新高考试题的命题思路看，有突出围绕核心概念（主题）创设试题情景的趋势。

例如，2021年湖北卷第17题，命题围绕的核心概念是"财税体制与国家治理"；2022年湖北卷第18题，命题围绕的核心概念是"三次大规模反帝爱国运动"；2022年广东卷第18题，命题围绕的核心概念是"国家现代化"；2021年湖南卷第17题，命题围绕的核心概念是"城市基层管理"等。以围绕核心概念而创设材料情景，开展设问的新高考题目还有很多，在此不逐一列举。广西是第三批启用新高考进行选拔考试的省份，研究分析已经启用新高考进行选拔考试的省份的高考试题，所得出的认识可以为广西一线中学教师进行有针对性的教育教学指明方向。

（三）符合高中历史课堂教学变革的现实需要

统编版高中历史教材是由两本必修课、三本选择性必修课、两本选修课构成的整体结构，三者之间具有关联性、层次性和渐进性。依据《新课标》要求，通过这三类历史课程的教学以推进学生历史学科核心素养不断得到提升。从2021年广西使用统编版教材以来，经过近四年的教学检验来看，绝大多数高中历史一线教师有这样的感受：必修课、选择性必修课的教材单课

---

① 中国高考报告学术委员会. 高考试题分析（2023）：历史［M］. 北京：现代教育出版社，2022：1.

内容量非常大，知识繁杂，且重复性较高。现实中，大部分的中学每周只安排两个历史课时，课时紧张，教学内容量大，如何按时完成教学任务、如何在教好知识的同时提升学生的关键能力和学科素养成为考验一线历史教师的新难题。

叶小兵认为："考虑到教学的实际情况，尤其是课时安排的相对紧张，教师有必要对教材进行再度整合，使教材内容更适于教师的教和学生的学。对教材进行整合的目的，并不是改变或删减教材的内容，而是使教材内容更为集约，更加突出主干和重点，更适于实际教学周数和时数的操作，使教材的可学性和实效性更为提升。"[1] 基于新高考聚焦学科素养和关键能力的考查及强化试题情境设计和问题引领的特点、命题趋势，以及现实课时安排和学情，中学一线教师有必要对历史课堂进行变革，以学科知识为基础，加强在日常的历史课堂中培养学生学科素养及能力，而不是传统历史课堂中的为教知识而教知识，才能顺应新教育改革的发展要求，而大单元（大概念）教学为课堂变革提供了思路。

二、大单元教学的教学实践路径

（一）分析教材，知内容

统编版历史必修《中外历史纲要（上）》第七单元讲述的是中国巴黎和会上外交失败的消息传入国内，五四运动爆发，马克思主义得到传播，推动了人民大众的觉醒，为中国共产党的成立奠定了基础，同时为灾难深重的中国人民带来了光明和希望。中国共产党联合各革命力量，共同推动了国民革命，基本推翻了北洋军阀的反动统治。国共合作破裂后中国共产党在逆境中探索出一条革命新道路，打开了中国革命新局面。中国共产党在领导中国人民的斗争中，形成了富有时代特征的革命文化。

依据教材内容，可分析出单元主线，即在国内专制统治和外国列强入侵的背景下，中国革命发展到新民主主义革命的新高潮。本单元以两个课时阐述中国革命是如何进入新民主主义革命阶段的、新民主主义革命发展过程中遇到的问题以及中国共产党是如何探索革命新道路的。

---

① 叶小兵. 钻研新教材，用好新教材：统编高中历史必修教材使用的若干建议 [J]. 历史教学（上半月刊），2020（8）：3-5.

（二）关注学术，晰要点

关于工农武装割据的思想是由谁探索出来的，学术界对此有一定的争议。目前绝大多数研究认为该思想是由毛泽东探索出来的，正式面世是在1928年10月4—6日召开的中共湘赣边界第二次代表大会起草的决议《政治问题和边界党的任务》中。周淑芳认为："早在1926年8月，瞿秋白在《国民革命中之农民问题》中，对如何解决农民问题进行具体论述时就提出必须将'耕地农有''武装农民''农民参加政权'三者结合起来才能解决农民问题，这是'工农武装割据'思想的'最初萌发'。……瞿秋白也重视在农村搞工农武装割据的实践，对取得的成果进行了认真的总结，提出了进一步加强领导农村土地革命工作的具体方法和措施。"[①]

笔者在平时的听课和课堂教学中发现，执教教师一般都会从井冈山革命根据地去讲述"工农武装割据"的思想，进而去认识中国共产党探索革命道路的过程及革命思想。笔者认为，要在唯物主义史观指导下去理解中国共产党探索革命新道路的问题。中国共产党在反抗南京国民政府统治的过程中，将革命队伍带到农村地区，以及革命骨干力量在农村地区、山区进行革命活动，这个过程本身就是探索革命道路的过程，将革命新道路探索的教学放在中国共产党反抗南京国民政府统治的整个过程中，在此过程中中国共产党所付出的努力都算是探索革命新道路的过程。

（三）解析真题，明考向

教学设计的重点、难点需参考高考真题的考点。2022年北京高考，第17题围绕新民主主义革命时期、社会主义革命时期，考查毛泽东思想的独创性，新民主主义革命时期的破题点为"工农武装割据的理论"；2021年全国乙卷，第42题要求从中国共产党建立至中华人民共和国成立间部分会议中任选两次会议，阐述中国共产党的发展，此考点其一为新民主主义阶段的八七会议和遵义会议，实则考查中国共产党在新民主主义阶段是如何逐步走向成熟的；2021年浙江高考，第28题围绕"马克思主义中国化的历史进程，即马克思主义基本原理与中国具体实际日益结合的过程"开展命题，其中考查到本课的内容为"农村革命根据地""土地革命""工农武装割据"。据分

---

① 周淑芳. 瞿秋白在马克思主义中国化中的理论贡献 [M]. 武汉：武汉大学出版社，2016：157 – 158.

析近年的新高考题关于本课的考查，可推知本课的重要考点应为中国共产党探索革命新道路的过程、革命新道路的内涵、红军长征等内容。

（四）解读课标，定主题

研究单元课标及单元课时内容有助于教师完整、准确地把握教学要求，明确单元主线，便于教师确定教学主题。具体到第七单元，课程标准要求"认识五四运动的历史意义，认识马克思主义在中国的传播与中国共产党成立对中国革命的深远影响；认识国共合作领导国民革命的历史作用；了解南京国民政府的成立；认识中国共产党开辟革命新道路的意义；认识红军长征的意义"。[①] 依据课标要求，笔者认为本单元主要解决以下四个关键点：第一，重点说明五四运动爆发的背景、过程，理解其历史意义；第二，重点理解马克思主义在中国的传播与中国共产党成立对中国革命的深远影响；第三，重点分析国共合作的背景，说明国民运动开展的过程，理解其历史作用；第四，重点了解南京国民政府的成立，理解中国共产党开辟革命新道路的过程及意义，说明红军长征的意义及精神。

综合分析教材内容及课标要求，可知本单元的教学主线应为新民主主义革命的兴起及发展。由此，可以整理出本课的课时核心概念为新民主主义革命的发展，课时重要概念为南京国民政府、宁汉合流、官僚资本、南昌起义、八七会议、湘赣边秋收起义、井冈山革命根据地、王明"左"倾错误、红军长征、遵义会议，其中南京国民政府、南昌起义、八七会议、湘赣边秋收起义、井冈山革命根据地、红军长征、遵义会议可归类为史实概念，宁汉合流、官僚资本、王明"左"倾错误可归类为史论概念。本课需要探究的重要问题有：南京国民政府发动的"北伐"与国民革命时期的"北伐"有何不同；工农武装割据开辟革命新道路的原因、内容、意义；中国共产党开辟革命新道路；红军长征的原因、过程、意义及长征精神；遵义会议的内容、意义。根据以上分析，笔者把本课的教学主题定为"探索革命新道路"。

（五）梳理教学线索，整合教学结构

确定教学主题后，依据单元整体框架、教材线索、课时主要概念、重要问题及教材内容，整合本课时的教学结构。如图 1 所示：

---

① 中华人民共和国教育部. 普通高中历史课程标准：2017 年版 2020 年修订 [S]. 北京：人民教育出版社，2020：17 - 18.

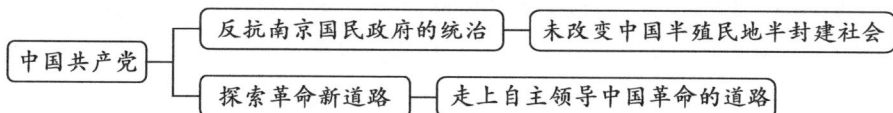

图1 课堂教学结构示意图

设计意图：通过教学结构示意图理清本课的逻辑关系。国民大革命失败后，南京国民政府继续北伐，形式上统一了中国，但并未改变中国半殖民地半封建社会的社会性质。中国共产党在反抗南京国民政府统治的过程中，不断探索革命发展的新道路，突破了自身的局限，最终领导中国人民走上自主领导中国革命的道路，推动新民主主义革命不断向前发展。

（六）创设学习任务驱动，推进深度学习

《新课标》指出"建议通过对课程内容的整合，引导学生深度学习，促进学生带着问题意识和证据意识在新情境下对历史进行探索，拓展其历史认识的广度和深度"①。由此，创设学习任务驱动，以问题链推进教学非常有必要。那么如何创设学习任务驱动以推进深度学习呢？笔者认为可以从以下四个方面努力。

1. 围绕课时关键问题创设学习任务，以构建教学内容的整体性

《新课标》指出"教师在进行本模块的教学设计时，要仔细分析每个学习专题的重点内容、核心概念和关键问题，选择和确定教学重点和难点，采取多种手段突出重点、突破重点，使学生通过对重点内容、核心概念、关键问题的理解，带动对整个学习专题的探讨和认识"②。通过对本单元的专题内容进行分析，本课要解决的关键问题可以设为：中国共产党为什么要反抗南京国民政府的统治？为什么要实行工农武装割据？工农武装割据是怎样形成的？红军为什么要进行长征？长征胜利有何意义？

在讲述本课第三目"开创—中国革命新局面"时，笔者围绕本课主题创设学习任务三：红军长征的背景、内涵及意义，展示如下史料并开展梯度设问，以此整合教学结构：

---

① 中华人民共和国教育部. 普通高中历史课程标准：2017 年版 2020 年修订 [S]. 北京：人民教育出版社，2020：17 – 18.

② 中华人民共和国教育部. 普通高中历史课程标准：2017 年版 2020 年修订 [S]. 北京：人民教育出版社，2020：17.

史料一 1930年6月，受共产国际"左"倾思想，中共中央推行"立三路线"，要求红七军北上攻打柳州、桂林，以保证全国红军夺取武汉。雷经天因坚决反对被开除党籍，免去党内外一切职务。红七军苦战两个多月，未攻下一座城市，却减员三分之一以上。

红七军到达江西中央根据地后，归红三军团建制，投入中央苏区反围剿的战斗中。雷经天在中央苏区肃反运动中被诬供国民党改组派，再次被开除党籍。1934年1月以博古为首的中共临时中央照搬共产国际的指示，将"左"倾错误发展到顶点，导致第五次反"围剿"失败，雷经天以无党籍的伙夫身份随军长征。

——王林涛《雷经天传》

史料二 红军长征3D视频。

史料三 遵义会议前后中央常委名单的变化（见表1）。

表1 遵义会议前后中央常委名单

时间	常委名单
1934年	博古、周恩来、张闻天、陈云、王明、张国焘、项英
遵义会议后	毛泽东、朱德、刘少奇、任弼时、周恩来

问题：①从"立三路线"到王明、博古为代表的"左"倾错误，反映出中共中央内部存在什么问题？②根据视频思考红军长征的本质是什么？③结合教材及史料三思考遵义会议要解决的本质问题是什么？

设计意图：通过材料和视频设计问题链，以分析红军长征的原因、本质，对比遵义会议前后中央常委的名单变化，以理解中国共产党独立自主的过程。通过本学习任务的探究，让学生厘清中国共产党是如何一步步解决党的政治路线、组织路线、军事路线的问题的，以理解中国共产党是如何一步步从幼稚走向成熟的，与中国共产党反抗南京国民政府的统治构建成逻辑严密的教学结构。

2. 通过课时核心概念创设学习任务，以推进教学进度的有效性

"大概念指向学习内容的本质特征，是学科学习的核心，大单元之'大'，首先表现在以大概念为统领，整合课程目标、内容、实施和评价，使之成为一个完整的学习事件。"① 大概念统领下，课时核心概念往往是单课时内容中最为精华、最有价值的内容，通过课时核心概念创设学习任务，以推进教学进度的有效性。

以本课为例，要突破课时关键问题：中国共产党为什么要反抗南京国民政府的统治？笔者创设了学习任务一：中国共产党反抗南京国民政府统治的背景，并以本课核心概念创设以下史料情景（见图2）：

（一）革命形势的发展

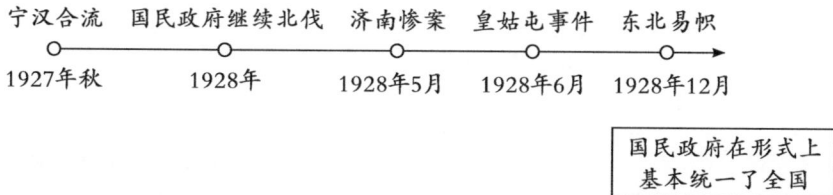

图2 革命形势发展时空坐标图

问题：①阅读教材，概述出国民大革命失败后，国内革命形势发展概况。②为什么说南京国民政府是"形式上"基本统一全国？

设计意图：引导学生阅读教材概述出国民大革命失败后，国内革命形势的发展概况，梳理出时间轴，并解读时间轴当中的重要概念，进而去解释南京国民政府"形式上"基本统一中国的内涵。通过此学习任务，去认识在南京国民政府统治下中国未改半殖民地半封建社会的性质，进而去理解中国共产党反抗南京国民政府统治的原因，从而形成严密的教学逻辑，以有效推进教学进度。

3. 依托具象历史情景创设学习任务，以理解历史事件的复杂性

《新课标》指出"在教学过程中，教师要注意通过历史情景的设计，让学生体验当时人们所处的历史背景，感受当时所面临的社会问题"②。这要求，在教学过程中，教师要注意创设史料情景，让学生尽可能真切地体验历史的复杂性，以更好地感知历史。

为引导学生感知中国共产党开辟革命新道路，笔者创设学习任务：中国

① 崔允漷. 如何开展指向学科核心素养的大单元设计［J］. 北京教育（普教版），2019（2）：11-15.
② 中华人民共和国教育部. 普通高中历史课程标准：2017年版2020年修订［S］. 北京：人民教育出版社，2020：17.

共产党开辟革命新道路的过程、基本内涵和意义，围绕本课主题设问整合教学结构。

问题①：用平板进入"井冈山历史博物馆"官网，点击"第一展厅"，查找出中国共产党为开辟革命新道路做出的努力，填写学案上的表格，并思考有何启示？学生通过查找可较快查找出相应的内容，如表2所示：

表2　1927年秋—1929年冬，中共发动反抗南京国民政府的主要事件

事件	领导者（组织者）	目的	结果
南昌起义 （1927年8月1日）	周恩来、贺龙、朱德、叶挺、刘伯承等（雷经天参加）	挽救革命	起义军撤离南昌，南下广东，遭受重大损失
八七会议 （1927年8月7日）	中共中央	总结大革命失败的经验教训	确定实行土地革命、武装反抗国民党反动统治、秋收起义
湘赣边界秋收起义 （1927年9—10月）	毛泽东及湖南省委	攻打中心城市长沙	各路起义军相继失利，毛泽东率部队进军井冈山，建立井冈山革命根据地
广州起义 （1927年12月11日）	张太雷、叶挺、叶剑英、雷经天等	攻占广州，重建广东革命根据地，再北伐	敌我力量悬殊，起义失败
百色起义 （1929年12月11日）	邓小平、张云逸、雷经天、韦拔群	接管地方政权，打击地方豪绅反动势力，发动群众推动右江革命发展	成立右江工农民主政府，开始了广西西部的工农武装割据

　　材料　毛泽东在井冈山根据地成立初期就说过："我们闹革命，光是跑来跑去是不行的，一定要有一个家，不然就很困难……我们以家为依托，不断向外发展，把我们四周的敌人一点点地吃掉、赶走，我们的日子慢慢地就好过了。"

——费正清《剑桥中华民国史》

　　问题②：请根据老师派发的任务卡，按任务卡要求，结合教材史料，概述出中国共产党是如何建立"革命之家"的。并派小组代表展示。

任务卡一　阅读材料一，结合教材思考材料阐述了中国共产党为建立"革命之家"做了什么准备？

材料一

　　由于中国是一个由几个帝国主义国家间接统治的、发展极端不平衡的半殖民地半封建的大国，半封建的地方性的农业经济（不是统一的资本主义经济）和帝国主义在中国划分势力范围的政策，使反动统治阶级内部持续地发生分裂和战争，而红色政权正是利用这种矛盾存在并长期发展下去。

——1928年11月毛泽东写给中共中央的报告《政治问题和边界党的任务》

任务卡二　根据材料二，思考中国共产党为建立"革命之家"做了什么准备？

材料二

　　1929年12月……（古田）会议总结了红四军成立以来军队建设方面的经验教训，确立了人民军队建设的基本原则，规定了红军的性质、宗旨和任务，重申了中国共产党对红军实行绝对领导的原则，确实了思想建党、政治建军的建党建军原则。

——《中外历史纲要（上）》第130页"历史纵横"

任务卡三　根据材料三，结合教材中土地革命的概述，思考中国共产党为建立"革命之家"做了什么准备？

材料三

1929年12月21日，红七军政治部出版的《土地革命》（《工农小丛书》第三种）

革命根据地农民获得的土地分配证

井冈山歌谣
天理豆子开红花；
红军来到笑哈哈；
土豪劣绅都打倒；
山林土地回老家。

任务卡四 根据材料四，思考中国共产党为建立"革命之家"做了什么准备？

材料四

右江苏维埃政府机构（1929年12月—1930年9月）

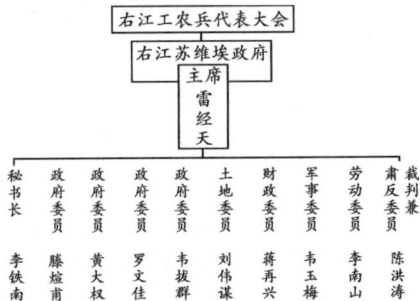

```
          右江工农兵代表大会
              |
          右江苏维埃政府
              |
             主席
             雷经天
```

井冈山歌谣
红军来到掌政权；
春光日子在眼前；
穷人最先得好处；
人人都有土和田。

秘书长 李铁南
政府委员 滕焙甫
政府委员 黄大权
政府委员 罗文佳
土地委员 韦拔群
土地委员 刘伟谋
财政委员 蒋再兴
军事委员 韦玉梅
劳动委员 李南山
肃反委员 陈洪涛
裁判兼

设计意图：通过具象的史料情景，让学生了解中国共产党发动一系列武装起义的史实，从而去理解中国共产党把革命队伍带入农村的原因。通过具象的史料情景，让学生全面了解中国共产党为立足农村所采取的措施，深入认识中国革命道路的基本内涵。

4. 借助历史人物线索创设学习任务，以感知历史发展的真实性

对接历史人物，以历史人物的经历为线索创设学习任务，可增强对历史发展真实性的感知。在本课理解长征精神，以实现情感升华的教学过程中，笔者通过南宁乡土历史人物雷经天的长征事迹创设问题情境，以提升学生的历史体验感。具体设计如下：

史料 长征路过广西时，有战友老乡劝他：甩掉"黑锅"，回广西去。雷经天却平静地说："回广西，我个人身上的'黑锅'是放下了，但因我受牵连的同志就会背上更重的'黑锅'，问题就更复杂了。"过雪山时，他身体垮了，倒在雪地里起不来，老乡莫文骅给他两块干姜口含，一会才慢慢站起来。他对老战友覃士冕说："无论遭到什么困难，我都不能离开队伍。党走到哪里，我就跟到哪里。"

——王林涛《雷经天传》

问题：你从雷经天的事迹中看出中国共产党人具有哪些优秀品质，这些优秀品质与开辟革命新道路有何关系？

设计意图：通过品读雷经天的长征事迹，去感悟中国共产党人身上坚定信念、忠于党、忠于革命、百折不挠的红色精神，以涵养学生的家国情怀核心素养。

三、大单元教学的教学实践反思

以本课为例，在探索大单元教学过程中，通过分析教材内容、关注学术前沿、解析高考真题、解读课程标准，一步步厘清教材线索，概括出单元教学主线，进一步确定"探索革命新道路"的教学主题。本课的教学以南宁红色历史人物雷经天的革命事迹为线索，以共产党为主体，围绕本课关键问题创设了三目，即"开启中国革命新序幕""开辟中国革命新道路""开创中国革命新局面"，每一目以学习任务驱动，引导学生认识中国共产党如何一步步探索革命新道路并走向成熟，感悟红色精神、革命精神与长征精神，进一步引导学生为实现中华民族伟大复兴的中国梦而努力奋斗。

在进行大单元教学设计的过程中，教师需要把握整个单元的教学主线，以更为清晰的思路去开展教学，这利于学生对单元整体知识的把握和对学科素养的整体理解。但在课时、备课时间有限的背景下对教师的教学功底及学生的知识功底有较大的要求。

四、结语

在基础教育课程改革的背景下，大单元教学的实施一定程度上有利于中学一线教师厘清单元专题内容的线索，有利于加强教师对单元教学的整体把握，能帮助学生厘清单元学习的主体思路。同时可有效解决教材知识繁杂且重复性较高、课时紧张、教学内容量大等问题，符合新课标及新高考的要求，是中学一线教学改进教学方式的有效途径。但大单元教学也存在一些困境，大单元教学对学生单元知识的把握程度有较高的要求，对学生的学科能力也有较高的要求，部分学生难以跟上教学节奏。由此，如何有效实施大单元教学以提升学生的学科能力仍值得去探究。

历史核心价值引领下的大单元教学

——以开放性试题为例

黄于玲*

2021 年广西进行新课改以来，一线教师在运用新教材授课时感到非常吃力，而新高考提出了更高的要求。本文基于高中历史教学所遇到的教学难点，探究大单元教学在《中外历史纲要》中的运用，并结合近年的高考真题进行分析。以开放、灵活为特征的开放性试题是最能有效考查历史学科核心素养的题型，深挖大单元概念在开放性试题中的体现，做到教考结合，促进教学策略的优化。

一、大单元教学概述

（一）改革背景

2017 年新课标出台，课程目标发生了从"三维目标"到"核心素养"的转向，2021 年广西进行了新课程、新教材和新高考的综合改革（以下简称"三新改革"），广西是第四批进行新课改的省份，2024 年也正是新高考的第一年，历史科目由广西进行自主命题。《普通高中历史课程标准（2017年版 2022 年修订)》明确提出，培养和提高学生的历史学科核心素养是历史课程的目标，重视以学科大概念为核心，使课程内容结构化，以主题为引领，使课程内容情景化①。调整更改教科书的教学顺序、课时结构，有跨度、有深度地重新整合教学内容，促进学科核心素养的落实。统编版教材是"通史＋专题史"体例，强调历史时序，教材内容覆盖面广，这让一线教师面临

---

* 黄于玲，崇左市宁明县宁明中学高中历史教师。

① 中华人民共和国教育部. 普通高中历史课程标准：2017 年版 2020 年修订 [S]. 北京：人民教育出版社，2020.

巨大的挑战，对教学设计提出了更高的要求①。"三新改革"是一次机遇也是巨大的挑战。如何更好地使用新教材是无数一线教师都非常头疼的问题。这意味着旧的教学方法面临淘汰，知识传授和能力训练的死板课堂面临淘汰，全方位的创新课堂势在必行。学生学科核心素养的培育与提升才是我们教学的重点，转变学生的学习方式，将历史学科核心素养融入大单元教学是不少地方已经成功实践的有效方式。

（二）当前困境

新教材内容容量大、课时有限。《中外历史纲要》上下册分为中国史和世界史，以通史为线索设置了 53 课，浓缩了 2007 年人教版三本必修教科书的 75 课内容。《中外历史纲要》以高度凝练的史论语言重构叙事体系，注重历史发展脉络的宏观把握，而非具体史实的铺陈罗列。通过精简叙事实现教材篇幅压缩的同时，完整保留了历史学科的主干知识体系，并且融入史学研究前沿成果，如"史料阅读""历史纵横"等模块。这种编排方式使教材的时空跨度大、知识点多、涵盖范围广，对学生的自主学习能力提出了更高的要求。

传统的以单篇课文为课时基础的教学方法往往导致学生花费大量的时间和精力，却收效甚微。学生历史学习方式、学习结果呈现方式都很单一，缺乏思维发展，不利于学生核心能力的培养。

尽管大单元教学的探索已经进行了几年，依然存在着许多亟待改进的地方。新课程改革背景下大单元教学的实践困境主要表现为三重结构性矛盾：一是教师的引导作用发挥得不够理想，有效融合思考不够。受传统教学习惯影响，部分教师仍固守知识本位的授课模式，通过机械强化知识点记忆挤压素养培育空间，"穿新鞋走老路"，致使大单元教学效果大打折扣；二是情境任务存在设计缺陷。教师创设的情境比较零碎，设计的问题细小繁多，致使大单元教学的过程流于形式，新课标提出的核心素养无法落地，成了讲解知识的大单元教学，失去了其本身的价值。三是学生的基础知识薄弱，大单元学习能力不足。学生作为教育教学的主体，只有学生对于大单元教学有着较高的驾驭能力，推动学生从"知识性学习"到"概念性理解"，才能真正落实好大单元教学。

---

① 孟莹. 核心素养视域下高中历史大单元教学策略研究 [J]. 吉林省教育学院学报，2024，40（3）：45－49.

破解这些矛盾的关键在于构建以历史核心价值引领的大单元教学：教师需以历史核心素养为纲，重新整合课程内容，创设具有驱动性的任务情境作为线索链，通过历史大概念建构教学任务帮助学生理解学科本质，最终达成知识体系与思维能力的协同发展。

（三）研究意义

大单元教学实践中真实性与有效性的提升还需要在具体实践中不断探索。大单元教学允许灵活调整课时，摆脱了以往每篇课文一个课时的限制，更多地关注学习目标的实施。教学进度和教学形式也会根据不同的教学内容和学习需求而变化，适应不同学习阶段的要求，提高教学效率和学习效果。

高中历史教科书具有内容广泛、知识丰富的特点。大单元教学强调宏观视角和单元内相关知识点的科学整合。从这个角度来看，教师应该采取整体设计的方法，将历史单元课程作为一个整体来对待，在大单元内整合相关的主题内容，连接到教学主线中，明确单元内每节课的重点和相关性。教师应根据学生的认知能力和历史知识体系建设需要，提炼单元内的核心内容，组织知识结构，合理选择或摒弃教材内容，实现大单元整体、结构化的教学设计。这将有助于学生理解历史知识点之间的相互关系。在"三新改革"的背景下，教师要把握知识结构，重组单元内容，引导学生通过大单元的主题进行探索性学习，增强大单元的整体设计意义，创造高质量的历史课堂。

总而言之，从大单元的角度实施中学历史教学设计，提高教学效率势在必行。教育工作者应坚持内容综合、目标分层、方法多样化和多维度评估的基本原则，以整合核心单元内容、制定任务清单、培养批判性思维技能、设计教学活动和加强技能发展。可以建立一种多维的评估机制，结合高考开放性试题来评估学生的单元学习成果，从而提高历史教育的核心质量，落实历史核心素养，实现历史大单元教学目标。

二、 开放性试题中蕴含的大单元概念和历史核心素养

（一）学情分析

为了推进新高考改革，2019 年教育部考试中心出版了《中国高考评价体系》及其说明，高考评价体系由"一核""四层""四翼"组成，其中，"一核"是高考的核心功能，即"立德树人、服务选才、引导教学"，回答

"为什么考"的问题;"四层"为高考的考查内容,即"核心价值、学科素养、关键能力、必备知识",回答"考什么"的问题;"四翼"为高考的考查要求,即"基础性、综合性、应用性、创新性",回答"怎么考"的问题。[①]"三新改革"把德育作为基本目标,把公平、科学地评价人才作为重中之重,同时积极引导和促进教学。

传统的一线历史教学跟不上高考改革的要求表现在:①"一核、四层、四翼"评价体系落实不到位;②学科核心能力没有得到应有的发展;③教材被忽视,过度依赖教辅;④对重要史实和历史概念的认识深度不够;⑤知识整合不够,没有把握好历史发展的基本趋势和特点;⑥完整的通史体系尚未形成;⑦学生缺少独立思考和创造性思维的能力,而且答题技巧和书面表达水平有待提高。

面对创新的高难度试题和充满挑战的考试环境,教学应与试题设计保持一致,遵循课程标准,同时关注考试趋势。提供的问题场景和材料主要围绕课程标准规定的知识范围和核心内容进行命题。高考试题强调基础知识、应用性、综合性和创新性,切实考核考生的知识面、理解力和读写能力。广西使用《中外历史纲要》这套新教材已有三年,教师应创新教材的使用方法,分析开放性试题,注意新教材中大单元的整合,加强对上位概念的解读。

(二)考情分析

新高考对教材知识直接考查的比重降低,小论文题比重增加,部分省份甚至出现两道开放性试题,新高考更注重考验学生对知识的理解,仅仅依靠死记硬背来学习历史科目已经不足以应付"三新改革"的要求。在教学过程中,必须强调有效应对和利用高考中的开放性试题,结合高考试题进行教学,以增强教学与考试之间的一致性。新高考强调在内容中增强思想教育和价值导向,并将道德修养的培养作为其根本任务。

新高考试题坚持正确的政治方向,将道德教育原则贯穿于整个试卷中。历史试题以"立德树人,服务选拔,引导教学"的核心原则为基础,十分重视对学生思维品质的考查,促使学生提升历史核心素养。大单元教学的探索与新高考开放性试题的要求是相吻合的。应当调整历史教学指导思想,推动历史教研的专题研究,以改进教学策略和相应教学方法,使得教学更具有针对性和有效性,实现教考结合。

---

① 教育部考试中心. 中国高考评价体系 [M]. 北京:人民教育出版社,2019:6.

（三）实践分析

开放性试题在高中的应用已经有很长的历史了。随着"三新改革"的推进，开放性试题已成为近年来高中历史考试中的重要题型之一。新高考加强了对开放性、创新性和综合性能力的要求，因此，开放性试题的形式现在更加多样化，并且对学生能力的要求也更高。然而，目前学生对开放性试题的解答并不理想，一些学生甚至在遇到此类问题时出现畏难情绪，甚至留空不答。在指导学生解答开放性试题时，教师应设置教学情境，培养学生的历史思维能力，增强学生答题角度的全面性，建立历史宏观视角，促进学生在综合分析和解决问题方面的逻辑思维能力有所发展。

新高考试题对综合性、适用性和创新性提出了进一步要求。开放性试题体现了时代发展的需求，它们是没有固定答案或标准答案的。通过多元化的材料和足够灵活自由的思考方式，开放性试题可以帮助学生构建多元视角，从不同角度审视历史事件。这种方法促使学生除了展现学科核心素养和创新思维能力外，还要批判性地审视并辩证地看待问题。教师在将中学历史教育教学与考试结合时需要以情境为载体，在高中历史课堂上帮助学生掌握解答开放性试题所需的技能。通过整合主要单元教学内容同时掌握相关历史背景知识，教师可以提升学生有效回答开放性试题的能力，并最终提高课堂教学效果，达到更理想的学习结果。

开放性试题的设计旨在拓宽和多样化视角，提高素养立意，注重增强试题情境的生动性和真实性，突出考查学生独立思考和深度分析的能力，推动教学方式由"解题"向"解决问题"转变。在持续深化素质教育的背景下，仅仅传授历史知识已无法满足"三新改革"的要求，还必须重视培养家国情怀。在世界不断多元化发展的背景下，培养家国情怀、传承中华传统文化和民族精神是持续加强教育实践、确保历史大单元教学顺利实施、引导学生辩证看待历史和培养历史素养的必要条件。

通过优化教学模块以满足道德教育标准、重新设计教学计划以培养学生的家国情怀和文化素养、挖掘课程教育的潜力，我们可以在高中历史教学中实现对学生的价值观的培养。在历史大单元教学框架下，不仅要建立知识体系，还应帮助学生将知识转化为技能，培养满足学生个人成长和社会需求的核心能力。单纯依靠概念和理论的学习不足以有效培养学生能力，更重要的是要转向实践应用，为学生提供机会，让他们使用开放性试题来测试自己对基本知识和技能的掌握情况。

（四）教情分析

新高考评价体系是制定高考试题的指导标准，旨在测试学生的关键能力和学科核心素养。开放性试题考查学生的关键能力，而这些关键能力的培养绝不能仅仅依赖于几道试题和几节课。教师需要从高一的新教材入手，在日常教学中采用大单元教学方法，潜移默化地培养学生的历史核心素养。

首先，教师要提升自身的能力，加强对开放性试题的研究，准确把握课程标准和高考评价体系中所考查的关键能力。其次，在日常教学中，学生接触最多的是历史教材，为了节省课堂时间、培养学生的关键能力，教师可以采用大单元教学法对历史教材进行重组。最后，教师需要加强对相应教学方法的研究，只有采用适当的教学策略，才能使教师教得不累，学生学得到位、考的都会。

对于开放性试题来说，时空模型的建构是历史的本质。在日常教学中，要贯彻大单元思想，树立更高层次的视角。开放性试题的答案是多种多样的，不是唯一的。开放性试题的训练应该逐步展开，培养学生的问题意识，并逐步提升他们提取观点的能力，培养他们的批判性思维。最后，在答题时的结论部分要明确讨论主题，升华情感，反思并深化学生的语言组织、逻辑思维、发散思维和历史学科思维。

三、大单元理念在高考开放性试题中的体现

近年来高考历史试题增强开放性的一个显著特征，是在开放性试题以外的综合性试题和选考模块试题中也增加了开放性设问，不仅在问题设置上拓展了作答的宽度和深度，考查了学生分析问题和探究性解决问题的能力，更重要的是综合评价了学生在作答过程中展现出来的情感、态度、价值观等隐性内容。对开放性试题而言，只有实现考试内容的开放才是试题真正的开放，核心素养作为考试内容的核心，其全部要素应该在开放性试题中得到反映。[①]

下面结合 2023 年广东高考真题，分析大单元中历史核心价值在历史小论文中的运用，以期能更好地指导一线教学。

---

① 徐奉先，刘芃. 新课程标准背景下的开放性试题开发 [J]. 历史教学，2021（1）：22 – 26.

19. 阅读材料并结合所学知识，完成下列要求。

材料 中华文明源远流长，其演进过程可从以下几个角度予以探究。

角度	内涵
多元一体格局的形成	中华文明的演进过程，在很大程度上可以视为不同地域的文明以及不同民族的文明，在交往中整合为一体的过程。
多民族的交融	中华文明的发展史从一个侧面来看就是多民族不断交融、共同创造的历史。
外来文明的吸收	中华文明不断与域外异质文明接触，积极吸收外来文化，具有很强的包容性。
雅与俗的互动	中华文明就是由雅化俗、由俗化雅，在雅与俗的互相转化中得以发展。
以复古为革新	中华文明实现变革的一种常见方式是以复古为革新，即借复古之名行革新之实。

——摘编自袁行霈等主编《中华文明史》

从材料中任意选取一个角度，对中华古代文明史进行分期，并运用中国古代史知识进行阐述。（要求：写出选取的角度，分期明确，阐述须有史实依据，逻辑清晰)①

【参考答案】

角度：外来文明的吸收：中华文化不断与外来文明接触，积极吸收外来文化，具有很强的包容性。

分期：从两汉到明中期是佛教传入中国并与中国本土文化碰撞交融的时期，从明末到清中期是中华文明与异质的西方文明之间交流学习的时期。

阐述：汉代至明代，是古印度佛教传入中国并得到长足发展的时期。汉代时期，由于佛教教义满足了统治者和平民的需要，佛教在中国逐渐繁荣起来。在接下来的两千年里，佛教与中国本土文化既冲突又融合。佛教元素影响了中国人的语言、习俗、文学和建筑艺术等方面。到隋唐时期，佛教已经实现了本土化。在宋明时期，一些学者出于复兴儒学的需要，将佛教思想纳入儒学当中，形成了宋明理学。明末至清代，是中国文化与欧洲文明碰撞交流的时期。早在明末，东西方文明就有了直接接触。"西学东渐"使传统学者接触到来自世界另一端的异域文明。一些有识之士对西方科学和文化产生

---

① 2023 年普通高中学业水平选择性考试（广东卷）：历史。

了浓厚的兴趣，提倡中西方文化的开放交流。西方先进的科学技术逐渐传入中国，在农业、数学、医学和天文学等领域产生了重大影响。

结论：在这一时期，中西文明的互动是有限的，外来文明对中国传统社会的影响也是有限的。

我们看待高考历史试题要提升站位并拓展视域，打破中学历史学科本位的惯性思维，重新理解"开放性"的内涵和呈现。本题以中华文明的阶段分期为试题情景，从社会整体性发展的角度考查考生对中国古代文明发展、民族关系、对外关系的理解和分析，考查考生自主发现问题、分析问题、解决问题等高阶思维。

分析试题，首先要明确命题的立意、考查的知识点。本题考查的是：①能够认识中华民族多元一体的历史发展趋势，形成对中华民族的认同感和正确的民族观，具有民族自信心和自豪感；②了解并认同中华优秀传统文化；③认识中华文明的历史价值和现实意义。

该题要求考生从不同的主题视角"对中华古代文明史进行分期"并阐述，正是大单元理念在高考评价当中的反映。大单元主题式教学是当前应对高考的有效方式，在新授课和复习课中都可以利用单元主题重构课程内容，引导学生从不同视角认识历史，并形成结构化的知识体系。

例如，可以从中华文明演进的各阶段特征认识中国古代史，将教材的单元内容进行重构，如表1所示：

表1　中国古代史单元主题

教材目录①	重构单元主题	
第一单元　从中华文明起源到秦汉大一统封建国家的建立与巩固	第一单元　中华文明的起源与奠基（先秦）	
	第二单元　中华文明的统一与发展（秦汉）	
第二单元　三国两晋南北朝的民族交融与隋唐大一统的发展	第三单元　中华文明的分裂与融合（魏晋南北朝）	
	第四单元　中华文明的繁荣与开放（隋唐）	
第三单元　辽宋夏金多民族政权的并立与元朝的统一	第五单元　中华文明的巩固与成熟（辽宋夏金元）	
第四单元　明清中国版图的奠定与面临的挑战	第六单元　中华文明的鼎盛与危机（明清）	

① 中华人民共和国教育部. 中外历史纲要：上［M］. 北京：人民教育出版社，2019：2-8.

四、结语

"三新改革"对传统的僵化教学模式产生了巨大的冲击，一些教师对高考的变化反应缓慢。他们仍然固守传统的教学方法，忽视了历史学科核心能力的提高，过时的教学方法以及高中课程与高考要求之间明显脱节。要适应"三新改革"的要求，教师必须加强对历史核心知识及关键内容的把握，将培养历史学科素养及思维能力作为教学重点，让学生更深入地了解历史，加深学生思考的深度。备课时要做好教学设计，转变传统的教学观念，优化教学策略，精简内容，整合教材，深化必备知识，补充相关的概念、史实，挖掘教材外的隐性知识。教师要指导学生如何解决问题；重视德智体美劳全面发展的新考试内容体系，增强学科核心能力，真正实现教考一体；在教学过程中落实大单元教学，把握历史核心素养，服务选才要求，加强对知识广度和深度的考查。

总之，在进行高中历史教学活动时，教师必须在历史核心素养的指导下准确解读其内涵与教育价值。同时，需要整合育人目标、核心素养要求、教材内容和学生的学习需求，构建完整的教学结构，以确保历史教学目标的实现。此外，教师还应正确理解历史核心素养的定位，在课堂上串联这些素养，并全面把握大单元教学内核，基于大单元教学特点来确立教学目标、整合教学内容、完善教学方法并引导学生进步。只有这样才能更好地优化高中历史教学活动，并为提升高中生的历史学习能力与核心素养打下坚实基础，培养学生的唯物史观与辩证思维，使他们在历史学习过程中不断进步。

基于大概念的单元教学反思

——以"欧洲思想解放运动"为例

姚福卫[*]

广西使用部编版新教材已经进入第三个年头，关于如何用好新教材的研讨也在不断地进行着，而其中两个核心问题是：如何落实学科素养，以达成立德树人的育人目标；如何处理有限的课时与体量庞杂的课时内容之间的矛盾。基于大单元、大概念统摄下的主题教学是解决这些矛盾的有效途径。2024年5月17日，广西民族师范学院和崇左市教育科学研究所联合举办了一次教研活动，笔者有幸受邀开展一堂同课异构试教课，即《中外历史纲要（下）》第8课"欧洲的思想解放运动"，借此契机笔者尝试从大单元、大概念视角下的主题教学设计本节课并试教。笔者从以下三个方面对这节课进行了总结反思：首先是对该课时教学主题的提炼；其次是对该课时核心目标的锚定；最后是对该课时的教学设计及试教的课堂反思。

一、教学主题的提炼

（一）课标依据

课程标准：通过了解文艺复兴、宗教改革、启蒙运动与资产阶级革命的历史渊源，认识资产阶级革命的发生和资本主义制度的确立，是近代西方政治思想理念的初步实现。[①]

---

[*] 姚福卫，崇左市高级中学历史教师。

[①] 徐蓝，朱汉国. 普通高中历史课程标准（2017年版2020年修订）解读 [M]. 北京：高等教育出版社，2020：98.

课程标准解读：人文精神起源于古希腊时期，对塑造人的精神有重要功用，在漫长的中世纪，它遭到基督教会的强大压制。中世纪晚期，西欧出现了新气象，14—18世纪西欧相继开展了文艺复兴、宗教改革、科学革命和启蒙运动等思想解放运动，人文精神得以重新发掘并进一步发展。文艺复兴高举人文主义的大旗，使人们重新认识了自己。文艺复兴对人性的呼唤，把人们关注的重点从来世转移到现世，发扬了为创造现世的幸福而奋斗的乐观进取的精神，解放了长期被宗教戒律压抑和禁锢的人性，它促使欧洲人从以神为中心过渡到以人为中心的时代。宗教改革宣扬"因信称义"，进一步冲击了天主教的神权统治。在文艺复兴从意大利向英国、德国和法国传播时，宗教改革开始兴起。宗教改革中建立起来的路德宗推崇"因信称义"，激励了人的信仰，促进了人的觉醒；加尔文宗则倡导"先定论"，激发了人的奋斗，鼓舞了人的创造。对于正处于上升期的资产阶级来说，这些观点无疑具有非常鲜明的导向作用，他们怀揣对自我的信念，肩负对上帝的承诺，积极投身商业活动、冒险活动。文艺复兴的影响基本是在知识分子当中，西方国家基本是全民信教的，因此宗教改革把人文主义向整个社会普及，其影响是社会性的，因此宗教改革实际上是反对天主教的反封建的社会政治运动，适应了资本主义经济发展的需要。

科学革命确立了科学与理性的思维方式，更加凸显了"人"的地位。近代科学革命（从1543年哥白尼提出"日心说"到1687年牛顿《自然哲学的数学原理》完成）形成了近代的实验方法、数学方法和思维方式，否定了古代科学重视经验或描述的本质特征，这就在一定程度上确立了不再以"神"为本位、用"神"的眼光去观察世界，而是以"人"的体验和思维为本位、用"人"的眼光去观察世界的原则，进一步以理性的权威战胜了宗教的权威，提高了人们对自然界的认识能力和改造现实社会的能力，削弱了封建统治的精神支柱，促进了欧洲的思想解放运动，它本身也是一场思想解放运动。

启蒙运动将矛头指向封建专制，致力于塑造理性的价值观，描绘了构建"理性王国"的蓝图，提出了符合资产阶级利益的社会治理原则和政治制度。思想是社会变革的先导，不断深入的思想解放运动推动了欧洲的社会变革，促进了资产阶级革命的爆发，为西方资本主义制度的确立奠定了思想基础。

综上对课程标准的解读，本课主要通过文艺复兴、宗教改革、近代科学发展和启蒙运动等重大历史事件，阐述了赓续的人文精神，其影响是解放了人们的思想，为西方资本主义制度的确立奠定了思想基础。

（二）教材依据

从教材内容来看，本课包括四个子目："文艺复兴""宗教改革""近代科学的兴起""启蒙运动"。

第一子目"文艺复兴"，人文主义在西欧兴起和传播，削弱了天主教会的权威，把人和人性从神的戒律中解放出来。

第二子目"宗教改革"，新教的"因信称义""先定论"挑战了教皇和教会的权威，进一步传播和发展了人文主义，把人从天主教会的束缚中解放出来。

第三子目"近代科学的兴起"，人文主义扩展到自然科学领域，人类能发现和揭示自然规律并征服自然，这就树立了人的自信，进一步冲击了天主教神学体系。

第四子目"启蒙运动"，宣扬人的理性，提倡人权，把人从封建专制和等级特权中解放出来。

从总体上看，教材叙述内容所涉史事多、概念多、时间跨度大、空间范围广，但教材内容的核心线索也比较清晰。第一条核心线索是关于人从宗教和王权专制枷锁中如何一步步解放出来，主要涉及人文主义者、宗教改革家和启蒙思想家的思想诉求；第二条核心线索是关于文艺复兴、宗教改革、近代科学与启蒙运动之间的逻辑关系，主要包括这一系列思想解放运动所产生的交互效应。

从纵向上看，学生需要知道中古时期对古典文明的传承和发展是近代欧洲思想解放运动的历史前提，又要整体把握欧洲思想解放运动的历史发展逻辑，理解启蒙运动是在文艺复兴、宗教改革和近代科学的影响之下应运而生的，还要在此基础上建构人文主义与资产阶级革命、资本主义制度之间的联系，初步认识到"思想解放是社会变革的先导"。

（三）学术依据

吴于廑、齐世荣在《世界史·近代史编·上卷》中认为，"文艺复兴的重大历史意义在于它促使欧洲人从以神为中心过渡到以人为中心，在于人的觉醒，在于人们把重点从来世转移到现世。它唤醒了人们的积极进取的精神、创造精神以及科学实验的精神，从而在精神方面为资本主义制度的胜利和确立开辟了道路……文艺复兴为以后的思想进步扫清了道路。它打破经院哲学的统一局面，使得各种世俗哲学兴起，其中有英国的经验论唯物主义。

它也推动了政治学说的发展，为后来的'自然权利学说''社会契约论''人民的革命权利''人民主权'以及'三权分立'等学说的产生提供了思想渊源。"①

陈乐民、周弘在《欧洲文明的进程》一书中指出，文艺复兴是古典的，因为它使罗马帝国衰亡以前的古希腊、罗马鼎盛时期的光辉璀璨的文明重新获得了生命。这些古典文化是那样富有理性精神，那样厚重有力。文艺复兴也不仅是简单的"复古"，它具有开辟新时代的意义。它体现了一种富于创造力的"时代精神"，它具有一种把远古时期远远甩在后面的前进的冲击力，它预示着时代的进步和变革，是人性和理性的解放。②

英国学者阿利斯特·麦格拉思在《宗教改革运动思潮》一书中认为，宗教改革是针对16世纪初教会的可悲情况——偏离了基督教信仰的独特观念、失去了智性的身份认同、未能掌握基督教的真正本质，思想家们以"重回本源"为口号，改正这些弊端，以重回更纯正和清新的基督教形态的运动。③

江晓原在《科学史十五讲》一书中指出，17世纪是一个新的世界观在逐渐形成的时期。第一，中世纪、文艺复兴以及宗教改革时期的思想家都认为过去的知识是最可靠的智慧源泉，而17世纪以来的思想家却不盲从古代权威，决心依靠自己的才智领悟知识，他们以"大胆求知"为座右铭，强调科学的自主性和思想的自由活动。此后，自然界被认为像最精致的机械钟一样运转，天体运动规律可以被准确无误地预测，大自然本身可以被人类充分理解。④

李宏图在《什么是启蒙运动》一文中指出，启蒙思想家正是真诚地想要启发民智，要把潜藏于每个人自身之中的理性召唤出来，使人类走出不成熟的依附和奴役状态，成为敢于运用自己理性的独立的和自由的人；要用理性来批判专制王权、封建特权和宗教神权，追求和实现人的权利、自由和平等，这就是启蒙思想家所掀起的启蒙运动的主要内容，也是启蒙运动的内在精神。⑤

---

① 吴于廑，齐世荣. 世界史：近代史编：上卷 [M]. 2版. 北京：高等教育出版社，2001：27-28.
② 陈乐民，周弘. 欧洲文明的进程 [M]. 北京：生活·读书·新知三联书店，2014.
③ 麦格拉思. 宗教改革运动思潮 [M]. 蔡锦图，陈佐人，译. 北京：中国社会科学出版社，2009.
④ 江晓原. 科学史十五讲 [M]. 北京：北京大学出版社，2015.
⑤ 李宏图. 什么是启蒙运动 [J]. 史学月刊，2007 (9)：5-9.

陈乐民、周弘在《欧洲文明的进程》一书中指出，启蒙运动是文艺复兴、宗教改革的逻辑延伸，或者说是它们不可缺少的，也是不可避免的"续篇"。文艺复兴好像是一个酣睡的人在慢慢苏醒；宗教改革进一步表现在"上帝"问题的一种突破；在经历了笛卡尔以来整个世纪的沉思后，西欧进入了自觉运用理智的阶段。所以启蒙是文艺复兴时期以来思想不断深化、不断让理性脱离羁绊的渐进、积累的必然结果。同时，18世纪是一个商业革命、产业革命、思想革命相互推动的时期，没有一定的物质条件，精神领域不可能有这样的变化。①

学者们的研究成果为我们提供了确定本单元主题的重要理论依据。我们应当从思想发展的内在逻辑、从宽阔的社会背景、从历史发展的长时段来认识欧洲思想解放运动。

综上所述，文艺复兴以人为中心而不是以神为中心，肯定人的尊严和价值。宗教改革主张"因信称义"，认为人人都能与上帝直接对话。近代科学重视经验和事实的理性化思维方式，冲击了天主教的世界观和神学体系。启蒙运动以理性为武器，摆脱专制王权和教会的思想束缚。因此，欧洲的思想解放历程本质上是新兴资产阶级的价值观和世界观不断表达的历程，反映了资产阶级不断打破宗教思想束缚和封建专制王权压迫，建立满足于自身利益的规则和自由的历程。思想是对社会理性思考的产物，思想解放是社会变革的先导，而人文精神是贯穿几百年思想解放运动的精神内核，人文精神在每次思想解放运动过程中的侧重点都有所不同，但始终以"人"为中心，人文精神始终是指引社会前进的火炬。

综合上述分析，笔者将本课的教学主题设定为：思想的力量——人文精神指引前进道路。

二、核心目标的锚定

以问题为引领，基于解释，从"人"的角度理解文艺复兴与古典文化、基督教文明的关系以及文艺复兴的实质，感受中世纪和近代欧洲社会的分野和关联，习得梳理史实逻辑的方法。立足关键问题，综合使用文献、图画等历史资料，了解宗教改革的原因、主张及影响。运用表格归类整理科学革命的成果，习得将复杂史事条理化的方法，认识科学革命对思想解放的影响。

---

① 陈乐民，周弘. 欧洲文明的进程［M］. 北京：生活·读书·新知三联书店，2020.

以表格呈现启蒙思想家的思想主张，运用分析、比较的方法理解启蒙思想家关于"理性王国"的蓝图，通过经典史料的阅读和图表的分析，能够整体把握启蒙思想的内在逻辑，理解启蒙运动"为资本主义制度的建立作了理论准备和舆论宣传"。以人文精神为核心概念，聚焦文艺复兴巨匠、宗教改革家、启蒙思想家的贡献，体悟他们关注"人"、追求解放"人"的人文情怀。聚焦"14—18世纪""欧洲"等时空概念，理解在时空推进中，文艺复兴、宗教改革、近代科学与启蒙运动之间的相互关联，全景式认识在特定时空下欧洲的思想解放运动。

三、教学试教及反思

导入：

材料一　（14世纪到18世纪）所发生的思想革命，或叫做精神领域里的革命……就是文艺复兴、宗教改革、启蒙运动相继联系、承接起来的"链条"。通过这个"革命"链条，"人"一步一步地从"神"的迷信中解放出来。①

解读：以知名学者的著作导入，提醒学生注意"链条"及"人"，即这几次思想解放运动是相互连接并层层推进的，并且都关注"人"的解放。为整节课的开展做好铺垫。接下来口头提问：那么这一系列的思想解放运动是如何开展的呢？然后进入新课的学习。

（一）文艺复兴——人应该过怎样的世俗生活

阅读课本第47页的相关内容后回答：

1. 何为文艺复兴？（概念）
2. 何以文艺复兴？（背景）
3. 以何文艺复兴？（精神内核）

---

① 陈乐民，周弘. 欧洲文明的进程 [M]. 北京：生活·读书·新知三联书店，2020：221.

解读：课本对文艺复兴的概念有明确的阐述，学生进行概括难度不大。固然，课本关于文艺复兴的背景基本可以从经济、文化、政治等方面进行概括，关于文艺复兴的主张（人文主义）课本中也有明确的阐述。然而，仍然有可探讨的空间：文艺复兴爆发的背景可以从更广阔的社会背景来认识；关于人文主义的概念课本仅仅停留在表述层面，学生读来容易，要理解却难，需要创设具体情景加深学生的理解，解决办法是精选材料。

关于文艺复兴爆发的社会背景补充以下史料：

材料二 黑死病横扫整个欧洲，使人口减少 1/3～1/2，佛罗伦萨也不能幸免……从 1300 年的人口顶峰的 9.5 万人暴跌到 1340 年的 3 万人。也就是说，佛罗伦萨经过黑死病的肆虐后，人口减少了约 2/3。[①]

材料三 浩劫当前，这城里（佛罗伦萨）的法纪和圣规几乎全都荡然无存了；因为神父和执法官员也不能例外，都死的死了，病的病了，要不就是一个手下也没有……因此，简直每个人都可以为所欲为。[②]

解读：基督教认为上帝用泥土按照自己的形象造人，因而人是上帝的羔羊，人类的始祖亚当、夏娃因偷吃禁果被驱逐出伊甸园，因此作为亚当、夏娃的后代，即人类生来即拥有原罪，必须依靠神恩才能获得救赎。中世纪基督教及其神学理论在意识形态领域占据主导地位，这种情况在 14 世纪开始发生变化。正当人们对基督教表达不满之时，黑死病不期而至，这场瘟疫吞噬了欧洲约 1/3 的人口，在意大利佛罗伦萨更是夺取了约 2/3 的人口。人们面对死亡感到恐惧、无所适从。教会告诉人们，发生瘟疫是因为人类的罪恶引起了上帝的震怒，只有向上帝祈祷、忏悔才能得救。教会反对人们诉诸药物，反而组织人们集中进行宗教活动，这又加速了疾病的传播和死亡。薄伽丘的父亲和母亲均死于这场瘟疫，因此他在《十日谈》中记载了黑死病对佛罗伦萨的冲击。尼德兰勃鲁盖尔的作品《死亡的胜利》描绘了黑死病带走大量生命的恐怖画面，画中死神骑着骨瘦如柴的战马，率领着死亡之马，向人们进攻，而倒下的枢机主教则表达了对教会的无情批判。这就必然引发人们通过自己的思考来寻求答案，催生了享乐主义、理性主义和现实主义，这极大地冲击着基督教赖以存在的根基。至此我们可以概括文艺复兴爆发的背

① 王乃耀. 文艺复兴早期的佛罗伦萨经济之考察 [J]. 世界历史，2006（1）：106.
② 薄伽丘. 十日谈 [M]. 方平，王科一，译. 上海：上海译文出版社，1988：12.

景：经济方面是资本主义经济的萌芽，阶级方面是资产阶级队伍的萌生，文化方面是古希腊罗马的文化积淀，政治上是教权的黑暗统治，社会上则是黑死病对旧有秩序的冲击。如果时间允许还可以简单说说美第奇家族对文艺复兴运动的支持。

关于文艺复兴时代的代表人物，教学设计设置的表格简洁明了地概括了出来，难点在于学生对人文主义（人文精神）的深度理解。关于文艺复兴精神内核（人文主义）的理解可补充以下史料：

材料四　"你再不用期望我的言语或手势；你的意志已经自由、正直和健全，不照它的指示行动是一种错误；我现在给你加上冠冕来自作主宰。"

"难道你那么快地就餍足了那些财富？为了这些财富你不怕用欺诈手段。夺去美丽的'圣女'，然后踩躏她……"①

解读：但丁通过《神曲》表达了人文主义的思想，在他的笔下，人拥有自主的自由，自己作为自身的主宰，直接将教皇卜尼法斯八世打入地狱，体现出了对权威的批判。莎士比亚更是表达了对人的高度赞美，充分体现了人文主义者的生活理想。文艺复兴的精神内核是人文主义。人文主义以人为中心，要求肯定人的价值和尊严；反对教会的禁欲主义，抨击教会的腐败，重视发挥人的才智和创造力，追求现世社会的幸福生活。文艺复兴推动了欧洲的思想解放，在一定程度上冲击了封建秩序，解放了长期被压抑和禁锢的人性。文艺复兴时期人们通过研习古典文献和考古，通过文学、绘画以及建筑等形式表达对新文明的诉求，与此同时中世纪晚期罗马教廷呈现的是怎样的发展态势呢？由此引出宗教改革。

（二）宗教改革——人应该过怎样的精神生活

关于宗教改革的背景、主张及影响，通过阅读课本及教学设计，学生已经有初步的了解，为加深学生对宗教改革的认识，笔者创设以马丁·路德个人经历为主的教学情境：

材料五　（马丁·路德致沃姆斯会议，1521 年）我不能屈从于教皇和元老院而放弃我的信仰，理由是他们错误百出，自相矛盾，犹如昭昭天日般

---

① 但丁. 神曲［M］. 朱维基，译. 上海：上海译文出版社，1984：135-136.

明显。如果找不出《圣经》中的道理或无可辩驳的理由使我折服，如果不能用我刚刚引述的《圣经》文句令我满意信服，如果无法用《圣经》改变我的判断，那么，我不能够，也不愿意收回我说过的任何一句话，因为基督徒是不能说出违心之言的。这就是我的立场，我没有别的话可说了。愿上帝保佑我。①

解读：路德曾说过，"假如我有一百颗头颅，我宁愿颗颗被斩首，也绝不收回任何一条论纲"。提问：马丁·路德作为虔诚的宗教徒，态度为何如此决绝？接着向学生介绍路德的生平事迹：

1510年，路德朝拜他心目中伟大而神圣的罗马城，对罗马城处处灯红酒绿、几任教皇个个臭名昭著大失所望。从此专注于原始经典《圣经》的研究。1512年，获得神学博士学位，任修道院院长、大学神学教授职务。1517年10月31日，针对教会大肆兜售赎罪券现象极其愤怒，随即在威腾堡教堂大门口贴出——《九十五条论纲》。两周传遍德国，一个月传遍欧洲！接着用80天将《圣经新约》译成了德文。1521年教皇颁布敕令，裁定路德为异端，各地裁判所随时可以把他投入火堆。1525年建立路德教。1555年开始"教随国定"，路德教最终获得法定地位。

通过将路德的生平和教会兜售赎罪券及宗教改革这些细节的描述勾连起来，将人物盘活，将事件捋清。通过解读材料五，学生能更真切地理解马丁·路德的主张。宗教改革对欧洲社会产生了巨大的影响：政治上推动欧洲民族国家的形成；思想上进一步解放思想，传播和发展了人文主义；文化上推动文化教育发展；经济上有利于欧洲资本主义的成长和资产阶级力量的壮大。宗教改革是一场西欧资产阶级在宗教外衣掩饰下发动的反对封建统治和罗马神权统治的政治运动。这场改革促进了神性与人性、宗教生活与世俗生活的融合，激发了人们恪守天职、勤俭生活、努力工作、追求成功的世俗热情，从而直接或间接促进了近代资本主义的产生。宗教改革与文艺复兴形成了一个递进关系：文艺复兴释放的是人的欲望和人性，是人的一种基本需求；而宗教改革是让人的精神自由、思想解放，帮助欧洲民众在精神上摆脱

① 马丁·路德. 这就是我的立场［M］//赵立行. 世界文明史讲稿（修订版）. 上海：复旦大学出版社，2017：250.

教会的控制，在文艺复兴的基础上又进了一步，反映出思想解放的浪潮越来越猛烈，对教会的冲击也越来越强。文艺复兴和宗教改革从不同角度挑战传统思想观念，为转型的欧洲社会提供了新的理论。

接着提问：当神学理论和教会标准不再是衡量人们思想的主要尺度时，近代欧洲人又该如何认识自身、认识世界呢？新的理论标准是什么？由此进入"科学革命"的学习。

（三）科学革命——人应该有什么样的世界观

对于科学革命兴起的背景、各领域取得的成就及影响，学生通过阅读课本及教学设计已经有了比较全面的认识，难点是如何理解"科学革命促进了思想解放和社会进步"，为此，笔者补充以下一则材料：

材料六 由于牛顿证明了地上的力学也能应用于天上的星球，整个思想界不禁为之亢奋，人们不禁浮想联翩。大家看到，原来整个错综复杂、扑朔迷离的自然界，不过是一个按某种法则运转的巨大的机械装置，而其中并没有上帝的地盘，于是传统的宗教信仰被动摇了。①

解读：自然科学研究方法的进步以及自然科学的累累硕果，对欧洲社会的发展产生了怎样的影响？可以从两个方面进行阐述：①方法论层面。近代西方哲学奠基人培根倡导经验主义方法论，主张通过观察、实验对结果进行分析归纳。另一位奠基人笛卡尔则推崇演绎法。而牛顿在《自然哲学的数学原理》中综合了上述两种方法。科学家们通过观察、实验、分析、归纳和综合等基本途径发现自然规律的科学方法，形成了重视经验和事实的理性化思维方式。自然科学的成果使人们逐渐认识到错综复杂的自然界是可以认识的，它并非受到超自然力量的支配。科学不仅在自然领域彰显威力，而且还被引入研究和解释人类社会，由此，科学融入当时的文化和社会语境中，成为理解世界的途径，塑造了人们的思维方式。②哲学层面。笛卡尔的"二元论"认为，宇宙存在着物质世界和精神世界；物质世界严格受规律控制；人的认知与心灵属于精神领域，"思"是人的属性，主张"我思故我在"，所有人都拥有领悟某些事物的先天的自然能力，主张怀疑是认识的出发点，理性是怀疑的基础。"理性"与神性相对，号召摆脱宗教的束缚，主张运用人

---

① 马克垚. 世界文明史 [M]. 北京：北京大学出版社，2004：517.

的理性来认识世界，认识人在世界中的位置。17—18世纪的"理性"与自然同义，提倡按照事物发展规律和自然原则来思考问题，启蒙思想是科学发现积累和哲学思想发展的结果，科学将哲学从中世纪神学中解放出来。日心说、牛顿力学定律等近代学科革命成果不断冲击着教会的神学世界观，使教会的权威受到毁灭性冲击，教会的统治土崩瓦解，一个新的世界观在逐渐形成。这是在文艺复兴、宗教改革的基础上对教会更猛烈的冲击，是思想解放运动的深入发展。

伏尔泰流亡英国期间，目睹了牛顿的葬礼，深深服膺于牛顿的伟大贡献，他还撰写通俗性著作介绍牛顿的著作。启蒙思想家相信，既然人类可以用理性思维发现自然界的奥秘，那么当然也可以运用理性思维发现人类社会的规律。

（四）启蒙运动——人应该过怎样的政治生活

教学设计对启蒙运动爆发的背景、主张及影响做了概括，并且运用表格概括了启蒙思想家的主张，使纷繁的知识条理化、系统化。难的是让学生理解：启蒙思想是如何深入人心、深入社会的？解决的办法是：通过介绍伏尔泰的生平事迹，从而以点带面。

1761年，法国信奉新教的商人卡拉斯发现儿子安东尼在商铺悬梁自尽，原因是安东尼想当律师又无法获得天主教徒证书。1762年，法庭无视证据判决卡拉斯车裂。伏尔泰怀着对无辜者的同情和对教会与法庭的愤慨，搜集证据，提起上诉要求翻案。最终，枢密院下令重审此案，1763年6月3日，蒙受不白之冤的卡拉斯和家人终于得到昭雪。伏尔泰以他强大的理性力量，为民众呼喊，伸张正义，其实伏尔泰的一生都是为思想和自由而战的：

1717年，因讽刺诗影射宫廷淫乱，被投入巴士底狱关押11个月。

1726年，遭贵族德·罗昂污辱诬告，又被投入巴士底狱达一年。

1727年，出狱后被驱逐出境流亡英国，目睹了牛顿的葬礼，见识了英国的政治制度，不断向法国友人介绍其所见所闻。

1734年，出版《哲学通信》，极力推崇君主立宪制。

1737年，回到巴黎，高举"自由""平等"旗帜，推动了法国启蒙运动。

1750年，应普鲁士腓特烈大帝邀请获得宫廷文学侍从的职位。

1753年，因抨击时弊与普鲁士国王关系破裂而愤然离开普鲁士。

1791 年 7 月 11 日，革命者举行盛大仪式将伏尔泰的亡灵送进先贤祠。

解读：启蒙思想家往往以人民自居，以启迪民智为己任，在各自擅长的领域内积极宣传"科学""理性"，他们出版学术著作的同时也撰写通俗性读物，让民众了解新观念、接受新思想；他们在街头集会、流连咖吧酒馆、举办各种沙龙，他们深入社会，正视现实，为民众呐喊。通过介绍伏尔泰的事迹，可以使学生深入理解：通过启蒙思想家的努力，"理性"的基因根植于当时西欧社会的方方面面。总之，启蒙思想家主张人要有独立自主的思考、怀疑批判的精神，运用理性的思维抨击传统社会的专制黑暗、宗教愚昧和特权主义，提出民主、法治、分权与制衡等理念，构建了资本主义国家政治体制的蓝图。这些理念和原则与 17—18 世纪的资产阶级革命要建立新政权相契合。启蒙思想是欧美资产阶级建立政权的理论来源，因此印证了课本导语"思想解放是社会变革的先导"。启蒙思想推动了欧美及其他地区社会的文明与进步。

最后，综观这几次思想解放运动，即 14 世纪至 18 世纪西欧相继开展的文艺复兴、宗教改革、科学革命和启蒙运动等思想解放运动，人文精神得以重新发掘并进一步发展。文艺复兴使人文主义在西欧兴起和传播，把人和人性从神的戒律中解放出来。宗教改革挑战了教皇和教会的权威，进一步传播和发展了人文主义，把人从天主教会的束缚中解放出来。"近代科学的兴起"，人文主义扩展到自然科学领域，人类能发现和揭示自然规律并征服自然，这冲击了天主教神学体系。启蒙运动宣扬人的理性，提倡人权，把人从封建专制和等级特权中解放出来。人文精神是贯穿着几次思想解放运动的精神内核，人文精神在每次思想解放运动过程中的侧重点有所不同，但始终以"人"为中心，人文精神始终是指引社会前进的火炬。

板书设计：

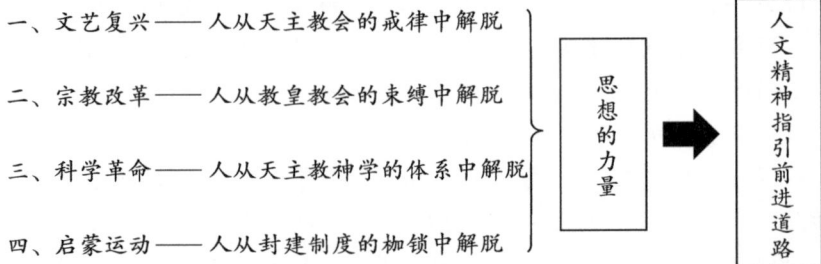

一、文艺复兴——人从天主教会的戒律中解脱

二、宗教改革——人从教皇教会的束缚中解脱

三、科学革命——人从天主教神学的体系中解脱

四、启蒙运动——人从封建制度的枷锁中解脱

思想的力量

人文精神指引前进道路

　　试教反思：这节课的设计思路是，通过导学案梳理本节课的知识点，提前印发给学生，上课课件以教学设计为蓝本，重点突破几大难题（上文已有概述）。但是当"设想"走进"实践"后，上课的实际效果跟预想的还是有些差距。现做如下三点反思：一是课件和教学设计的剥离，学生无所适从。笔者的设想是先让学生提前完成导学案，在完成导学案、掌握基础知识的情况下进行"重点突破"。但是由于是异地上课，虽已经提前叫该学校的老师帮忙发放导学案了，但是上课前几分钟才跟学生在交流课地点见面，大概巡视了一下，学生完成情况并不是很好。所以一节课下来，学生的接受消化程度比较低，课堂比较沉闷。二是设计的几个问题跳跃比较大，衔接不是很顺畅，学生跟不上节奏。三是对学情估计不足，导致出现原本以为学生已经掌握的知识却没有掌握，所以花了些时间在讲解基础知识上，导致课堂节奏偏慢，最后一个知识点讲得比较仓促，而课堂练习就只能变成课后练习了。

以史料探究为驱动的高中历史大概念教学课堂设计

——以统编版《中外历史纲要（上）》第26课为例

卢洁香*

史料探究一直是历史课堂构建的重要组成部分，也是历史教学本源性的重要表现，是历史教学各种课型课例实践的出发点和立足点。本文以统编版《中外历史纲要（上）》第26课"社会主义建设在探索中曲折发展"为例，结合课题内涵，探索以乡土史料探究为驱动的历史课堂构建模式。

一、历史学科大概念的界定及获取途径

随着教育理念持续焕新，教学模式逐步升级，学科教学正逐步将重心转移到培育学生的综合素养与跨学科能力上。在这一背景下，学科大概念统摄作为新颖的教学观念，已在教育实践中显示出巨大的发展潜力和显著的实用价值。《义务教育历史课程标准（2022年版）》对历史学科的大概念定义如下：能够将分散的知识、技能、观念等联结成为整体，根据大概念，教师要建构学习内容的框架，设计教学过程及环节，学习过程以大任务、大问题来统领，引领学生形成科学的历史知识结构，促进学生掌握探究历史的方法和路径。

就历史学科大概念的界定和获取途径而言，方美玲提出历史学科大概念位于历史学科顶层，是由历史学科研究对象、内容与目的及其相互关系决定的，并对历史学科基本概念与核心概念的关系做了较为详细的阐述。[1]陈新民和钟姝彤将历史课程大概念划分为学习板块大概念、学习单元大概念、单课

---

① 方美玲. 历史学科大概念的确立及其教育价值 [J]. 历史教学（上半月刊），2020
(6)：3-11.

时大概念三种，并阐述了三者在一线教学中的实践操作情况。① 对于一线教学实践来说，陈新民和钟姝彤的划分更具操作性。以马克思主义"生产力决定生产关系，生产关系的适时调整可以促进生产力的发展"这个原理为例，可以用来解释中外很多历史现象，如罗斯福新政、新经济政策、战后资本主义的新变化、三大改造、改革开放等，这样大跨度地打破体例来进行教学，有利于学生构建跨时段、跨空间的历史高阶知识体系。

笔者在进行课堂教学时，在"马克思主义重要原理：中国特色社会主义的形成"这一历史大概念的统摄下，以南宁市乡土史料研读与探究为驱动，对统编版《中外历史纲要（上）》第 26 课进行了教学设计的创新。

二、历史大概念进行教学的探索

（一）课时大概念提出的依据

1. 课标依据

课程标准对本课的要求是：了解 20 世纪 50—70 年代中国探索社会主义建设道路的曲折发展和伟大成就，认识"文化大革命"的错误及教训；了解和感悟这一时期中国人民艰苦奋斗、奋发图强的精神风貌。了解毛泽东对中国革命和社会主义建设的贡献，认识毛泽东思想对近现代中国的深远影响。②

首先，课标的内容反映了本课教学需要关注的历史核心素养：①时空观念：通过识记 20 世纪 50 年代到改革开放前中国进行社会主义革命和建设的史实，了解这一时期的成就与失误，把握中华人民共和国成立到改革开放前我国历史发展的阶段特征；②历史解释：把握这一时期我国社会主义建设道路曲折发展的特点，理解这一时期建设道路的探索对国家发展的重要影响；③家国情怀：认识这一时期中国人民以自己的勤劳、勇敢与智慧，进行了一系列卓有成效的建设探索，展现了艰苦奋斗、奋发图强的精神风貌，体会时代精神。

其次，课标对本课教学有着明显的价值导向。第九单元的时间跨度是中华人民共和国成立至改革开放前，这一时期的社会主义建设是成就与失误并

---

① 陈新民，钟姝彤. 历史课程学习板块大概念及其教学策略 [J]. 教学月刊·中学版（教学参考），2024（1）：10 – 15.

② 中华人民共和国教育部. 普通高中历史课程标准：2017 年版 2020 年修订 [S]. 北京：人民教育出版社，2020：15.

存，教师在教学过程中对探索的失误尤其是"文化大革命"这一内容常感棘手。通过对课标的分析和解读，可以明确这一时期的社会主义探索应是成就多于失误，人民重于个体。虽然探索出现偏差和失误，但在艰苦的条件下，中国人民通过勤劳和智慧创造了一系列举世瞩目的成就，社会主义建设事业的发展方向也没有出现致命的偏差。

2. 教材依据

《中外历史纲要（上）》第九和第十单元从改革开放前后的变化展现了中华人民共和国从成立至今的发展历程，改革开放前的社会主义道路建设为国家的稳定和社会发展奠定了坚实的基础，成为改革开放顺利开展和中国特色社会主义建设的重要保障。

另外，从单课的教材内容编排来看，本课从"全面建设社会主义""文化大革命"和"伟大的建设成就"三个子目勾勒出 20 世纪 50—70 年代中国社会主义建设的发展脉络。从子目间的深层逻辑来看，这一时期新中国面临着国际和国内的风云变幻，在政治、经济、外交、国防等领域进行社会主义建设的全面探索，虽受"左"倾错误的影响，但仍取得了许多开创性、奠基性意义的建设成就，形成了以"大庆精神"为代表的自力更生、艰苦奋斗、乐观向上的时代精神。①

因此，对本课的教学设计和史料素材的选取应正确把握价值导向，突出重点，强调这一时期的建设成就；对于这一时期的失误也不应回避，而是要运用历史思维，通过多方视角进行分析，在教学主题的引领下得出更全面的认识。

3. 学情分析

本课的授课对象是高一年级学生，在初中的历史学习中，他们已经初步学习了中共八大、"大跃进"和人民公社化运动、"文化大革命"、70 年代中国外交打开新局面等相关史实，了解王进喜、雷锋等人物的事迹与突出贡献。初中教材对以上内容均进行了较为详尽的描述，为高中教学对课文内容进行取舍及提炼教学主线提供了基础。

但学生因生活阅历不足等原因，对这些历史事件和概念只有比较表面的印象，未能建立起历史与现实之间的联系。因此，用于本课进行研读的史料应反映现实生活场景，尽量贴近学生生活，符合学生的认知水平。以南宁市的相关史料资源作为研究对象开展课堂史料研读，构建历史课堂，有利于将

---

① 中华人民共和国教育部. 中外历史纲要：上［M］. 北京：人民教育出版社，2023：167－173.

课本上抽象的事件和概念具象化，加深学生对历史史实的了解与认识。

根据课前的指导和动员，教师和学生收集到这一时期南宁市进行社会主义建设的史料若干，主要是照片、记事本、奖状等实物史料。结合本课内容进行筛选，选取了六则与主要史实有直接关联的史料，用于课前导学和课堂教学。

（二）教学过程分析

第 26 课　社会主义建设在探索中曲折发展

学习任务一：史料排序与分析

活动 1： 为了研究这一时期南宁市的社会主义建设，小明到南宁博物馆、广西土地改革历史博物馆、南宁绢麻纺织印染厂等地搜集了一些相关史料，但他忘了记录这些史料代表的时间和事件，请你帮他大致排序，并说明这些史料反映了哪些历史事件。

教师分析： 这一活动环节主要考查和落实学生史料实证核心素养水平 1 和时空观念核心素养水平 4 的要求①，要求所搜集的史料要能够反映 20 世纪 50—70 年代南宁市进行社会主义建设，是我们通过日常生活视角能直观了解当时事件的重要载体。

在组织学生参观上述馆藏的同时，教师要指导学生有目的地对政治、经济、文化活动、对外交往、社会风貌等不同领域的史料进行搜集。学生搜集到的史料类型主要有图像、实物、文献等，通过对史料关键信息的提取，可知这些史料反映了人民代表大会制度的确立、土地改革、三大改造、民族区域自治制度、"三线建设"及工业化建设等重要历史事件，根据时空可进行相应排序。

活动 2： 史料信息丰富，应作全面研读。请以小组合作的方式对每一则史料信息进行解读，提出历史解释。

问题设计： ①图像史料分别呈现的是怎样的场景？从场景中我们能获取哪些历史信息？如果是以人物为主的照片，你能通过照片中的人物获取哪些信息（如年龄、性别、身份、心情、面貌等）？②研究实物史料我们主要可

---

① 课标对历史学科核心素养水平进行划分，史料实证水平 1 的要求是"在解答某一历史问题时，能够尝试从多种渠道获取与该问题相关的史料"，时空观念水平 4 的要求是"在对历史和现实问题进行独立探究的过程中，能够将其置于具体的时空框架下"。见：中华人民共和国教育部. 普通高中历史课程标准：2017 年版 2020 年修订 [S]. 北京：人民教育出版社，2020：70 - 71.

以从哪些方面入手？我们可以从中获取哪些历史信息？

教师分析：①照片史料直观反映了 20 世纪 50 年代至 70 年代，受到国际、国内形势的影响，中国社会主义建设道路在探索中曲折发展，从手工业合作化的社会主义改造到 70 年代工业生产建设，南宁的社会主义建设道路始终与国家发展步调一致。史料涉及不同性别、年龄、身份的人群，涵盖自治区成立的政治建设、工业生产车间的经济生产，以及校园以外生活中文化普及的场景，说明南宁的社会主义探索全民参与，经济建设与政治、文化建设相结合。以南宁合成纤维厂生产车间照片为例，女工在 500 吨涤纶纺丝车间的操作既说明其生产规模，也能反映女性直接参与工业化建设。据《南宁市志》记载，南宁合成纤维厂是 60 年代从上海迁来南宁成立的一批工业企业之一，此外，还有罐头食品厂、糖果厂、橡胶厂、钢精厂、皮革厂、绢麻纺织厂等，为南宁工业发展奠定了基础。此为国家开展"三线建设"而进行的工业布局调整，扶持了南宁市薄弱的工业基础，促进了工业化建设的发展。

②私人笔记是南宁市原邕宁县农机一厂在 1968 年组织工人代表到百济镇手工业社开展帮扶与学习活动后，百济镇手工业社成员写给该厂一名工人代表的临别赠言。赠言中，书写者表达了对受赠者的感谢，并且透露了自己在完成学习后即将奔赴农村，字里行间是对因思想学习活动结成的革命友谊的高度赞扬和感激，以及对将来扎根基层，建设农村工作的信心。这反映了特殊年代里，工业化建设在基层的开展，以及普通基层工人们在岗位上的执着与坚守。特殊的政治和思想运动的影响虽然存在，但不可否认的是，经济领域的建设也在向更广泛的基层农村铺开。而且笔记的各位书写者作为普通工人，能够以工整的字迹书写长段赠言，能够准确表达情感，这也能说明思想教育建设在基层开展的情况是全民共享发展成果的表现。

60 年代到 70 年代中期，既是中国在政治和思想方面开展"文化大革命"的时期，也是中国在经济上实行"三五""四五"计划，推动国民经济建设进一步发展的时期。大规模的"三线建设"改善了国家工业布局，促进了以广西为代表的西南地区的工业发展，工业化建设在这些地区逐渐铺开，包括此后的工业学大庆活动，涌现出一批又一批贡献突出、成绩显著的先进生产者，成为这一时期基层社会主义建设的光辉缩影。

根据对以上史料信息的进一步分析，可以看出 20 世纪 50—70 年代，中国以"三线建设"为代表的工业布局的进一步完善，以"东方红"卫星发射为代表的高新科技成就的取得，以及以大庆石油为代表的工业建设成就等，都体现了中国的社会主义建设道路在曲折中前进。

学习任务二：史料解读和应用

材料呈现：

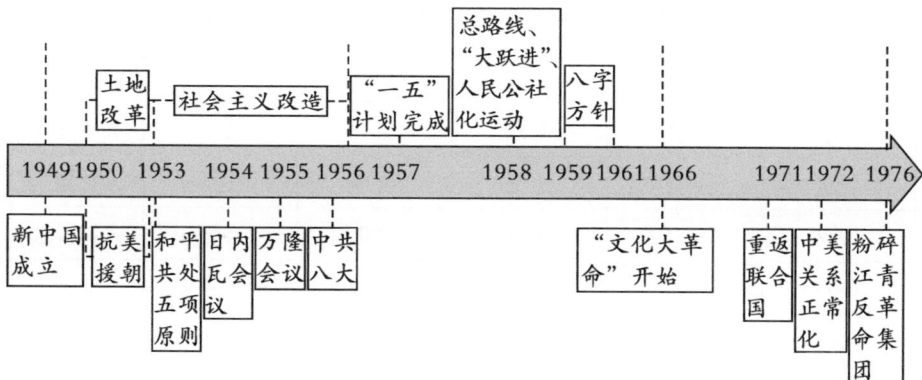

图1　重大历史事件时间轴（1949—1976）

活动3：为了更好地进行历史研究，学者经常会将重大历史事件按一定标准进行分类，请你试着以其他标准将上述事件进行分类，并说明理由。

问题设计：①研究历史事件需要考虑哪些因素？②对历史事件进行分类时需注意哪些问题？

教师分析：研究某一历史事件的发生与发展，通常先从描述事件开始。描述历史事件会考虑其时空背景、发生条件、过程变化、特点特征、人物作用、历史影响等因素，而这些因素也恰恰是全面深入分析和研究该事件的主要角度。同学们完成任务一是通过具体时空来对事件进行了定位与认识，而要对历史事件进一步研究与评价，就要考虑从不同的角度出发，会产生不同的分类或评价标准。

比如，同学们接触到的最常见的分类方法是按照政治、经济、思想等方面对事件进行分类，但大家也发现有些事件从内容或影响来说其实很难明确定义为政治事件或是经济事件，所以这种分类方法只是一种参考。又如，有同学认为可以按照国际和国内即"外交"和"内政"来进行分类，这也是一种分类方法，主要考虑的是历史事件的所属范畴。有同学按照"成就"与"失误"来分类，这是以事件的历史影响作为标准，这是一种带有主观倾向的评价标准。还有同学按照事件所处的时间分期，将上述历史事件分为"过渡时期的事件""'文革'时期的事件""徘徊时期的事件"，这还涉及时间分期标准的问题。历史的发展并不是因为时间走到了某个节点时事件才自然而然地发生，我们需要在对历史事件进行分析的基础上对历史时期进行思考和划分。

材料呈现：

表1　1956—1964年《人民日报》元旦献词高频词汇

1956	合作	农村	和平	计划	改造
1957	合作	改造	农业生产	先进	五年计划
1958	五年计划	速度	改善	生活	计划
1959	五年计划	矛盾	苏联	美国	人民群众
1960	苏联	全世界	美国	国家	战争
1961	和平	困难	严重	工人	战争
1962	矛盾	调整	帝国主义	侵略	民族
1963	调整	企业	国民经济	困难	农业生产
1964	地区	先进	教育	国民经济	科学

表2　1966—1976年《人民日报》元旦献词标题

1966	迎接第三个五年计划的第一年——一九六六年
1967	把无产阶级"文化大革命"进行到底
1968	迎接无产阶级"文化大革命"的全面胜利
1969	用毛泽东思想统帅一切
1970	迎接伟大的七十年代
1971	沿着毛主席革命路线胜利前进
1972	团结起来，争取更大的胜利
1973	新年献词
1974	元旦献词
1975	新年献词
1976	世上无难事，只要肯登攀

注：以上表格由笔者据《中共党史研究》2002年第3期《从〈人民日报〉元旦社论看中华人民共和国的历史》整理。

活动4：根据本课所学，从以上表格提取两个或两个以上相互关联的信息，围绕"改革开放前的社会主义建设"拟定一个标题，跟同学们分享。

教师分析：从南宁本土的社会主义建设看这一时期的国家发展，《人民日报》元旦社论展现了这一时期国家发展的关键词，在前面对史料进行分类与分析的任务训练基础上，大家尝试建构基于史料描述与解读的历史解释。之所以强调提取两个或两个以上相互关联的信息，就是希望同学们在进行历史解释与建构时，要从多个角度关注和运用多个历史信息。

例如，从背景的角度来看，改革开放前的社会主义建设受到国际局势的影响较大。从过程与内容的角度来看，我国积极探索社会主义建设道路，关注各项事业的发展。从结果和影响来看，改革开放前的社会主义建设在探索与调整中曲折前进。这是进行历史观点提炼的训练，而历史观点或历史解释的提炼及证明，应该是基于史料分析和解读之上对史实的描述，在今后的学习和训练中，我们还要完善从历史描述到历史建构的过程。

学习任务三：史料研读思维的提升

关键问题1：要了解中国特色社会主义在南宁的建设发展历程，除了以上我们选取的照片或者实物史料之外，我们还能通过哪些材料来进行研究？

学生回答：南宁市经济发展数据、广西地方志文献等。

活动5：学生分成不同小组，连接deepseek对话，或者登录中经网统计数据库网站（https://ceidata.cei.cn/），以不同方式搜索或制作新中国成立以来南宁市发展的数据图表、文字总结等材料，进行分析和研读，并进行小组分享。

教师分析：20世纪50—70年代，新中国面临着国内外的风云变幻，在社会主义建设道路上艰辛探索，南宁也根据国家的统一布局进行发展路径的尝试与建设。从发展的角度看，南宁这20年到改革开放头十年受限于地理环境等因素，经济增长效率不高，这一时期的探索虽然有曲折与徘徊，但也始终保持平稳与增长，没有出现倒退。在这片红土地上，不缺少白手创业、"敢教日月换新天"的艰苦奋斗，也不缺少薪火相传、扎根基层的坚守，在这片红土地上开天辟地，创造出一片新的天地。或许，我们只是缺少一个契机，一种解放思想、大胆创新的勇气；或许，我们正在等待一阵春风，一阵带来改革与开放的春风将这片土地吹向更高更快的发展中去，让我们等待春风！

三、历史大概念教学环节解读与总结

在进行本节课的教学设计和实践过程中，我们发现史料教学的误区常常表现为对史料信息的解读不足，仅在获取个别与课本知识直接相关的关键信息之后就戛然而止。在对课前导学案的完成与检查中，学生对史料信息的解读不到位，尤其因为学生自身生活阅历及过往教学引导的不足，对特殊年代和运动往往带有刻板印象。本课的史料探究与研读，主要是指导学生以一个具体的人物视角作为切入点，关注历史细节，基于史料创设具体的时空情境，去代入和感受具体的情感，对历史事件做多角度分析，从不同的角度对事件做出不同的分类，学生可以理解史料研究和运用的主要方法，形成更全面的认识。历史探究认知过程的不同阶段对学生的主要认知活动有不同要求，根据需要探究的问题，选择合适的史料，理解其中的信息，并进行分析、描述，这是完成历史描述的过程。在此基础上，构建问题解释的时间—社会—空间解释框架，这是对历史建构的能力要求。所谓史料探究活动，无非就是给学生搭建从历史描述到历史建构的桥梁与途径，从而突破历史学习的重点和难点。

课前在跟学生交流的时候，笔者发现有些学生或多或少地将改革开放前后的社会主义建设道路探索割裂开来，或者是对改革开放前的一些历史事件抱有单一的刻板印象，甚至对这一时期的探索全盘否定，这主要是因为他们掌握和了解的史料不足，认知不够充分。本课的设计是提供一些新的视角和相关的史料对课堂细节进行补充，希望能为学生提供一个认识历史的角度，让他们能够意识到史料探究是历史认知过程的重要环节，而探究过程中的研究视角与分析方法会影响历史建构和判断，达到这一目的，就是本课进行教学设计的核心所在了。

铸牢中华民族共同体意识背景下崇左乡土历史课程资源的开发

姚新凤　李诚歌*

习近平总书记指出："自古以来，我国各族人民共同创造了璀璨夺目的中华文明，铸就了伟大的中华民族共同体意识，要立足中华民族悠久历史，加强中华民族共同体理论体系建设。"[①]可见，铸牢中华民族共同体意识，必须立足中华民族的悠久历史，从各民族共生共荣的历史出发，探索合理有效的文化路径。作为中华文化的重要组成部分，中国历史具有传承中华文明遗产、夯实传统文化基础、涵养公民国家认同的重要作用，是铸牢中华民族共同体意识的有效支撑。中学历史教学承担着以史育人、立德树人的重要使命，历史课程"要增强学生的历史使命感，不断增强学生对伟大祖国的认同，对中华民族的认同，对中华文化的认同，对中国共产党的认同，对中国特色社会主义道路的认同。"[②]可见，中学历史教学具有增强政治认同、思想认同、理论认同、情感认同的作用。通过历史教学铸牢中华民族共同体意识，具有重要的文化价值与现实意义。

广西壮族自治区崇左市位于祖国南部边疆，具有悠久的历史文化传统。千百年来，无数先民在此缔造了辉煌灿烂的文化遗产。作为骆越文化的代表之一，花山岩画更是成为壮族先民的文化瑰宝。与此同时，以歌圩、天琴为代表的壮族文化呈现了崇左地区多元璀璨的历史，是崇左地区的重要文化象

---

*　姚新凤，广西民族师范学院附属中学一级教师；李诚歌，南开大学历史学院博士研究生。

①　习近平. 铸牢中华民族共同体意识推进新时代党的民族工作高质量发展[EB/OL]. (2024 - 01 - 31)[2024 - 06 - 20]. http://www.qstheory.cn/dukan/qs/2024 - 01/31/c_1130069364.htm.

②　中华人民共和国教育部. 普通高中历史课程标准：2017 年版 2020 年修订 [S]. 北京：人民教育出版社，2020：2.

征。① 近代以来，地处祖国南部边疆的崇左地区卷入了近代历史的革命浪潮中，镇南关大捷与龙州开埠等历史事件更是成为中国近代历史上不可磨灭的记忆。同时，作为左江抗日战场的重要组成部分，无数崇左人民为争取民族解放与日本侵略者进行了顽强斗争，留下了许多可歌可泣的故事，彰显了伟大抗战精神。可以说，从古至今，无数崇左先民克难奋进、筚路蓝缕、砥砺前行、共生共荣，谱写了边境少数民族地区波澜壮阔的历史，留下了数不清的宝贵历史遗产。基于此，本文从崇左市丰富的乡土历史资源入手，探索通过乡土历史资源铸牢中华民族共同体意识的有效路径，为乡土历史资源有效融入中学历史教学提供镜鉴。

一、以大单元教学为基础，活用乡土历史资源阐述中华民族多元一体格局

所谓乡土历史，是指个人或群体故乡的历史，包括某一地区历史上人类活动留下的遗迹，以及某一地区历史上的政治、经济和文化变迁。崇左市位于祖国南部边陲，秦汉时期隶属象郡、郁林郡。悠久的历史使得崇左市蕴含着丰富的乡土历史资源，为乡土历史课程资源的开发提供了有效支撑。笔者认为，可以通过大单元教学理念，在历史课堂运用乡土历史课程资源铸牢中华民族共同体意识。实际上，铸牢中华民族共同体意识，是科学把握中华民族多元一体格局的题中应有之义。我国是一个历史悠久的统一的多民族国家。一部中国史，就是一部各民族交融汇聚成多元一体中华民族的历史，就是各民族共同缔造、发展、巩固统一的伟大祖国的历史。因此，深入发掘课程内容主线，叙述中华民族多元一体格局，是铸牢中华民族共同体意识的有效路径。具体而言，可以从以下两点出发。

（一）巧用大单元教学设计理念，做好乡土历史资源与铸牢中华民族共同体意识的有效结合

在崇左丰富的乡土历史资源中，花山岩画独树一帜。作为骆越先民留下的宝贵财富，花山岩画不仅入选第三批全国重点文物保护单位，更是获准列

① 杨映川. 崇左市历史文化资源调查与开发研究［J］. 沿海企业与科技，2010（11）：87-89.

入《世界遗产名录》，成为广西第一处世界遗产，历史价值难以估量。作为崇左乃至广西的宝贵历史文化遗产，花山岩画不仅成为壮族历史的文化瑰宝，更是为阐述中华民族多元一体格局的形成提供了有效佐证。以下，笔者就大单元教学视域下花山岩画融入中学历史课堂，铸牢中华民族共同体意识做出尝试。

《中外历史纲要（上）》第 1 课
"中华文明的起源与早期国家"教学设计

总体思路：本课是高中历史第 1 课，主要讲述了中华文明的起源与早期发展。总体而言，本课内容分为三个子目，即石器时代的古人类和文化遗存、从部落到国家、商和西周，按时间顺序厘清了中国早期历史的发展脉络。作为人类最古老的文明之一，中华文明展现了多姿多彩、源远流长、多元一体的独特魅力。可以说，正是早期文明独有的"多元一体"文化特质，方才为秦汉统一多民族国家的建立奠定了坚实基础。因此，从大单元教学视域出发，充分解读早期中华文明多元一体的发展脉络，是深入理解本课教学内容、奠定本单元教学思路、串联中国古代历史发展脉络的必要途径。为此，笔者将本课三个子目设计为"石器时代：多元一体的滥觞""早期国家：多元一体的发展""商和西周：多元一体的持续"。

1. 石器时代：多元一体的滥觞

首先，聚焦早期中华文明源远流长的历史，展示古人类所使用的石器工具图片，讲述在漫长的旧石器时代和新石器时代中，无数华夏先民发挥了高超的生存智慧，跨越了从打制石器到磨制石器的历史长河。其次，通过展示旧石器时代人类遗址分布图，带领学生了解黄河、长江流域发现的文化遗存，彰显华夏早期古人类所呈现的多元发展过程。再次，通过新石器时代的主要文化遗存分布图，以及大汶口文化、仰韶文化、红山文化、良渚文化等重要文化的遗址和分布范围，充分展现中华文明多元一体格局的滥觞。

2. 早期国家：多元一体的发展

简要叙述传说时代三皇五帝的发展历史，以及黄河流域各部落的离合纷争。以考古资料为基础，就陶寺遗址等文化遗存阐述彼时中华大地的"万邦时代"，即许多部落纷纷出现，万邦林立、兼容并包，呈现了史前时期华夏历史的多元特性。同时，以古史记载为媒介，讲述尧舜禹禅让的历史和夏部落的禹因治水有功而成为部落联盟首领，最后建立夏朝的历史，突出华夏历史从多元对立到融为一体的进程。

3. 商和西周：多元一体的持续

通过甲骨文和青铜铭文讲述商朝的历史与文化，重点叙述西周取代商朝，进而实行分封制的历史。此处，以西周分封诸国的地图阐述分封的内容、过程和结果，阐述中华文明多元一体格局的持续，并就分封制形式下的多元一体延伸思考春秋战国的"分"以及秦汉统一多民族国家的"合"，让学生充分了解早期华夏历史多元一体格局对后世产生的影响。

然后，展示崇左地区著名历史文化遗址——花山岩画，讲述有关花山岩画的远古传说。同时，呈现骆越先民在古代广西繁衍生息的历史，以乡土历史文化为基础讲述中华民族历史多元一体的发展特征。"百川异源而皆归于海"，就身边的历史进行思考，指出所有的古代文化最终都将汇入中华文明发展的历史长河之中，使中华文明成为世界上最为久远、最为璀璨、最为辉煌的文明之一。随后，以大单元教学理念为依托，阐明古代历史文化与后续历史之间的联系，以及各民族各文化共同铸就的中华民族所共有的精神家园，从整体单元的角度分析历史的延续与发展，就此铸牢中华民族共同体意识。

实际上，在许多学生眼中，古代的广西隶属"蛮荒之地"，长期游离于中原文化之外。然而，当花山岩画进入学生的视野之后，不仅一改他们心目中古代广西的旧有面貌，更是对古代骆越先民的智慧及能力有了新的认知。花山岩画上骆越先民所展现出的生动舞蹈及宗教祭祀更是让壮族学生进一步了解了本民族的历史文化。同时，笔者对此总结，指出古代骆越先民作为中华民族历史上不可或缺的一部分，为中华民族历史的辉煌璀璨贡献了属于自己的力量，与其他民族共同缔造了中华民族多元一体格局。由此，学生深感震撼，本堂课就此让学生认识到中华民族历史的发展是各民族共同创造的结果，从而铸牢中华民族共同体意识。

（二）充分运用选修课完善大单元教学，进一步运用乡土历史铸牢中华民族共同体意识

实际上，由于课堂时间的限制，不少课程内容难以有效展开，影响了大单元教学下运用乡土历史资源铸牢中华民族共同体意识的作用。因此，合理运用选修课成为弥补这一问题的关键。在笔者所在的教学团队中，不少优秀教师聚焦广西少数民族文化，开设了一系列以民族历史文化为基础的选修

课，如"广西民俗史""广西军事史""花山文化进校园""左江文化""崇左历史文物"等。其中，"花山文化进校园"系本校高级教师开设的选修课，该课程以花山文化为主体，聚焦古代广西少数民族发展的历史，带领学生探索广西古代先民的族群关系、社会生活、神灵信仰等，以此拓展乡土历史课程资源的发挥空间，铸牢中华民族共同体意识。以下，笔者就这一选修课程的教学案例进行解读分析。

"花山文化进校园"选修课教学案例

1. 阐明历史发展的连续性，完善大单元教学

任课教师运用崇左宁明县的花山岩画图片，展示古代骆越先民生活、狂欢、祭祀的场景，尤其就岩画形成的历史过程进行了详细考察分析，展现了古代先民的高超智慧。同时，深度解读花山岩画人物造型所展现出的生殖崇拜和神灵崇拜，勾勒出广西先民丰富的精神世界。进而不局限于本课内容，试图以此为基点，阐述这一文化对后世的影响，展现华夏文化史前遗存与历史发展的关系，从单元视角深度解读历史。

2. 运用对比分析法，铸牢中华民族共同体意识

在充分解读花山岩画的基础上，任课教师将花山岩画与我国北部的岩画进行比较分析，展现了华夏民族悠久的历史传统，通过岩画带领学生认识到古代中国虽存在南北差异却殊途同归的历史发展进程，充分彰显了"多元一体"格局的内在发展，凸显"江流九派尽朝宗"，铸牢中华民族共同体意识。由此，教师便充分将乡土历史课程资源融入课堂，并将其作为铸牢中华民族共同体意识的有效例证，完成知识传授，实现以史育人、文化育人。

由上可知，通过大单元教学，以乡土历史课程资源为媒介，可以起到铸牢中华民族共同体意识的作用。当然，崇左地区乡土历史资源不止于此。作为少数民族的集中聚居地，以壮族文化色彩为主的乡土资源数不胜数。笔者曾依托龙州天琴的历史故事向学生讲授壮族的历史与文化，使学生了解了入选广西第一批非物质文化遗产的天琴之前世今生，让诸多壮族学生认识到本民族历史文化的可贵，以此弘扬民族自豪感，并铸牢中华民族共同体意识。

二、以对话教学为支撑，展现壮乡人民的壮阔历史

为践行"教师主导、学生主体"的教学要求，笔者在每一单元均设置了

课堂讨论环节，以对话教学激发学生的自主探究能力，这有助于笔者了解学生的学习情况，便于后续课程的筹备与整合，弥补学生的知识空缺，有针对性地实施教学，激发学生的学习兴趣。所谓对话教学，"是一种以自由、民主的教学环境为条件，以学习共同体为依托，以平等、多项对话为本质特征，以师生共生共存为基础，以问答、谈话、讨论、辩论为方法的教学形态"①。其主要形式大致分为师生与教学文本对话、教师与学生对话、学生与学生对话。本文主要采用的形式为师生对话。通常而言，笔者会依据单元内容设置不同的讨论模块，在涉及乡土历史之时，给予学生一定的时间思考并展示讨论结果，以师生对话的形式帮助学生了解身边的历史，焕发历史课堂的生命力，充分开发乡土历史课程资源，铸牢中华民族共同体意识。

例如，在讲授《中外历史纲要（上）》第17课"国家出路的探索与列强侵略的加剧"之时，笔者专门设置了中法战争专题，在授课前一周给学生分组并安排任务，让学生通过网络及图书馆等渠道查询有关中法战争的基本内容和相关细节，并在课堂上予以讨论。同时，建议地处龙州县与凭祥市的学生前往小连城、大连城、友谊关等地进行实地考察，进一步了解战争的情况。授课过程中，不少学生各抒己见，就中法战争的过程、主要人物、影响等作了分享，甚至有学生就实地考察内容进行了总结。

课堂实录：一位学生上台展示了其前往大连城考察的图片，叙述了苏元春和敌兵对战前后的誓师、布局、抗敌地点。再有，来自龙州的一位学生展示了"南疆长城"小连城的巍峨曲折的地势，以及傲然屹立的炮台古堡，并就苏元春抗击法国侵略者的战役进行了刻画。同时，该学生根据其搜集到的数条史料讲述了苏元春面临粮饷不足的困境，以及边关抗敌之艰难，最后以万夫不当之勇的豪气守御了祖国南部边疆，使许多侵略者败在威严的炮台之下，令侵略者望而生畏的故事。彼时，两位学生的分享将课堂气氛带到高潮，不少学生各抒己见，家国情怀油然而生。

教师：从以上同学的分享中，我们可以发现，苏元春及将士在守御边疆的过程中遭遇了什么困难？

学生：缺少军事设备，军队人员不足，缺乏生活保障。

教师：面对这样艰难的环境，他们有没有屈服在列强的枪炮之下？有没

---

① 薛伟强，范红军，陈志刚. 中学历史课程与教学概论［M］. 北京：北京师范大学出版社，2019：129－134.

有把祖国大地拱手让人?

学生:没有,他们克服了很多困难,勇敢抵御外敌。

教师:是的。我们知道,近代中国面临着严峻的边疆危机,不论是左宗棠收复新疆,还是东部沿海的炮火连天,抑或是我们今天讲述的中法战争,都是近代中国所面临的多重危机缩影。边境危机的实质是内政危机,大厦将倾的清王朝双拳难敌四手。然而,面对这样的艰难困苦,我们的先辈没有选择屈服,而是如何?

学生:团结一致,克服困难,不与列强妥协,坚守在边境战场,最后取得了镇南关大捷这一伟大胜利。

教师:镇南关之战,不仅击毙了大量法国侵略者,也缴获了许多战争物资,扭转了中法战争的形势,并且打击了外国侵略者的嚣张气焰,甚至导致法国当政者下台,彰显了以冯子材为代表的先辈们身先士卒、不惧强敌、舍生忘死、团结抗战的卓越品质。那么,这一胜利是如何取得的?我们一起来看看。

基于此,笔者以中法战争前作为贫困地区的广西所遭遇的边境危机谈起,叙述冯子材、苏元春所面临的"缺兵少粮"艰难局面,以及苏元春在张之洞的支持下经多方帮助筹措银两建筑炮台的基本过程。与此同时,笔者根据学生的分享,通过具体的图片和数据讲述了苏元春所建立的大连城、小连城炮台,展现了面临边防危机的边境人民在冯子材、苏元春的带领下抵抗外国侵略者的详细过程,阐述边境人民不畏强敌、可歌可泣的英勇故事。因此,笔者认为,可以通过对话教学中的师生互动,真正把乡土历史资源融入中学历史教学之中,以此达成历史课程标准,构建生动的历史课堂,让学生真切了解身边的历史,感受近代人民为捍卫边境安全奋勇当先、团结一致、视死如归、一致对外的精神,达成铸牢中华民族共同体意识的目的。

可见,通过具体的历史事件及相关历史细节,不仅可以呈现乡土历史课程资源的巨大魅力,也可以就此让学生感受到家乡历史的波澜壮阔,了解先辈所经历的艰难局面,进而理解中国历史的成就是各民族坚持不懈努力所取得的成果,边疆少数民族对中国历史的贡献不可磨灭,以此铸牢中华民族共同体意识。

三、以第二课堂为辅助,弥补课堂讲授的不足

乡土历史课程资源具有多重性质,除了崇左地区的历史、民俗、文化特

质之外，近代广西革命先烈的英勇事迹以及后人为纪念先烈所建立的纪念馆亦属于乡土历史课程资源的重要组成部分。因此，为了有效弥补乡土历史在课堂渗透的有限性，探索乡土历史课程资源融入中学历史教学的路径，达成铸牢中华民族共同体意识的目的，笔者与团队成员在课余时间开展校内、校外第二课堂，试图以第二课堂的形式讲述身边的历史，铸牢中华民族共同体意识。

（一）发掘校内第二课堂，举办乡土历史文化活动铸牢中华民族共同体意识

由于课堂时间有限，笔者难以在有限的时间内完成大量乡土历史知识的传授。因此，为进一步帮助学生提高对家乡历史文化的了解，并以此为途径铸牢民族地区学生的中华民族共同体意识，笔者和团队成员成功举办了"立足南疆，心怀天下"的乡土历史知识竞赛。本次竞赛试题出自多位教师之手，并经由多位资深历史教师层层筛选，内容涵盖崇左历史、地理、文化、民俗等各个领域，试图以此拓展学生对家乡历史文化的认知，弥补课堂讲述的有限性，并涵育学生的家国情怀，增强民族自信与文化认同，铸牢中华民族共同体意识。

同时，笔者和团队成员以"家国千秋"为主题，融入中国历史各朝代的文化元素，以及崇左地区少数民族的风俗习惯，以少数民族音乐为媒打造一场具有崇左历史文化特色的歌舞表演，以文艺晚会的形式向全校师生传递乡土历史的魅力，展示崇左历史多个阶段的特色，以此传播乡土历史文化，铸牢中华民族共同体意识。然而，校内第二课堂虽便于教师完成乡土历史的传递，却也缺乏实践性。为此，笔者及团队成员将目光转向校外，打造校外第二课堂。

（二）充分开发校外第二课堂，运用乡土课程资源铸牢中华民族共同体意识

在崇左市众多的乡土历史课程资源之中，红色课程资源独树一帜。因此，可以充分开发红色资源，指导学生探因溯源，理解道路选择，传承国家记忆。同时，让学生在体验重温中深化对家国的敬意，发现身边的历史，滋

育乡土情感，培育学生对家国的温情。① 作为祖国南部边疆之地，崇左在抗日战争时期成为重要的边境战场。由于地理区位的重要性，日寇试图抢夺此地，切断桂越国际交通线。为此，壮乡人民与抗日军队一同反击日寇，夺回家园。笔者与团队成员由此切入，组织学生前往崇左市壮族博物馆参观红色展览。在此过程中，笔者通过具体的历史展览，重点讲述了边境抗战的艰难，以及日寇在此犯下的滔天罪行，尤其关注了龙州的数次沦陷，以及壮乡人民挽救民族危亡的斗争。其中，笔者以周元烈士为代表，让学生知晓身边的传奇人物，丰富学生对于家乡历史的认知。与此同时，在回顾近代历史的艰难曲折之后，笔者将目光停留在曾参加中国远征军的崇左抗战老兵身上，讲述他们为实现民族独立所作出的英勇抗争，以及他们为世界反法西斯战争的胜利所作出的贡献。至此，学生的爱国情怀油然而生，对家乡的近代历史有了更深层次的认识。同时，学生也为革命先烈的英勇事迹所感动，深感壮乡先辈争取民族独立之不易。

近代以来，为了民族独立与解放，无数革命先烈在崇左地区抛头颅、洒热血，赢得了一场又一场胜利，铸就了一座又一座丰碑。总之，近代崇左革命先烈的英勇事迹值得传承，将其融入中学历史课堂之中，有助于让学生深入了解革命先烈的爱国传统与牺牲精神，孕育学生的爱国情怀，以此铸牢中华民族共同体意识。实际上，除却抗日战争之外，崇左地区还有着与革命根据地相关的丰富乡土历史资源，均可作为开展校外第二课堂，铸牢中华民族共同体意识的场域，例如，为纪念龙州起义、创建红八军所建立的龙州起义纪念馆、中国红军第八军军部等。总之，作为左江革命根据地的崇左蕴含着与革命息息相关的乡土历史课程资源，将之以第二课堂的方式引入中学历史教学之中，可以让学生身临其境地感受壮乡先辈的英勇事迹，感受少数民族同胞为实现国家独立所做出的努力，由此达成铸牢中华民族共同体意识的目的。

四、结语

历史和现实充分表明，中华民族是一个命运共同体，一荣俱荣、一损俱损；民族团结是我国各族人民的生命线，各民族共同团结进步、共同繁荣发

---

① 周靖，罗明. 核心素养：中学历史学科育人机制研究 [M]. 上海：复旦大学出版社，2018：254.

展是中华民族的生命所在、力量所在、希望所在。历史学科本身具有鼓舞、教育的作用，能够振奋民族精神、陶冶民族情操、传承民族记忆、铸就精神家园、增强国家认同。① 因此，充分开发历史课程资源，尤其是能够贴近学生的乡土历史课程资源，将其有机融入历史课堂之中，无疑对铸牢中华民族共同体意识具有重大作用。

作为少数民族聚居的地区，崇左市拥有丰富的乡土历史课程资源，无数壮乡先民在此书写了流传千古的历史故事。这些发生在我们身边的历史，为构建生动历史课堂、提升教学质量、弘扬民族历史、增进国家认同、铸牢民族地区学生中华民族共同体意识提供了卓有成效的帮助。因此，在乡土历史课程资源中发掘各民族勠力同心、生死与共的历史故事，以大单元教学为基础，将之与中学历史教学进行有机融合，展现中华民族多元一体格局的形成，是在边境少数民族地区铸牢中华民族共同体意识的有效路径。同时，有效运用相关教学方法，辅之以第二课堂，带领学生"走出去"，立足边疆，回首百年，从历史中汲取智慧和力量，也可铸牢中华民族共同体意识，并提升教学质量，实现以史育人、立德树人。

① 叶小兵，姬秉新，李稚勇. 历史教育学 [M]. 北京：高等教育出版社，2004：3.

历史大单元视角下的递进教学策略探析

陈　艺*

　　《普通高中历史课程标准（2017 年版 2020 年修订）》强调以核心素养引领教学变革，明确历史教学实践的各环节要聚焦于历史学科核心素养的培育和发展，提出"深入分析课程结构，合理整合教学内容"①的实施路径。2022 年 4 月颁布的《义务教育历史课程标准（2022 年版）》则进一步明确"以核心素养为导向整合教学内容"②的教学取向，提出以单元主题、大概念进行内容整合的策略。基于历史课程标准的实施要求，具有"深度整合"功能的大单元教学得到了广泛重视，许多学者围绕大单元教学的内涵、价值、设计思路等宏观层面取得了突出成果。从教学实践层面看，如何处理大单元之下单元与单元的关系？如何实现单元间、课时间的递进教学？这些微观问题仍然有进一步探讨的空间。

一、历史大单元递进教学的内涵与价值

（一）历史大单元递进教学的内涵

　　基于核心素养导向，传统单元教学要向"综合素养"单元转化，大单元教学应运而生。当前学术界对大单元教学的内涵尚未有确切定义，主要有三种说法：一是将大单元作为一种教学理念，二是将大单元作为教学思路，三

---

*　陈艺，广西民族大学民族学与社会学学院 2023 级学科教学（历史）专业硕士研究生。

①　中华人民共和国教育部. 普通高中历史课程标准：2017 年版 2020 年修订 [S]. 北京：人民教育出版社，2020：47.

②　中华人民共和国教育部. 义务教育历史课程标准：2022 年版 [S]. 北京：北京师范大学出版社，2022：56.

是将其作为教学组织方式。内涵虽不相同，但对其基本特征达成了共识，即以大概念整合大单元、注重情境创设、以高阶思维落实核心素养。[①] 有人认为大单元中的单元不同于教材中的知识单元，"单元是一种学习单位，一个单元就是一个学习事件、一个完整的学习故事。因此，一个单元就是一个微课程"[②]。即大单元教学应当是将单元作为最小的课程组织方式，以大概念、大问题、大项目和大任务等方式整合教学内容，由特定的素养目标、课时安排、真实情境、教学任务等构成的结构清晰、环节完整的学习单元。

综上，历史大单元递进教学是以大概念统领教学内容，以培育历史学科核心素养为价值取向，基于历史课程的学科逻辑和认知发展的心理逻辑，在落实大单元主线的同时，兼顾单元间的共性与个性，以共性的大单元主线推进教学深化，以具体的课时内容夯实学习基础，形成动态化、结构化的教学。

（二）历史大单元递进教学的价值

历史大单元递进教学坚持核心素养导向，注重学科逻辑与心理逻辑的统一，采用逆向设计助推教学评一体化，具有较高的应用价值：

1. 关注学科逻辑落实核心素养

所谓学科逻辑，是"内隐在知识中的'认知知识的形式'"[③]，包括学科知识本身及认知知识过程。以学科逻辑设计教学的关键在于梳理学科本身的知识逻辑，将学科知识的认知递进逻辑作为设计重点。历史大单元递进教学是以高站位对教学内容进行高度整合的结构化教学，可以顺应学科逻辑，对教材知识进行高度整合形成明确的教学主线，根据认知知识的递进逻辑调整认知顺序和深度，以整体性的素养目标为出发点，落脚于具体单元的分层目标，进而由学科逻辑的层层深入落实整体素养的培育。

2. 聚焦心理逻辑实现以生为本

"以生为本"是历史课程编制的核心价值取向，要求依据学生的心理逻辑设计教学。心理逻辑是指人的心理发展具有顺序性的特点，心理发展阶段

① 任明满. 大单元教学：历史脉络、研究现状及路径选择［J］. 课程·教材·教法，2022，42（4）：97－105.
② 崔允漷. 如何开展指向学科核心素养的大单元设计［J］. 北京教育（普教版），2019（2）：11－15.
③ 历晶，郑长龙. 课堂教学逻辑的构建［J］. 东北师大学报（哲学社会科学版），2013（6）：278－280.

与人的思维发展阶段有密切关联。学生的心理发展历经幼稚向成熟的转变，才能实现由具体向抽象的思维进阶。在教学实践中，要运用深度学习的方式实现学科逻辑和心理逻辑的统一。深度学习要求学习者在理解的基础上，积极主动地、批判性地学习整合性内容，形成结构化的知识体系，并将已有认知迁移到新的复杂情境解决实际问题。① 历史大单元递进教学就是以深度学习为出发点，通过将知识的认知顺序与学生的心理发展阶段相结合把握大单元递进关系，在真实情境、问题链的创设下层层递进，让学生在积极参与和高度投入中实现对知识的理解和知识迁移。

3. 采用逆向设计推动教学评一体化

基于素养导向，以逆向设计推进教学评一体化是有效路径。逆向设计是一个动态评价过程，是"教师基于既定的学习（教学）目标，设计课堂评价方案，利用科学的评价手段和工具，在教学前、中、后对学生的学习情况进行适时发现、判断、分析、挖掘、重组与反馈等专业行为"②。历史大单元递进教学运用逆向设计理念，基于课标、学情、教材的整合解析设定预期的大单元评价方案，进而依据单元特性和具体课目设置学习目标，其间设计评价任务，通过表现性要求进行过程性评价，并注重学生自评、互评的参与，最后结合总结性学习任务判定预期目标。根据评价结果调控下一单元的递进教学，落实教学评一体化，最终实现大单元预期目标。

二、历史大单元递进教学策略

历史大单元递进教学是一个系统性、结构化的学习单元，也是包含了目标、内容、实施、评价在内的完整微课程。递进教学基于逆向设计理念，以素养为导向确立递进式目标，以问题链串联教学过程，将教学评价置于目标和评价的全过程，着力实现教学评一体化（见图1）。

---

① 安富海. 促进深度学习的课堂教学策略研究 [J]. 课程·教材·教法, 2014, 34 (11)：57 – 62.

② 田莉, 唐茜. 逆向教学设计视野下的课堂评价：内涵、基本要素与设计思路 [J]. 上海教育评估研究, 2015 (6)：1 – 5.

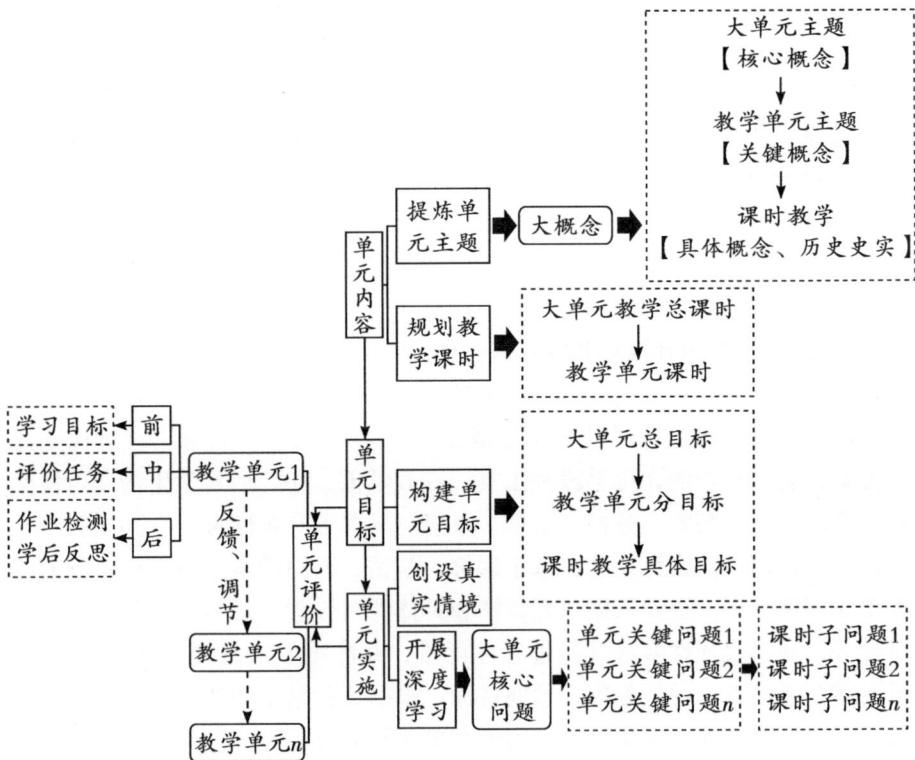

图 1　历史大单元递进教学设计路径图

（一）提炼单元主题，规划教学课时

1. 基于大概念提炼单元主题

《义务教育历史课程标准（2022 年版）》指出"大概念是指那些能够将分散的知识、技能、观念等联结成为整体，并且赋予它们意义的概念、观念"[1]，并主张以大概念整合教学内容。大概念与主题教学在教学方法上具有一致性，但二者也有明显区别。一方面，大概念与真正的历史概念不同，是运用在课标编写中的一种表达，因而教师无法创造大概念，而应该在课标中寻找。另一方面，单元主题与单纯的历史概念有所区别，单元主题是具有价

---

[1]　中华人民共和国教育部. 义务教育历史课程标准：2022 年版［S］. 北京：北京师范大学出版社，2022：57.

值判断的句子，可以由教师进行发挥。① 因此，历史大单元递进教学要基于大概念提炼单元主题。

大概念可分解为关键概念和具体概念，分别指向教学单元要解决的基本问题和课时教学要聚焦的具体问题和历史史实，因而提炼大单元主题和教学单元主题的具体策略如下：第一，充分解析历史课程标准中的"课程内容"，对其中概念进行归类、整合，根据概念的上下位关系确立递进关系；第二，在把握教材编写思路的基础上，利用好教材目录和单元导语，从单元题目、课时题目乃至课时子目中寻找核心概念；第三，做好初、高中衔接工作，通过比对分析初、高中课标中的"课程内容"要求，在进一步明确核心概念的同时知道不同学段的学生对核心概念的认知处于何种程度，未来要达到何种程度，以便单元主题符合学生的认知水平；第四，课标中的核心概念也是学术界关注的重点，教师可以将相关学术研究成果作为理解核心概念的依据，这有助于提炼单元主题、设计教学内容。

2. 基于学期安排规划教学课时

确立单元主题后，要进一步落实课时规划。首先，要明确单元主题中的具体内容；其次，按照学期课时安排总数和周课时数，确定大单元教学课时数，进而划分教学单元的课时数；最后，还应考虑导学课和专题研讨课的安排。只有合理规划课程实施方案，才能保证历史大单元递进教学顺利开展。

（二）落实素养目标，构建单元目标

首先，单元目标的构建要从宏观到微观，从抽象到具体，层层递进。在教学实施中，培养和发展学科核心素养就是引导学生树立正确的情感、态度和价值观，发展学生的高阶思维和问题解决能力。具体来说可以分为大单元总目标、教学单元分目标和课时学习具体目标。总目标要围绕历史学科五大核心素养来设计，起到统领和总结性评价的作用；分目标则立足于单元地位，以特定的一个或几个素养来设计，兼顾前后两个单元目标的实现；具体目标则聚焦于学生的具体行为表现，在具体的情境和问题解决中实现素养的提升。

其次，以课标和学情确立单元目标的具体内容，坚持学科逻辑与心理逻辑的统一。一方面，要充分解析历史课程标准，分析"课程内容"中的不同层次，把握"学业质量水平"中的细微差别，将不同的层次要求融入不同目

① 黄牧航. 中学历史概念教学的实践反思［J］. 历史教学（上半月刊），2023（5）：8-14.

标的构建中，进而从学科逻辑出发思考以何种知识和方式达成相关要求；另一方面，实现学习目标的主体是学生，要从学生的思维和心理发展阶段构建符合认知水平的目标，还要从现有知识水平出发对学习内容设置侧重点和拔高点，从而在尊重学生心理逻辑的基础上增强学生的学习主动性和积极性，逐步落实单元学习目标。

（三）创设真实情境，开展深度学习

1．以多种方式创设真实情境

《普通高中历史课程标准（2017 年版 2020 年修订）》中明确将"以新情境下的问题解决为中心"作为考试命题的主要原则，并将新情境分为学习情境、生活情境、社会情境、学术情境等多种类型①，说明了核心素养的培养和发展必然是在这些真实情境中进行的。真实情境的最大特点就是课程与生活相联系，即教学情境是有可能在真实生活中出现的真实情境，问题的设置也是学生有可能遇到的真实问题。这一知识迁移过程的习得和实现，就是学生应具备的正确价值观、必备品格和关键能力。历史学科本身就是包含大量情境的学科，要充分利用情境资源，多方式创设真实情境。教师一方面要明白一切具象化的、有助于学生的学习认知活动的教学资源都能创设情境；另一方面不要堆砌情境，要在学习目标的指导下合理运用，注重情境的连贯性和递进性。

2．以问题链开展深度学习

首先，问题设置要符合学生的认知发展阶段和思维能力，还要考虑差异性。解决问题的主体是学生，超出学生能力范围而无法解决的问题是没有价值的，要立足于学生的最近发展区来设置问题。此外，由于人的身心发展具有差异性，问题设置要考虑到不同学力的学生，着力实现全体进步的目标。

其次，问题设置要考虑连续性和递进性。针对不同层次的单元主题，问题设置可分为大单元核心问题、单元关键问题和课时子问题，每个教学课时通过子问题的解决实现单元关键问题的解决，在单元关键问题的解决中进行知识迁移，最终解决大单元核心问题。

最后，问题设置要能引起学生深度思考，是可迁移的真实问题。历史问题重现于真实生活中，但真实问题并不是原题再现，而是从中掌握学科的思

---

① 中华人民共和国教育部．普通高中历史课程标准：2017 年版 2020 年修订［S］．北京：人民教育出版社，2020：59．

维方式和解决方法。因此,真实问题的设置要审慎考虑其背后蕴含的历史学科核心素养,引导学生在解决问题的过程中培养历史思维和关键能力,进而在学生的未来生活中起到积极作用。

(四)运用逆向设计,聚焦教学评一体化

一是在过程实施前,要明确学习目标和目标达成的依据。构建单元学习目标是设计评估方案的第一步,另外还需围绕目标思考如何检测学生的目标达成度。一般来讲,只有外显的行为表现便于直接观测,因而在设计评估依据时要将学习目标进行具象化表述,事先考虑学生目标达成后的行为表现。

二是在过程实施中,依据评价目标设计评价任务或活动,将评价过程进行量化评估。教师要给予学生表现的机会,多设计讨论、汇报、演讲、辩论等任务,观察学生的思维表现和知识储备,并事先制定评价量表,提高评价的科学性和准确性。

三是在过程实施后,落实评价主体多元化原则,设计作业检测,开展学后反思。学习的主体是学生,要重视学生参与评价的过程。作业检测的设计要围绕整个大单元分梯度设计,在每个教学单元完成后解决一部分的作业,以此搭建学后反思的支架,便于学生将其作为依据之一进行反思,从而自发调节学习行为。

四是用教学单元评价结果反馈调控下一单元的教学,以专题研讨作为大单元评价任务。每个教学单元要完整落实过程实施的前、中、后步骤,获得评价结果反馈,下一单元在通过反馈调整教学的方式和过程的同时要在此基础上递进一步,进而实现后续的专题探讨,形成高质量学习成果,落实单元学习目标。

三、历史大单元递进教学课例设计与反思

(一)历史大单元递进教学课例设计

依据大单元设计理念,《中外历史纲要(上)》的整个中国古代史板块有着明确的主线,可以高度整合成一个大单元。由于教材的编写体例为通史,以大时序小专题进行呈现,明确了每一单元的主线、立意,因而教学单元无需重新拟定,只需对教学单元的具体内容进行整合梳理。综上,为便于说明递进教学设计的具体操作,笔者以统编版《中外历史纲要(上)》第二

单元"三国两晋南北朝的民族交融与隋唐统一多民族封建国家的发展"为课例进行设计，以单元间和单元课时内的递进教学展示递进设计逻辑。

1. 提炼单元主题

首先，通过解析历史课程标准和教材的中国古代史部分，贯穿整个中国古代史的大概念是"统一多民族封建国家"，因而整个大单元的主题可提炼为统一多民族封建国家的巩固、建立和发展。"统一多民族封建国家"的大概念可以分解为"统一""多民族""封建""国家"这几个关键概念，在教学单元中有明确体现，并且呈现了明显的递进性。第一单元秦汉"大一统"国家的建立与巩固使"大一统"观念成为历史认同，这一时期处于统一多民族封建国家发展历程的初期阶段。"民族交融"构成了三国两晋南北朝到隋唐五代十国历史更迭的新趋势，创造了区域开发、制度演进和思想文化发展等领域的新成就，推动了统一多民族封建国家的发展。而后，"民族交融"的历史趋势被进一步维持，即第三单元辽宋夏金在政权并立中孕育互相交融的趋势，在政治、经济、文化与社会方面创造了新变化，为元朝的"大一统"奠定基础，推动了统一多民族封建国家进一步发展。

其次，对比初、高中的历史课程标准可以发现，初中的中国古代史部分的大概念也是统一多民族封建国家，高中前三个单元的知识分别对应了七年级六个单元的知识，学生主要从史实的角度初步认识统一多民族封建国家的发展历程，尚未理解民族交融与"大一统"的关系。从学生的思维发展程度来看，高中生正处于抽象思维发展期，可以运用概念串联教学内容发展学生的高阶思维。

最后，从阎步克的研究来看，他将秦汉建立起来的皇帝专制、中央集权、官僚政治、儒家传统和"士大夫政治"作为中华帝国初步建立起来的"常态"，将魏晋南北朝的政局分裂、皇权低落、政治动荡等视作政治的"变态"和一个帝国的低谷或曲折，然而这一时期萌生的制度演进为隋唐"大一统"奠定了基础，最终抑制了政治的"变态"而回归"中轴"，因而在中国王朝"盛衰"的变化周期中，围绕"中轴"有明显起伏的波形，进而将秦汉时期作为治理的波峰，魏晋南北朝是失序的波谷，隋唐的制度演进又再次出现波峰，历史发展是连续的，呈现着螺旋式上升的趋势。[①] 随后，五代十国再次分裂，辽宋夏金政权并立，元的"大一统"被一些学者认为是

---

① 阎步克. 波峰与波谷：秦汉魏晋南北朝的政治文明 [M]. 2 版. 北京：北京大学出版社，2017：5 – 8.

以推崇汉文化为主的"小中国"转向提供多样化发展空间的"大中国"的关键时期。

综上，基于民族交融的关键概念、学生抽象思维发展的基本学情和相关学术研究成果的分析，秦汉到元的分裂与统一的历史更迭过程反映了"波峰"与"波谷"间的变化递进，体现了统一多民族封建国家建立、巩固和发展的历程，因而第二单元可以将主题提炼为：从分、合、治、乱的波形变化视角，看民族交融与统一多民族封建国家的发展。

2. 规划教学课时

综合秦汉到元的"课程内容"要求，明确以每一阶段的政治、经济、文化与社会的变化、成就为重点，探究变化原因并说明统一多民族封建国家的发展历程。因此，结合秦汉到元的主线内容侧重点和第二单元的具体要求，以"大时序小专题"为原则分为四个课时，课时1以"历史分合下的波形变化"为主题，对三国至五代十国的历史演变过程以通史形式展开。基于学生在初中阶段对基本史实进行了初步学习，故而课时1采用任务驱动的方式，由学生通过自主学习的方式用图表梳理基本史实，而后利用教材史料对一系列子问题进行解答。课时2、课时3分别以"碰撞交融下的新形势""承前启后下的新创制"为主题，分为区域开发和民族交融、制度创新与文化成就两个专题，利用史料、历史地图、历史图片等创设连续性的真实情境并设置问题，使学生在教师引导下观察历史细节，解决具体问题，获得思维提升。课时4以"分合治乱下的再感悟"为主题，是对整个教学单元内容的深化，主要是在回顾上一单元的核心问题和本单元教学主线的基础上对单元核心问题进行重点探讨和延伸，并为下一单元的教学进行铺垫。具体课题如表1所示：

表1　单元主题与课目主题提炼

单元主题	教材课题	本课主题
从分、合、治、乱的波形变化视角，看民族交融与统一多民族封建国家的发展	第5课　三国两晋南北朝的政权更迭与民族交融 第6课　从隋唐盛世到五代十国 第7课　隋唐制度的变化与创新 第8课　三国至隋唐的文化	第1课时：历史分合下的波形变化——三国至五代十国的历史脉络
		第2课时：碰撞交融下的新形势——区域开发与民族交融
		第3课时：承前启后下的新创制——制度创新与文化成就
		第4课时：分合治乱下的再感悟——统一多民族封建国家的发展

3. 构建单元目标

首先，明确单元学习目标。第二单元的学习目标为：知道三国到五代十国的历史脉络，从分裂—统一——分裂的"历史循环"中认识这一时期在"常态""变态""回归"的波谷与波峰间转换，理解统一多民族封建国家的发展是螺旋上升的过程；能够从历史情境中提取信息，从民族交往交流交融的角度认识三国至隋唐"分裂孕统一，盛世藏危机"的历史线索，认识区域开发、民族交融、制度创新和思想文化发展等新成就之间的相互关系，理解四者在统一多民族封建国家发展历程中的重要地位；能够秉持唯物史观的观点，从三国至隋唐的新创制和新成就中体悟人民群众的历史主体地位，在经济基础与上层建筑的辩证关系中感悟中国制度创举在世界历史发展中的进步性，增强文化自信。

其次，分解单元学习目标。在必备知识层面，掌握三国至五代十国的历史更迭情况及其阶段特征。掌握北魏孝文帝改革、经济重心南移、安史之乱、藩镇割据、九品中正制、科举制等具体概念中蕴含的基本史实并能够梳理历史发展脉络。在关键能力层面，学生能够借助教材中的文字材料、历史地图和图片，以绘图的方式梳理三国至五代十国的演变历程，分阶段总结这一时期的基本特征，这培养了学生提取历史信息的归纳总结能力。能够依据相关材料分析区域开发、民族交融、制度创新、文化成就间的关系，认识民族交融的核心概念，这培养了学生逻辑思维能力。能够运用唯物史观认识民族交融的方式是多样的，通过三国两晋南北朝时期的民族交融认识分裂动乱孕育着统一的因素，通过隋唐的盛世繁华与民族交融有着密切关系认识唐后期的衰亡，进而理解统一多民族封建国家的发展是螺旋上升的过程，这培养了学生辨析史料、阐释历史的能力。在核心价值层面，通过学习三国至五代十国的历史更迭情况，在分、合、治、乱的历史发展中理解民族交往交流交融推动统一多民族封建国家的发展，理解这一时期的新创制和新成就是广大人民群众的伟大创造，理解中国制度创举在世界历史发展中的进步性，这增强了文化自信和国家自豪感、归属感，铸牢了中华民族共同体意识。

4. 设计问题链，拟定评价量表

由于历史大单元递进教学要整合的知识容量大，教学过程中必须设计有递进逻辑的问题链串联教学内容，培养学生的关键能力。此外，考虑到大单元的核心问题是在秦汉到元的分、合、治、乱中理解"大一统"理念、民族交融与统一多民族封建国家发展历程，确立第一单元的关键问题是中华文明多元一体格局与统一多民族封建国家的建立与巩固的关系，确立第三单元的关键问题是北方少数民族政权与统一多民族封建国家发展的关系。第二单元的教学设计如表 2 所示：

表 2　课时教学关键问题分析

教学单元核心问题	教学课题	关键问题
民族交融与统一多民族封建国家发展的关系	第 1 课时	问题①：依据教材和地图，绘制三国至五代十国的历史更迭脉络。 问题②：结合图示，分析三国至五代十国的基本特征与历史趋势有哪些。 问题③：结合史实，说明北方统一南方的原因有哪些。 问题④：结合史实，说明唐朝繁荣强盛和由盛转衰的原因有哪些。
	第 2 课时	问题①：结合图表和史料，分析东晋南朝时期江南得到开发的原因。 问题②：结合所学，说明三国两晋南北朝时期与隋唐时期民族交融的变化和原因有哪些。 问题③：结合史实，说明民族交融的主要方式有哪些。
	第 3 课时	问题①：结合三国至隋唐的制度演进过程，从集贤、集权、集财三个角度说明制度演进对统一多民族封建国家发展的影响。 问题②：结合具体领域成就，说明魏晋南北朝隋唐时期的文艺成就达到高峰的原因有哪些。 问题③：魏晋南北朝隋唐时期的中国文化在同一时期的世界史历程中的地位如何，影响有哪些。
	第 4 课时	合作探究①：结合史实，说明从三国至隋唐，推动历史由分裂走向统一的因素有哪些。 合作探究②：结合史实，说明从隋唐到五代十国，历史再由波峰到波谷，历史发展是陷入无限循环还是螺旋上升。 合作探究③：结合史实和相关制度、经济、文化成就，说明民族交融与统一多民族国家发展的关系。

　　基于逆向设计思路，探究问题应作为评价任务，依据学业质量水平划分层级，通过评价量表将学习过程量化，将过程性评价的结果作为衡量学习目

标达成度的依据。此外，按照课标要求和学情，高一年级的学生一般要达到学业质量水平2，因而量表设计如表3所示：

表3　学业质量评价量表

姓名		班级					
评价项目	学业质量水平			A	B	C	D
学习内容和学科核心素养	能够通过教材正文、地图、"学思之窗"和"历史纵横"等多种材料，获取三国至五代十国的历史更迭信息。【水平1－3】						
	能够运用时间轴和图示，有条理地梳理三国至五代十国的历史发展脉络，并从图表中归纳这一时期的基本特征和历史趋势。【水平1－4】						
	能够以唯物史观的观点认识民族交融的多样性，运用经济基础与上层建筑的辩证关系认识隋唐制度创新的根本原因，理解人民群众是魏晋南北朝至隋唐时期区域开发、民族交融、制度创新和文化成就的主要创造者。【水平2－1】						
	能够初步掌握"论从史出，史论结合"的历史学习方法，从教材的材料中提炼史实，并尝试分析具体问题，用史实论证自己的观点。【水平2－3】						
	能够区分历史叙述中的史实与解释，用三国至五代十国的历史发展特征和区域开发、民族交融、制度创新和文化成就等相关史实，有选择地组织材料和历史术语论证观点、解决问题。【水平2－4】						
	能够发现魏晋南北朝至隋唐时期的区域开发、民族交融、制度创新和文化成就的演变过程和突出事例，知道中国制度创举在世界历史发展中的进步性，增强文化自信和国家自豪感、归属感，铸牢中华民族共同体意识。【水平2－5】						
课堂参与和学习态度	1. 积极思考问题						
	2. 小组探究交流						
	3. 主动回答问题						
	4. 学案完成程度						

（续上表）

最大的收获	
最大的疑惑	
改进措施	

5. 设置作业检测，开展学后反思

历史大单元递进教学的课后作业要对整个教学单元进行综合凝练，体现综合素养的考查，并且要考虑承接上一单元和为下一单元的教学做铺垫，因而本单元的课后作业以历史小论文的方式未完成，题目为"结合所学，比较秦汉与隋唐在大一统、民族交融与制度演进等方面的异同，说明统一多民族封建国家建立、巩固和发展的历程"，要求学生观点明确，史论结合地进行阐释。以此作为总结性评价，落实教学评一体化要求。此外，以学业质量评价量表为学后反思搭建支架，充分发挥学生的主体作用，由学生对自己的学习行为进行反思和调节，提升学生的元认知，落实评价主体的多元性。

综合以上环节，第二单元的教学构成一个完整的学习过程，并将第二单元的综合评价结果反馈至第三单元，从而调节完善第三单元的教学设计。由此，在层层递进下逐步实现大单元总体目标，最终实现学生历史学科核心素养的培育。

（二）课例设计反思

历史大单元递进教学关注大单元之下单元之间和课时之间的递进教学，为有效发挥大单元教学优势和实现大单元学习目标提供了更具体的实施路径。本次课例依据历史大单元递进教学策略进行了设计，基本符合策略设想，并对高度整合的大单元教学落地困难问题提供了微观角度的参考，具有一定的积极性。当然，本次课例设计也存在明显不足。一方面，由于篇幅有限和大单元教学的涵盖范围太大，无法呈现完整的历史大单元递进教学，许多教学细节还有待进一步补充。另一方面，本次课例设计虽以递进教学明确

了单元与单元的关系并提出了解决方案，但仍然要在前期准备中耗费大量的时间去进行文本分析和课例设计，这一问题需要在后续实践中进一步改进。

综上，基于历史课程标准的实施要求，历史大单元递进教学以核心素养为导向，用大概念统领教学内容，关注单元与单元之间的递进关系，以历史课程的学科逻辑和认知发展的心理逻辑构建单元学习目标，在真实情境中设计问题链，推进教学评一体化，进而使学生在动态化、结构化教学中实现深度学习。因此，历史大单元递进教学是培育历史学科核心素养和解决教学实践问题的重要途径。此外，历史大单元递进教学尚且存在实际操作起来困难的问题，仍然需要从微观的角度继续简化和凝练操作过程，切实发挥递进教学的积极作用。

大单元视角下高中历史学习任务群设计策略探析

——以《中外历史纲要（上）》第三单元为例

史梦玉*

《普通高中历史课程标准（2017 年版 2020 年修订)》的颁布，使得历史学科核心素养成为新的课程目标，意味着课堂教学需要谋求新的变革。素养导向的课程内容结构化、课堂教学生成性离不开倡导整体性、系统性和关联性的大单元教学，大单元教学具备教学设计系统化、教学内容结构化、教学过程核心聚焦以及教学评价多元化等特点，通过任务驱动，让学生在完成任务的过程中认识、分析、解决问题，在探究中自主建构知识，以提升能力和涵养核心素养。在这个过程中，任务设计是关键，通过任务组织教学，调动学生的学习热情，从而积极参与课堂，实现高效课堂，最终实现培养学生核心素养的目的。本文将在大单元视角下，探讨学习任务群设计的策略，以期更好地实现任务驱动式教学，达到培养学生历史学科核心素养的目的。

一、大单元教学概述

（一）高中历史大单元教学的内涵

新课标背景下大单元教学的提出者是崔允漷，他指出，大单元指向学生核心素养的、经过统整后的学习单位、学习事件和完整的学习故事[①]。在此基础上，学者从不同角度提出了大单元教学的内涵，如雷浩等认为大单元是

---

* 史梦玉，广西民族大学民族学与社会学学院 2023 级学科教学（历史）专业硕士研究生。

① 崔允漷. 如何开展指向学科核心素养的大单元设计 [J]. 北京教育（普教版），2019
  (2)：11 – 15.

体现课程逻辑和学生立场的完整的学习历程，在知识体量、持续时间等方面都体现出"大"的特点①。刘徽等认为大单元是围绕素养达成而组织的"集合"②。根据以上分析，高中历史中的大单元教学是指根据一定的主题整合课程资源，形成结构化的教学内容，在具体教学的过程中通过史料创设情境，在具体的情境中将结构化的教学内容以任务的形式呈现，让学生在完成任务的过程中增进知识理解，促进能力提升，涵养历史学科核心素养的教学形式。

（二）高中历史大单元教学的特征

1. 教学设计的系统性

高中历史大单元教学设计的系统性一方面是指教学内容按照一定的逻辑组织，另一方面则意味着教学内容、教学实施过程以及教学评价都要与教学目标相关联，即教学过程设计的系统性。因此，在教学的过程中要深入研究课标、教材与学情，在此基础上重组教学内容，构建以教学主题、目标、情境、内容、评价等为主要内容的多元统一的整体的教学设计。

2. 教学内容的结构化

高中历史大单元教学基于学科逻辑、学生心理逻辑以及社会发展阶段精选教学内容，将内容以主题、任务、问题的形式重新组织，以强化知识的内在关联，使得教学突出历史本质、特征与思想方法。因此，高中历史教师在进行教学设计时要根据历史时空的纵向、横向联系，从史实发生、发展的因果联系出发，整合教学内容，做到知识的融会贯通，进而使学生从对史实的学习上升到对历史规律的学习，以提升学习效率，滋养历史学科核心素养。

3. 教学过程的核心聚焦

大单元历史教学以学科核心素养为导向，通过史料创设情境，实行任务驱动式教学，促进学生学习从被动接受向主动探究转变，教学过程从单纯知识输出—输入向在问题解决的过程中自主建构转变。在这个过程中，学生对知识进行意义建构、训练历史思维、提升问题解决能力，进而促进历史学科核心素养的形成与发展。因此，在历史教学过程中，教师要梳理出教学主题，创设真实的问题情境，通过层层递进、不断深入的任务引导学生进行深

---

① 雷浩，李雪. 素养本位的大单元教学设计与实施 [J]. 全球教育展望，2022，51 (5)：49-59.

② 刘徽，蔡潇，李燕，等. 大概念与大概念教学 [J]. 上海教育科研，2022 (1)：5-11.

入思考，在师生、生生合作探究中实现高效课堂。

4. 教学评价多元化

大单元教学强调"教学评一体化"，教学评价呈现出贯穿教学过程始终的全方位、立体式的多元化特点。因此，教师在教学的过程中应秉持与核心素养一致的评价理念，精准定位学业质量水平的要求，设计多元化的评价活动，充分发挥学生主体性，启发学生思维，并收集学生在学习过程中基于真实情境运用所学知识解决问题的证据，最后科学地解释和运用评价结果达到促学、促教的目的。

二、高中历史学习任务群设计的必要性

指向历史学科核心素养的大单元教学需要采用任务驱动式教学。所谓任务驱动式教学，是指"学生在教师的指导下，紧紧围绕一个或多个任务进行自主探究或互动协作，通过最终解决问题来达成教学目标的学习实践活动"①。因此，在大单元教学中，任务是教学的核心，而所谓学习任务群则是根据单元大概念或单元主题确定的由浅入深、层层递进的学习任务的集合。在大单元教学中，其必要性主要体现在以下三个方面：

（一）指向深度学习

现代历史教育强调对知识的理解，以及基于知识生成的高级思维和运用知识形成的务实行为。② 因此，深度学习越来越受到重视。深度学习关注学生的全面发展，强调激发学生的内在学习动机，促进学生主动且深度参与，促使学生通过有意义的学习方式完成对知识的深度加工，形成知识体系，进而实现创造性的迁移应用③。有效的学习任务群设计可以帮助教师在情境中引导学生在合作学习、自主学习、探究学习的过程中主动联系已有经验理解新知，降低知识理解的难度，帮助学生形成知识体系，并实现知识的迁移和应用，达到深度学习的目的。

---

① 黄牧航. 任务驱动式教学与中学历史核心素养的培育 [J]. 天津师范大学学报（基础教育版），2022，23（6）：44 – 49.

② 赵亚夫. 中学历史教育学 [M]. 北京：北京师范大学出版社，2019：12.

③ 李奇，李飒，卜彩丽. 深度学习赋能课堂提质增效的机理与路径研究 [J]. 中国教育学刊，2024（3）：70 – 75.

（二）把握历史本质

学生认识历史事物都是从历史现象开始的，只有深入分析历史现象，才能深刻揭示历史本质。而学生对历史事物从现象到本质的认识离不开历史思维的介入，历史思维要求人们从多角度、多层面思考问题，从而理解历史事件的复杂性和多样性。通过历史思维，学生就可以深入地理解历史事件的内在联系，从而更准确地把握历史本质。在具体的教学中，教师如果善于以有效的任务群驱动，引导学生在逐步完成任务的过程中积极思考、主动探究，就有可能达到培养学生历史思维的目的，从而真正把握历史本质。

（三）培养学科核心素养

学科核心素养是学科育人价值的集中体现，是学生通过学科学习而逐步形成的正确价值观、必备品格和关键能力。历史学科核心素养包括唯物史观、时空观念、史料实证、历史解释和家国情怀五个方面。《普通高中历史课程标准（2017年版2020年修订)》指出："学生的历史学科核心素养不能凭空产生，也不能靠灌输形成。只有通过以学生为主体的活动，在做中学，进行自主学习、合作学习、探究学习，在认识历史的过程中联系和运用知识，掌握探究历史的方法和技能，逐步学会全面、发展、辩证、客观地看待和论证历史的问题，才能使学生的核心素养得以提升和发展。"① 因此，设计有效的学习任务群，对于涵养核心素养具有非常重要的作用。

三、大单元视角下学习任务群设计策略分析

在大单元教学中，学习任务的设计是关键，有效的学习任务可以促进学生深度学习，有效提升学生的历史学科核心素养。黄牧航认为，任务是用一定的方法，根据一定的流程解决实际问题的活动，包括目标、流程、方法、材料、工具、结果等要素。② 根据他的观点，学习任务群设计应包括设计依据、任务群内容以及完成任务的流程等方面，基于此，接下来笔者将以《中外历史纲要（上）》第三单元"辽宋夏金多民族政权的并立与元朝的统一"

---

① 中华人民共和国教育部. 普通高中历史课程标准：2017年版2020年修订 [S]. 北京：人民教育出版社，2020：50.
② 黄牧航. 任务驱动式教学与中学历史核心素养的培育 [J]. 天津师范大学学报（基础教育版)，2022，23（6)：44 −49.

为例，探讨大单元视角下学习任务群的设计策略。

（一）确定单元主题

《普通高中历史课程标准（2017 年版 2020 年修订）》指出："要以学科大概念为核心，使课程内容结构化，以主题为引领，使课程内容情境化，促进核心素养的落实。"① 因此，实行大单元教学首先要凝练单元大概念，确定单元主题。具体而言，大单元教学要以单元大概念统摄知识，形成结构化的知识体系②，在此基础上，将大概念分解为小概念，提炼单元主题，引领单元学习③。

1. 基于课程标准

《普通高中历史课程标准（2017 年版 2020 年修订）》以纲要的形式规定了历史的教学内容，它规定了课程性质、课程目标、教学进度以及有关教学法的基本要求，是高中历史教学的依据。因此，确定单元教学主题首先要依据课程标准，了解课程标准对这一单元的内容要求、教学提示以及学业要求等，有时可以从课程标准中直接提取出大概念，从而确定单元主题。

对于这一单元，课标要求为"通过了解两宋的政治和军事，认识这一时期在政治、经济、文化与社会等方面的新变化；通过了解辽、宋、夏、金、元诸政权的建立、发展和相关制度建设，认识北方少数民族政权在统一多民族封建国家发展中的重要作用"④。通过研读课标可知，这一单元的学习要点主要有两个：一是认识政治、经济、文化、社会等方面发生的新变化，二是认识辽夏金元诸北方少数民族在统一多民族封建国家发展中的重要作用。由课程标准可提炼出创新、民族交融、政权建设、统一多民族封建国家等单元概念，在具体的教学过程中要理清各概念之间的逻辑关系，理清单元逻辑结构。

① 中华人民共和国教育部. 普通高中历史课程标准：2017 年版 2020 年修订 [S]. 北京：人民教育出版社，2020：4.

② 曹伟. 凝练、结构化与目标实现：大概念统领下的教学设计：以"从局部抗战到全国抗战"一课为例 [J]. 中学历史教学参考，2024（7）：13－15.

③ 姚静，姚福卫. 基于大概念的高中历史单元整体教学设计与实践：以"从中华文明起源到秦汉统一多民族封建国家的建立与巩固"单元为例 [J]. 中学历史教学参考，2023（16）：11－15.

④ 中华人民共和国教育部. 普通高中历史课程标准：2017 年版 2020 年修订 [S]. 北京：人民教育出版社，2020：13.

2. 基于教科书分析

教科书是由专家学者基于课程标准编撰的符合国家意志的教学材料，在编撰的过程中，专家学者反复讨论、修改、试教试学、审查，并广泛征求一线教师的意见，目的是编写出既体现国家意志又符合实际教学需要的教科书。[①] 因此，高中历史教科书具有权威性和实用性，是教师教学和学生学习历史的重要资料来源。教师要深入研读教科书，分别从单元在整本书中的地位以及单元内部内容两个方面分析内容，确定单元主题。

这一单元是中国古代史板块中的一个单元，上承第二单元"三国两晋南北朝的民族交融与隋唐统一多民族封建国家的发展"，下启第四单元"明清中国版图的奠定与面临的挑战"。通读中国古代史板块内容可知，"统一多民族"国家不仅是受重视程度高的历史大概念，也是贯穿中国古代历史全过程的核心要义。因此，这一单元所讲述的时期是统一多民族国家发展的重要时期，是继魏晋南北朝之后出现的又一个民族大交融时期，为明清时期统一多民族国家的出现奠定了基础[②]。因此，可确定单元主线是统一多民族国家在宋元时期的发展历程。

从教科书单元导语"与这一时期的战争相比，各民族之间的经济和文化联系更为持久和稳定，呈现出互相交融的趋势"以及"元朝结束了多民族政权并立的局面，成为中国历史上第一个由北方少数民族建立的统一王朝"，结合课标可明显看出这一单元的教学立意为理解这一时期从政权并立走向统一的动因以及影响。

单元内的 3 个课时围绕统一多民族封建国家的发展分别讲述了不同政权的政治、经济、文化、社会发生的新变化。第 9 课"两宋的政治和军事"讲述了北宋在政治层面所做的制度创新。北宋在政治方面创立祖宗之法，加强了中央集权，但是随着时代的发展，又使北宋形成积贫积弱的局面，王安石变法未能改变北宋危局，最终北宋灭亡，南宋偏安一隅。第 10 课"辽夏金元的统治"分别讲述了四个北方少数民族政权在华夏民族认同的基础上进一步拓展，统治方式在因俗而治的基础上，汉化程度加深，民族交融进一步加强，在政治层面进一步推动了统一多民族国家的发展。第 11 课"辽宋夏金

---

① 张海鹏. 统编高中历史教科书的学科体系和学术体系：适应和掌握统编高中历史教材《中外历史纲要（上）》的意见 [J]. 课程·教材·教法，2019，39（9）：21 - 32，11.

② 中华人民共和国教育部. 普通高中历史课程标准：2017 年版 2020 年修订 [S]. 北京：人民教育出版社，2020：13.

元的经济、社会与文化"讲述了宋元时期经济较前代有了明显的发展，并且
受政权格局变化影响，经济格局、社会生活、社会观念也发生了不同程度的
新变化。与此同时，文化呈现出多元化、多样化发展的新气象，包括儒学的
新发展，宋词、元曲等新文学体裁的出现，科技成就以及各少数民族政权模
仿汉族字形创立本民族文字并撰写自己的历史。由此可见，这一时期呈现出
创新与交融的时代特征，在创新与交融的过程中，统一多民族国家不断向前
发展，因此，本单元大概念可确定为创新与交融。

3. 基于学术依据

一方面，历史教科书因政治性和教育性等原因，其史学观念和历史结论
总是处于相对滞后状态，因此，历史教师需要关注史学前沿学术成果，以新
观点、新成果作为教学设计的依托，挖掘教学立意，才能更好地培养学生的
历史思维。① 另一方面，大概念的特征之一是体现专家思维，因此，教师要
通过主流的专家观点解构历史大概念，帮助学生用专家思维进行思考，进行
深度学习，更好地把握历史本质。②

关于辽宋夏金元时期统一多民族国家的发展，学界有很多研究成果。中
国历史研究院研究表明，这一时期北方民族文化与汉文化水乳交融，使得多
个曾经并立的民族政权如"涓涓细流"逐渐汇聚成波澜壮阔的巨大河流。③
陈峰认为这一时期包容性与创新性表现尤为突出。包容性消解了当时政治、
军事上冲突造成的隔阂，促成了彼此对中华一体的认同；创新性则是各自发
展的动力源泉，各个并立的政权在制度文明、物质文明、精神文明上竞相探
索、推陈出新，又相互借鉴，从而在继承的基础上取得了前所未有的成就④。
张帆认为这一时期是由以推崇汉文化为主的"小中国"转向提供多样化发展
空间的"大中国"的关键时期⑤。综合以上研究，辽宋夏金元时期，各民族

---

① 张丽. 新课标背景下初中历史课堂教学立意的确立：以"原始农耕生活"为例 [J].
教育实践与研究，2023 (35)：39-41.

② 杜梅. 学科大概念建构任务驱动式教学略论 [J]. 中学政治教学参考，2024 (9)：
38-39.

③ 中国历史研究院. 中华文明史简明读本：全二册 [M]. 北京：中国社会科学出版社，
2024：733.

④ 陈峰. 融合与创新：辽宋夏金时期文明演进的突出时代特点 [J]. 中国史研究动态，
2023 (6)：45-50.

⑤ 黄晓峰，钱冠宇. 访谈——北京大学历史系主任张帆：元朝开启了"大中国"时代
[EB/OL]. (2015-06-14) [2025-03-12]. https://www.thepaper.cn/newsDetail_
forward_ 1341436.

政权在互相借鉴的基础上各自创新发展，并彼此交融，最终促进了统一多民族封建国家的发展。

基于课程标准、教科书分析以及学术依据，在"创新与交融"这一大概念统领下，本单元教学主题设定为"各个政权各自创新、彼此交融，共同促进统一多民族封建国家的发展"。

（二）设计单元教学目标

教学目标是整个教学设计的灵魂，引领整个教学过程、教学评价等的设计，它主要回答期望学生学会什么。从宏观层面看，目标设计应该对标真实情境下的核心素养，既指向学生知识体系的形成，又指向学生的发展；从微观层面看，教学目标应立足学生发展现状，依据最近发展区理论，能够落实到具体的学习过程中，转化成可测量的学习结果。[1] 因此，教学目标的设计既要依据核心素养的要求，还要根据学情，使学生学科核心素养的水平得到阶段性进步。

1. 学情分析

从教科书内容来看，学生在初中时已经学过本单元相关的知识，初步掌握了辽宋夏金元时期重要的历史史实。基于此，高中历史教学中应注重知识逻辑性和体系性教学，在大概念引领下，建构知识逻辑体系，认识历史史实背后的本质，注重历史学科核心素养的培养。

从课程标准来看，二者对于学生学科核心素养培养的层次要求不同。《义务教育历史课程标准（2022 年版）》要求学生了解历史的基本线索，了解重大史实，初步养成时序意识和历史空间感（唯物史观、时空观念）；初步理解古代史料的意义，尝试运用史料说明问题（史料实证、历史解释）；对历史上的重大事件等形成合理解释，进行初步分析，认识其影响和意义（唯物史观、历史解释、家国情怀）等。[2]《普通高中历史课程标准（2017 年版 2020 年修订)》则对此做了更高的要求，要求学生能够理解这一时期的新变化，认识到中华民族是多个民族共同缔造的多民族共同体，从而具备中华民族共同体意识。

---

① 雷浩，李雪. 素养本位的大单元教学设计与实施 [J]. 全球教育展望，2022，51
（5）：49－59.

② 中华人民共和国教育部. 义务教育历史课程标准：2022 年版 [S]. 北京：北京师范
大学出版社，2022：14.

2. 教学目标

根据以上分析，并结合单元主题，本单元教学目标设计为：

（1）学生能够在梳理时间线索以及各个时期疆域图的基础上，理解统一多民族封建国家在辽宋夏金元时期的发展历程（时空观念）。

（2）学生能够从生产力和生产关系、经济基础和上层建筑的辩证关系角度看待宋元时期在政治、经济、文化上出现的新变化（唯物史观、史料实证、历史解释）。

（3）学生能够通过史料分析，理解这一时期民族交往交流交融的史实，理解北方少数民族政权在统一多民族国家发展中的重要作用（史料实证、历史解释）。

（4）学生能够把握中华民族多元一体的发展趋势，牢固树立中华民族共同体意识（家国情怀）。

（三）构建任务群

学习任务直接指向教学目标的达成，在大单元教学中应当根据单元主题确定一个核心任务，然后根据教学内容将其分解成系列子任务，最终形成结构化、系统化以及具有挑战性的任务群体系。大单元任务群的设计有以下三点要求：一是包含真实挑战的情境任务，二是能促成学生真实实践，三是能展示学生真实表现。通过以上任务设计，指向深度学习，帮助学生把握历史本质，最终指向核心素养的培育。

本单元根据主题设计的核心任务是：从创新与交融的角度论证统一多民族国家在辽宋夏金元时期是如何发展的（要求：史论结合，论证充分合理）。

为了让核心任务有操作性，需要采取结构化的方式创建一些子任务，这些子任务必须服务于主题和核心任务，并且需要层层递进、由浅入深，具有内在关联。为使子任务能够符合主题和核心任务，还需要将课程内容进行重新整合。基于此，本单元的子任务设计如下：

任务一：拓土守疆：基于各个时期疆域图和时间轴，整体感知这一时期由政权并立走向乾元一统的发展过程。

任务二：政治创新与交融：分析辽、宋、夏、金、元统治的特征及其影响。

任务三：经济繁荣与交融：分析这一时期政治社会出现的新变化以及交融的体现。

任务四：文化创新与交融：分析这一时期在文化方面发生的新变化以及交融的体现。

（四）设计指向任务解决的问题链

问题链是完成任务的步骤或流程，为了促进问题解决，需要设计一系列问题链，在设计问题链时，需要注意是否符合主题立意，是否构建起学生的思维起点，是否符合学生的心理逻辑，是否具有层次性、关联性以及是否集思考价值、智力价值以及情感价值于一身，等等。本单元基于主题与目标，用问题链进行任务分解，促进学习目标实现的同时，培养学生深度学习的能力。问题链设计如表 1 所示：

表 1　问题链设计

任务	关键问题	子问题
基于各个时期疆域图和时间轴，整体感知这一时期由政权并立走向乾元一统的发展过程	从地图中提取有效信息，说明这一时期的发展趋势	三张地图分别是什么时期的形势图？说明依据。
		图1至图3反映了政权哪些变化及历史发展趋势？
分析辽、宋、夏、金、元统治的特征及其影响	北宋政治创新的前因后果	北宋政治与前代相比呈现出哪些新变化？
		为什么会出现这些变化？
		如何辩证看待、认识宋初创立的"祖宗之法"？
	为何辽、夏、金等北方少数民族的政权能与宋朝长期对峙？	辽、夏、金的"因俗而治"体现在哪里？
		如何看待"因俗而治"的做法？
	辽、宋、夏、金、元的民族关系	这一时期民族关系呈现什么样的特征？
		如何看待宋朝用"钱财换和平"的做法？
	乾元一统	元朝如何巩固统一？
		为什么要采取这些措施？
		为什么能够采取这些措施？
		如何看待元朝的历史地位？

（续上表）

任务	关键问题	子问题
分析这一时期政治社会出现的新变化以及交融的体现	经济繁荣发展	农业有什么新发展？
		手工业有什么新发展？
		商业有什么新发展？
		经济重心南移的原因、过程及影响。
	社会变动	社会出现了什么变化？
		为什么会出现这些变化？
	经济交流	这个时候的民族关系在经济方面如何体现？
	文化新发展	儒学复兴的特点及原因。
		这一时期科技和艺术如何发展？
	文化交融	民族交融在文化上如何体现？

（五）设计任务群评价标准

大单元教学是一个完整的教学事件，强调教学过程的完整性，因此，教师在设计任务群时还要设计评价标准，检验学生的学和教师的教。在设计评价标准时，要考虑核心素养和学业质量水平等综合的方面。基于此，本单元的教学评价除了在课堂教学中的形成性评价外，也指向核心任务：从创新与交融的角度论述统一多民族国家在辽宋夏金元时期的发展，并从学业质量水平的角度进行评价设计。

1．核心任务评价量表

在评价核心任务时，以量表的形式就学生对核心任务的完成情况进行评价，如表 2 所示：

表 2　核心任务评价量表

评价指标	符合	比较符合	不符合
题目恰当	3	2	1
论点科学、明确	3	2	1
论据突出，论从史出	3	2	1

（续上表）

评价指标	符合	比较符合	不符合
逻辑清晰	3	2	1
结论合理	3	2	1
格式规范	3	2	1
总体评价	优秀3	合格2	不合格1
评语：			

注：表中数字代表分数，最高分3分，最低分1分。

2. 教学评价水平划分

水平一：能够根据地图和时间轴，整体感知这一时期统一多民族国家的发展历程（时空观念）；能够通过辨析史料，概述辽、宋、夏、金、元的政治特征及其对统一多民族国家发展的影响，理解中华民族是多民族共同缔造的（唯物史观、史料实证、历史解释、家国情怀）；能够了解这一时期在经济方面出现的新发展，能够知道物质资料的生产是社会生活的基础，并通过经济的交流认识民族交融（唯物史观、时空观念、史料实证、历史解释）；知道这一时期重要的文化成就，理解文化的发展是由政治、经济等多方面决定的，能够从文化角度理解这一时期的民族关系（唯物史观、历史解释、史料实证）。

水平二：能够选择、组织运用相关史料并使用相关术语，对这一时期各个政权的特征以及各个政权在统一多民族国家形成中的作用做出解释，增强对统一多民族国家奋斗的意识，强化作为中华文明继承人的自豪感、认同感，加强对少数民族的尊重（唯物史观、时空观念、史料实证、历史解释、家国情怀）；能够运用史料表述辽宋夏金元时期经济发展方面的特征，通过这一时期的经济发展，认识民族交融的重要性（唯物史观、时空观念、史料实证、历史解释、家国情怀）；能够知道辽宋夏金元时期文化发展的具体背景，多角度理解辽宋夏金元时期文化繁荣的原因（唯物史观、历史解释、史料实证）。

水平三：能够在阐释各个政权的特点时，对史料进行辨析和整理，反思政治的优缺点，从而理解各个政权建设的意义（时空观念、史料实证、历史解释、家国情怀）；能够运用不同的史料探究这一时期经济的特点，对所探究的问题进行互证，使用正确的历史术语，在正确的历史观和方法论指导下对一系列史实做出解释（史料实证、历史解释）；能够客观辩证地认识文化所反映的这一时期的时代特征，史论结合评述这一时期程朱理学是适应了君主专制的加强和社会的需要，能够收集这一时期儒学复兴、文学艺术、科技以及少数民族文字等史料，辨别史料作者的意图，在此基础上利用史料分析和论证宋元时期文化的繁荣推动了世界文明的进程，通过少数民族文字创制的史实，把握中华民族多元一体的发展趋势，形成正确的世界观、人生观、价值观和历史观（唯物史观、史料实证、历史解释、家国情怀）。

水平四：能够在辨别史料作者意图的基础上，恰当地运用史料分析各个时期政权建设的特点，对问题做出不同的历史解释并从来源、性质、目的等方面说明导致这些不同解释的原因并加以评析，认识各个民族的智慧，增强民族团结意识（时空观念、史料实证、历史解释、家国情怀）；收集多种史料，在辨别作者意图的基础上利用史料，在对这一时期经济发展分析的过程中，与前代社会进行比较，认识上述现象出现的原因和产生的变化，在此基础上对史学家的观点提出新的解释和见解，全面客观地论述历史和现实问题，认识到民族交融推动了古代经济的发展，古代经济发展也促进了民族交融（唯物史观、史料实证、历史解释）；能够客观辩证地认识文化所反映的这一时期的时代特征，从唯物史观的角度对儒学发展的不同阶段进行原因的阐释和深刻的理解，认识到儒学的发展适应了君主专制加强的需要（唯物史观、史料实证、历史解释）；能够在辨别史料作者意图的基础上利用史料分析和论证宋元时期文化的繁荣推动了世界文明的进程，通过少数民族文字创制的史实，认识到民族融合与保持本民族特点的关系，从而更好地理解中华民族多元一体的发展趋势，形成正确的世界观、人生观、价值观和历史观（唯物史观、史料实证、历史解释、家国情怀）。

四、结语

本文从大单元的视角出发，深入探析了高中历史学习任务群的设计策略，大单元背景下学习任务群设计应通过分析课标、教材以及学术研究成果确定单元大概念和单元主题，在此基础上结合学情分析确定单元教学目标，接着根据教学目标设计层层递进、具有结构性和内在关联的学习任务群，之后设计指向各个任务解决的问题链并设计评价标准，使得学习任务群服务于整体的单元教学，实现学生深度学习，从而把握历史本质，达到涵养学生历史学科核心素养的目的。

大单元教学视野下的高中历史
任务驱动式教学探究

覃丽雕*

大单元教学和任务驱动式教学是当下中学历史教学中比较常用的一种教学组织方式，大单元教学是指一个主题关联性的教学内容集合及与之相联系的有机的教学过程板块，以具体核心素养目标为导向，依据教材内容与学生经验重新组织的学习活动，是对知识、技能、问题、情境、活动、评价等进行组织或结构化所形成的学习单位。任务驱动式教学是指学生在教师的指导下，紧紧围绕一个或多个任务进行自主探究或互动协作，通过最终解决问题来达成教学目标的教学实践活动。两者都强调以培养学生核心素养为目标导向，从而提升学生解决问题的能力。①

以"学习任务"整合单元教学，能够优化课与课之间的内容结构，重组课程之间历史事件的纵横联系，打破课、单元的知识分界，更利于提升学生的历史思维能力，从而帮助学生完成课标要求的单元学习任务。鉴于此，本文拟以大单元教学为视野，以《中外历史纲要（上）》为中心，探讨在大单元教学中如何通过任务驱动式教学来实现优化教学内容，进而达到培养学生核心素养、提升学生解决问题的能力的目标。

一、任务驱动式教学的价值

（一）契合高中历史课标要求

首先，任务驱动式教学之所以备受青睐，是因为其紧密契合了历史学科

---

* 覃丽雕，广西民族大学民族学与社会学学院 2023 级学科教学（历史）专业硕士研究生。
① 陈志刚. 教学设计的变革与大概念、大单元的实施 [J]. 历史教学（上半月刊），2021（9）：21–27.

教学的科学研究和创新课程模式的发展趋势。它强调"以学生为中心"，注重培养学生知识的结构化与解决问题的能力，鼓励学生进行自主建构，实现学以致用。同时，任务驱动式教学还倡导跨学科学习、融合式教学、项目式学习以及真实任务情境等创新的学习方式，这些都有助于培养学生应对复杂问题的核心素养。

在新课改背景之下，高中历史教学面临着从知识传授向能力培养的教学任务，任务驱动式教学成为重要的教学方式之一。在《普通高中历史课程标准（2017 年版 2020 年修订）》中有一则教学案例——"从唐长安和北宋东京认识唐宋社会及变化"，案例中将教学内容概括为三个学习任务，强调以任务为驱动，要求师生共同去完成教学目标。这种教学方式就是任务驱动式教学。同时，案例中阐述三个学习任务侧重于从情境中去思考并解决问题。例如，任务一"从城市布局认识城市生活变化"，任务二"从商业和对外交流认识唐宋社会变化"，任务三"学生眼里的唐宋社会变化"，以学生印象中唐宋社会的旧知识为切入点，在新旧知识之间建立起桥梁，加深学生对课程内容的理解，实现教学目标。[①]

（二）符合历史核心素养的培养方向

任务驱动式教学与学科核心素养有密切的联系。历史学是在一定历史观指导下叙述和阐述人类历史进程及其规律的学科，[②] 具有过去性、规律性、教育性的特点。而历史学科要求培养和发展学生五大核心素养，即唯物史观、时空观念、历史解释、史料实证、家国情怀。任务驱动式教学要求学生在唯物史观、时空观念的视角下，以任务驱动式教学的方式，创设问题情境、分析问题，通过史料的探究，培养和发展学生的核心素养。根据《普通高中历史课程标准（2017 年版 2020 年修订）》中呈现的教学案例"从唐长安和北宋东京认识唐宋社会及变化"，任务驱动式教学体现在教学过程中要强调以"任务问题"为主线，让学生在探索任务中完成教学目标。在传统的教学中，多数以教师讲授为主，以论带史，先给学生一个结论，再用史料去验证结论正确与否，这一过程中不一定能够调动课堂积极性或提高学生的历史核心素养与能力，所以应该让学生参与到课堂实践当中、融入课堂情境

① 中华人民共和国教育部. 普通高中历史课程标准：2017 年版 2020 年修订 [S]. 北京：人民教育出版社，2020：73 – 83.

② 中华人民共和国教育部. 普通高中历史课程标准：2017 年版 2020 年修订 [S]. 北京：人民教育出版社，2020：1.

中，或者加入小组活动中，在解决问题中提升学生的素养与能力。以"史料实证"为例，高中历史教科书内容较多，课时少，要求教师一方面在内容上有所取舍，另一方面充分利用教科书的图片史料，以图证史，带领学生共同去分析图片。

（三）适应高中历史新高考的考查要求

高中历史承载立德树人的重要使命，任务驱动式教学能更好适应新高考要求。2019 年，教育部考试中心颁布了《中国高考评价体系说明》，明确了学科素养在高考考查中的导向作用，对学科的核心素养有了明确的定义："是即将进入高等学校的学习者在面对生活实践或学习探索情境中的问题情境时，能够在正确的价值观指导下，合理运用科学的思维方法，有效地组织整合学科相关知识，运用学科的相关能力，高质量地认识问题、分析问题、解决问题的综合品质。"① 从这个定义得知，学科核心素养是一种综合的能力体现，要求学生具备相关的学科知识，从情境中去找到解决问题的方法，将分析问题、解决问题的能力相互融合。这些能力通常在学生完成任务活动中才能得到锻炼和表现出来，认识、分析、解决问题的过程正是完成任务的过程，正是任务驱动式教学的关键。②

二、任务驱动式教学的基本流程

（一）创设多元化情境

任务驱动式教学的第一步是创设教学情境，情境的设计不仅要符合学生的认知水平和心理发展，还要根据课程的内容设置情境主题。《普通高中历史课程标准（2017 年版 2020 年修订）》在学业水平考试命题原则中提到以新情境下解决问题为重心，把新情境分为四类：学习情境、生活情境、社会情境、学术情境。③ 同时，这说明在考试命题中侧重多维度创设情境，培养学生在新情境下解决问题的能力，有利于检测和评价学生的核心素养水平。

---

① 教育部考试中心. 中国高考评价体系说明 [M]. 北京：人民教育出版社，2019：21 - 22.

② 黄牧航. 任务驱动式教学与中学历史核心素养的培育 [J]. 天津师范大学学报（基础教育版），2022，23（6）：44 - 49.

③ 教育部考试中心. 中国高考评价体系说明 [M]. 北京：人民教育出版社，2019：59.

因此，在课程设计环节更要注重使用多角度、多维度的历史具体情境，调动学生学习历史的兴趣。

以下笔者以《中外历史纲要（上）》第二单元"三国两晋南北朝的民族交融与隋唐统一多民族封建国家的发展"的教学为例，就如何运用任务驱动式教学法培养学生的历史核心素养谈谈自己的见解。

首先，以大单元教学的视角把本单元主题概括为"从草原、中原、江南的三重联动到轴心文明的新辉煌"，本单元由4课组成，具体如表1所示。

表1　第二单元课题表

课时	名称	本课子目
第5课	三国两晋南北朝的政权更迭与民族交融	三国与西晋、东晋与南朝、十六国与北朝
第6课	从隋唐盛世到五代十国	隋朝兴亡，唐朝的繁荣与民族交融，安史之乱、黄巢起义和五代十国
第7课	隋唐制度的变化与创新	选官制度、三省六部制、赋税制度
第8课	三国至隋唐的文化	儒学、道教与佛教的发展，文学艺术，科技，中外文化交流

其次，在大单元主题的基础上，把单元主题细化到每课之中。将大单元的主题进行细化切分，以便更好地把握教学方向，具体如表2所示。

表2　第二单元课题细化表

课时	名称	课题主线
第5课	三国两晋南北朝的政权更迭与民族交融	从草原、中原、江南民族交融视角看魏晋政权更迭
第6课	从隋唐盛世到五代十国	从民族关系视角看隋唐盛世
第7课	隋唐制度的变化与创新	从制度创新视角看隋唐发展
第8课	三国至隋唐的文化	从文化发展视角看隋唐文化辉煌

最后，创设情境时以每课主线作为中心，可以利用教材中的"导言""历史纵横""学思之窗""探究与拓展"等内容开展教学设计，因为教材上展现的历史情境是文字和图片相结合，一方面这些内容学生比较熟悉，另一方面对于教师而言操作性较强。这类情境符合课标中所说的"情境教学"，

因此本单元采用教材中的"导言""历史纵横"开展导入教学。

第5课利用教材中第28页"导言"开始导入课程，这属于社会情境。其设计意图为：以著名的"隆中对"，即东汉末年诸葛亮初见刘备时的谈话，其中诸葛亮准确地预言了三国鼎立的局面，因此，在这样的社会背景之下为后期教师讲解草原、中原、江南民族交融的内容起到了铺垫作用。

第6课导入部分属于社会情境，采用教材第36页"历史纵横"，介绍"回纥"的知识。其设计意图为：通过回纥南迁归附唐朝，唐太宗册封其首领为怀仁可汗的故事，体现隋唐时期对外民族关系的融合，促进隋唐经济文化发展。同时，紧密围绕本单元的教学主题——从民族关系视角看隋唐盛世。

第7课利用教材中第40页"历史纵横"中"九品中正制度的产生"，这属于学习情境。其设计意图为：一方面介绍汉末社会动荡，察举制无法实施，因而曹魏时期颁行九品中正制度；另一方面，这两种制度既有相互继承关系，又各自有创新之处，为学习本课隋唐时期选官制度的发展奠定基础。

第8课利用教材第45页"导言"中的内容，这属于学习情境。其设计意图为：选取佛教传入中国的史实作为导入，设置佛教传入中国的历史场景，为下文讲解佛教发展奠定基础。契合本课的大单元主题，突出轴心文明的新辉煌。

此外，导入环节设计学习情境之后，学生并非一定能够紧跟教师的设计思路顺利进入某个情境中，因此还需要适当设计多样化的学习任务。

（二）设计多样化学习任务

要根据教学目标和教学单元的内容，设计具有挑战性、多样化的学习任务和探究问题。学习任务应具有一定的难度和深度，能够激发学生的学习兴趣和探究欲望；探究问题应贴近学生的生活实际，能够引导学生深入思考、主动探究。学习任务要求学生完成一个真实的任务，完成任务的过程就是学习的过程，并且能够直接地反映出学生的学习效果。

在大单元教学的视角下，结合高中历史课标要求，教师还要将学习任务细化到具体的问题，让学生更能理解任务的要求。同时，问题的设计应该具有层次性、明确性、指向性的特点，值得注意的是，还要关注学生的学情、现有的知识水平、心理发展和年龄特点等。笔者对第二单元设置的学习任务和关键问题做了细化，具体如表3所示。

表3　第二单元学习任务和关键问题细化表

课时	学习任务	关键问题
第5课　三国两晋南北朝——"从草原、中原、江南民族交融视角看魏晋政权更迭"	1. 认识草原、中原民族交融的表现及影响； 2. 认识北方政权不同的民族政策及影响； 3. 了解北民南迁及江南开发； 4. 认识民族交融对统一多民族国家发展的意义	1. 草原少数民族内迁给北方社会发展带来怎样的影响？ 2. 北魏孝文帝改革为北方少数民族政权及民族关系的发展提供了哪些经验和教训？ 3. 江南地区得到开发的原因有哪些？ 4. 南北对大一统帝国的重塑分别有什么作用？
第6课　从隋唐盛世到五代十国——"从民族关系视角看隋唐盛世"	1. 了解隋唐至五代十国的历史发展变迁； 2. 了解唐朝初期疆域与民族形式的新变化与新对策； 3. 认识隋唐时期民族政策的变化与特点； 4. 认识隋唐时期民族交融对中华民族多元一体格局的影响	1. 影响隋唐至五代十国兴衰的主要因素有哪些？ 2. 唐朝初年面临什么样的疆域与民族形式新变化？ 3. 唐朝的民族形势如何影响民族政策与国家治理？ 4. 隋唐时期民族交融对隋唐盛世的产生有什么影响？对后世有什么影响？
第7课　隋唐制度的变化与创新——"从制度创新视角看隋唐发展"	1. 了解隋唐政治制度创新的新变化与影响； 2. 认识隋唐赋税制度的创新之处； 3. 认识隋唐时期制度创新的意义	1. 隋唐时期政治制度创新的背景和表现有哪些？ 2. 隋唐赋税制度演变的主要内容是什么？带来什么影响？ 3. 隋唐时期制度变化和创新对后世产生了哪些影响？
第8课　三国至隋唐的文化——"从文化发展视角看隋唐文化辉煌"	1. 了解三国至隋唐时期思想领域发展的表现； 2. 认识三国至隋唐时期文学艺术繁荣发展过程； 3. 了解三国至隋唐时期科技领域取得的新成果； 4. 认识三国至隋唐时期思想文化、科技发展对中国传统文化的影响	1. 三国至隋唐时期思想领域发展的原因有哪些？ 2. 三国至隋唐时期文学艺术成就的代表人物和作品有哪些？ 3. 三国至隋唐时期科技领域有哪些突出的表现？ 4. 三国至隋唐时期文化发展对后世有什么影响？

此外，设计的学习任务要有可操作性、具体化，由简到繁、由易到难，逐层递进，使学生能够利用所学知识解决问题，学以致用，实现知识迁移，提高学生学习的自信心，激发学生学习的主动性和内驱力。任务应具备易操作、有效果、可视化的特点。在设置问题时要注意以下几点：第一，体现历史学科的特点；第二，定位核心素养作为培育目标；第三，符合学生心理发展；第四，设计任务还要满足课堂的教学需要，为教学目标服务，为教学内容服务。优秀的历史课堂应该让学生全身心活动起来，加入课堂当中才能更有效地完成本节课的驱动式任务。

同时，丰富驱动的任务形式，能激发学生的探究兴趣。历史学习起来相对来说是有些枯燥的，单一的学习任务不能激发学生的学习主动性。所以在大单元教学视野下要结合教学目标，有意识地丰富驱动的任务方式，充分调动课堂活跃度和学生的兴趣。以《中外历史纲要（上）》第二单元为例，教师可以布置课外探究任务："北魏孝文帝改革的汉化措施对当今的影响""搜索隋唐繁荣的表现""隋唐时期科举制度有哪些创新之处""魏晋玄学对文化发展的影响"。在前期准备时，教师还需要提前把学生按照历史兴趣小组的形式进行分组，让其结合现代先进的教学方式和网络技术，利用课余时间共同完成探究任务。学习任务的结果可以以文字、图片、影视作品等形式呈现，可制作多媒体课件进行效果展示。这种形式更加具有趣味性，能使学生在合作探究中相互促进和成长、丰富学习方式和路径、开阔学习视野；对本单元的内容有更清晰的认知、更深刻的历史分析，能更完整地掌握知识架构和逻辑。

总之，问题任务设计需要立足于历史学科知识，具有充分的可操作性，以帮助学生有效构建历史知识框架。[①] 此外，教师要引导学生带着问题意识在历史情境中进行探究，拓展历史知识的广度。

（三）自主探究

活动探究在任务驱动式教学中具有重要的作用。而历史学科的活动探究要与活动课有所区别。高中历史核心素养要求培育学生的史料实证、历史解释等能力，因此设计的探究活动可以为史料阅读课、文物观赏、参观历史遗址等。

---

① 何少柔. 任务驱动教学法在高中历史课堂教学的运用研究 [D]. 南宁：广西民族大学，2022.

自主探究包括自主学习、合作学习、探究学习等。如在课堂中可以有小组讨论、历史兴趣小组、角色扮演、历史话剧表演等形式。在探究过程中教师要起到引导作用，或是在课堂上进行巡视指导，与学生交流，并给予适度的知识纠偏与学法指导。但自主探究也可以是独立完成的，这都要根据任务的难易程度而定。① 最后，将探究的结果进行分享。成果分享展示了任务完成的程度和效果，也充分体现教学质量，因此教师必须提醒学生认真对待成果分享环节，做好充分准备。同时，教师在总结环节，先展示学生完成任务时产生的共性问题或共同优点，再单独对优秀的个案进行点评。

就课例《中外历史纲要（上）》第二单元来说，笔者首先根据大单元教学的主线设计学习任务，其次按照学情、学生现有的知识水平，结合教材中探究与拓展部分设置自主探究活动，具体如表4所示。

表4　第二单元自主探究活动细化表

课时	自主探究
第5课	查找资料，了解当代汉族姓氏与古代少数民族的关系
第6课	查阅资料，了解各民族人物在隋唐时期取得的业绩
第7课	唐朝注重法律的制定，查阅资料说一说《唐律疏议》在中国和世界法制史上具有哪些重要影响
第8课	谈谈唐朝所受域外文化的影响在文化艺术方面的具体表现

（四）多主体评价反馈

在任务驱动式教学中，最后一个环节是评价学生的学习任务。教师对学生探究获得进行点评时应注意三个方面：首先，秉持全面性评价原则，评价应该包括核心知识、关键能力、态度三个维度。对学生任务完成进行评价需要考虑多方面因素，如学生思考问题的思路、完成任务的积极程度、任务结果的完整度。与此同时，全面评价就要由知识中心转向素养中心。

其次，要秉持激励的理念，根据学生的具体特点、成长情况和在课堂中的获得表现情况进行点评。如"很好""非常棒""很优秀"，这种过于笼统和敷衍的夸赞应适当减少，因为激励内容不够具体化，浮于表面，学生无法

---

① 黄牧航. 任务驱动式教学与中学历史核心素养的培育 [J]. 天津师范大学学报（基础教育版），2022，23（6）：44-49.

从此类语言中直观感悟到自己的长处。因此，激励学生要把他们表现突出的方面用详细具体的语言进行阐述，如"逻辑思路很清晰""知识点描述很全面""考虑问题角度很新颖"等。

最后，对学生驱动式任务评价反馈的主体也可以是多元的。如同伴评价、学生自我评价、小组内成员互评和组外成员评价。教师进行评价反馈时，要指明正确的认识方向，提供分析史料和历史问题的方法，使学生朝着正确的方向前进，明白存在的优缺点，并及时进行改进，避免下次出现同样的问题。①

以上是高中历史任务驱动式教学的基本流程，但在实际教学中，教师还要结合本班的学生基础、学生对历史学科的兴趣程度、教学任务的进度来实施教学。任务驱动式教学需要学生有一定的知识储备，并建立在良好的历史基础知识之上才能紧跟教师的课堂节奏，若学生的历史成绩普遍较低，或是针对高考物理班，那么这样的教学方式是否适用就要依照具体情况具体分析。

三、高中历史任务驱动式教学的实施策略

（一）以课程标准为根，利用好教材

任务驱动式教学的各个环节始终要以课程标准为根，利用好教材。课程标准为任务驱动式教学提供了明确的教学目标和要求，也为教学设计提供方向指引，使教师能针对学生的实际情况，设定具有挑战性的学习任务，学生通过完成任务来达成学习目标。这些目标和要求不仅有助于教师制订科学、合理的教学计划，还有助于学生明确自己的学习方向和目标。《普通高中历史课程标准（2017 年版 2020 年修订）》指出："教师通过历史情境的设计，让学生体验当时人们所处的历史背景，感受当时所面临的社会问题。在此基础上，引领学生在对历史问题的探究过程中，认识史事的性质、特点、作用及影响等。"② 这体现出课程标准重视让学生体验情境、感悟情境，从而达到在情境中发现问题和解决问题的目的，提升历史学科的核心素养。

---

① 杨雅秋. 核心素养视域下高中历史任务驱动式教学研究 [D]. 桂林：广西师范大学，2023：32.

② 中华人民共和国教育部. 普通高中历史课程标准：2017 年版 2020 年修订 [S]. 北京：人民教育出版社，2020：51.

历史教材兼具学术性、政治性、教育性和综合性特征，是历史学习的依据和历史教学的媒介。① 同时，历史教材也是传承和弘扬民族文化、民族精神的重要载体，为学生提供了一个系统、全面、准确的历史知识和文化背景的框架。课程标准与教材是教学中必不可少的书目，只有将课标和教材研究透彻才能设计出具有活力的任务探究式课堂，因此，要充分利用教材的"导言""学习聚焦""历史纵横""探究与拓展"等板块的内容。

（二）以核心素养为根，培育学生解决问题的能力

高中历史任务驱动式教学以核心素养为根，更全面地培育学生解决问题的能力。学科核心素养是学科育人价值的集中体现，是学生通过学科学习而逐步形成的正确价值观、必备品格和关键能力，通过诸素养的培育，达到立德树人的要求。② 学科的教学除了要传授知识之外，还应该重视培养学生的学习能力、解决现实问题的能力。而任务驱动式教学非常看重在真实的情境中引导学生发现问题、锻炼思维能力，以便于从多维度思考解决问题的方案；只有在真实情境下，教师才能让学生透过现象看本质，理解历史、把握历史，全面提升学生的历史核心素养，增强历史教学的实效性。

同时，从国家层面来看，当代中学生的培养方向是成为德智体美劳全面发展的社会主义建设者和接班人，因此解决问题的能力是检验学生能否适应社会发展的方式之一。任务驱动式教学恰恰能够促进学生学习方式的转变，培养问题意识，从而掌握解决问题的能力，让学生在体验活动中提高自身核心素养和核心竞争力。

（三）以学生为主体

教育家杜威提出"以学生为中心"的教学理念，因此在高中历史任务驱动式教学中首先要考虑促进学生的成长与发展，这是历史学科教育的要求，也是当代教育重视人才培养的体现。任务驱动式教学的全过程要突出以学生为本、学生的主体地位，问题任务的设计也要围绕学生自身情况、各自特点等。任务驱动式教学解决任务过程中更需要师生之间相互配合，教师给予学法指导，引导学生发挥自我能动性去思考问题，共同完成教学目标。

---

① 徐赐成. 论历史教科书的学术性：以《中外历史纲要》教科书为例 [J]. 天津师范大学学报（基础教育版），2019，20（4）：1-7.

② 中华人民共和国教育部. 普通高中历史课程标准：2017 年版 2020 年修订 [S]. 北京：人民教育出版社，2020：4.

任务驱动式教学有利于促进学生的个性化发展。在小组合作探究活动中，学生可以自主发挥能动性，在完成任务的过程中展现自己的特长和优势，在自己感兴趣的领域中得到充分发展。

四、结语

随着教育改革的深入推进，越来越多的学校开始重视培养学生的实践能力和创新能力。一方面，任务驱动式教学作为一种以学生为中心的教学方法，正好符合这一改革趋势，有助于推动教育改革的深入发展。另一方面，任务驱动式教学体现了以任务为明线，以培养学生的知识和能力为暗线。因此，任务驱动式教学离不开任务的设计。任务首先要清晰、具体、具有可操作性，其次要富有趣味性、多样性，能够激发学生的学习动机和好奇心。因此，在教学设计中要将任务和教学目标紧密结合，提升教学质量。

综上所述，在高中历史实际教学中，内容多而课时少的特点是每位历史教师的痛点。任务驱动式教学是一条新路径、一个新方法、一种新尝试。教师在迎接挑战的同时，也要时刻保持终身学习的理念，不断更新自我的教学理念，让课堂富有生命艺术，不仅考虑把知识传授给学生，还要思考在知识层面之外怎样才能培养学生解决实际问题的能力，提升其历史学科核心素养。

高中历史大单元视角下的问题链设计

——以《中外历史纲要（上）》第五单元为例

王妍娥[*]

伴随着课程改革的深化，在"新课程、新教材、新高考"改革背景下，高中历史课堂不再局限于知识传授和能力培训，而更关注学生学科核心素养的培育与提升。大单元教学源自第三代教学设计的理念，《教育大辞典》将"单元教学"定义为"将教材、活动划分为完整单元进行教学的一种教学法"，这种方法旨在"改变偏重零碎知识和记忆文字符号的教学，强调学生手脑并用获得完整的知识和经验"[①]。钟启泉指出，单元教学不仅是知识点和技能的传授，更是教师基于学科素养，设计以目标与主题为核心的探究活动。[②]刘月霞和郭华认为，单元教学是以主题为中心的学科课程实施单元，注重选择有利于提升学科核心素养的教学内容和情境素材。[③]

可见，大单元教学旨在突破教材框架，根据特定需求和规范组织学习单元，涵盖素养目标、课时安排、情境设计、任务布置及知识点整合。它以一个完整的学习事件作为组织框架，强调通过设计大观念、大项目、大任务和大问题，增进教师对学科育人本质的理解，并重视对学生能力、品格与观念的培养。最终目的是创造优质教学，提升学生的学科素养。

在高中历史新课程实施中，问题驱动式教学至关重要，有助于提升教学的有效性。问题驱动式教学以问题为纽带，贯穿课堂教学各环节，旨在激发学生探究的兴趣，并培养其知识整合能力，从而切实体现学生的主体地位。高中历史必修课程以"通史＋专题"的结构展现历史进程，史事关联紧密；

---

[*] 王妍娥，广西民族大学民族学与社会学学院 2023 级学科教学（历史）专业硕士研究生。

[①] 顾明远. 教育大辞典：第 1 卷 [M]. 上海：上海教育出版社，1990：204.

[②] 钟启泉. 学会单元设计 [J]. 新教育（科研版），2017（5）：1.

[③] 刘月霞，郭华. 深度学习：走向核心素养 [M]. 北京：教育科学出版社，2018：73.

选择性必修课程则按专题编排，既独立又相互关联。教师应深入分析课程结构，根据学生情况整合教学内容，联结碎片化知识与分散事实，形成整体认知。在此基础上，设计探究性的综合学习主题，引导学生深度学习，培养问题意识和证据意识，拓展历史认知的广度和深度。

学界对大单元教学的研究呈现多元化，其中格兰特·威金斯（Grant Wiggins）和杰伊·麦克泰格（Jay McTighe）提出的 UbD 模式，即逆向设计，引领了教学设计的创新。该模式包括确定预期结果、评估证据以及设计学习体验等关键阶段。[①] 在国内，刘月霞的深度学习实践模型[②]、李刚与吕立杰的课程单元开发七步框架[③]以及邵朝友与崔允漷的五项关键行动[④]等观点，均强调了目标设计、评价设计和过程设计的紧密结合，并以核心素养和大概念为核心。而本文中，笔者拟以问题链为中心，以《中外历史纲要（上）》第五单元为对象，来探讨大单元教学问题链的设计与落实。

一、问题链的设计、设计依据与教材内容映射

（一）问题链的设计

历史是历史学家通过对自己提出的问题进行解答而一步步构建起来的，问题一向是历史研究的主导因素[⑤]。科学设问的意义不仅体现在史学研究方面，对于中学历史教学来说同样重要，中学生的历史思维能力培养建立在问题之上[⑥]。

近代中国的发展主要围绕两条线索展开：一是西方列强入侵导致的民族危机，二是中国人民为反抗外敌入侵而展开的救亡图存斗争。第五单元聚焦于晚清时期的内忧外患，通过"两次鸦片战争""列强侵略的加剧"和"挽

---

① 威金斯，麦克泰格. 追求理解的教学设计 [M]. 2 版. 闫寒冰，宋雪莲，赖平，译. 上海：华东师范大学出版社，2017：6.

② 刘月霞. 指向"深度学习"的教学改进：让学习真实发生 [J]. 中小学管理，2021（5）：13 - 17.

③ 李刚，吕立杰. 大概念课程设计：指向学科核心素养落实的课程架构 [J]. 教育发展研究，2018，38（Z2）：35 - 42.

④ 邵朝友，崔允漷. 指向核心素养的教学方案设计：大观念的视角 [J]. 全球教育展望，2017，46（6）：11 - 19.

⑤ 卡尔. 历史是什么？[M]. 陈恒，译. 北京：商务印书馆，2009：115.

⑥ 张汉林. 提问之道：历史思维养成路径的探讨 [J]. 教育学报，2018（3）：48 - 54.

救民族危亡的斗争"等课程，展示了 1840 年至 1901 年间中国历史的重大变革。这一历史时期不仅跨越了中国古代史与近代史的界限，也连接了中西文明的交流碰撞，对近代中国百年的历史走向产生了深远影响，彼时中国的局面充分体现了"数千年未有之变局"。

近代中国的政治经济变革催生了思想解放，进而推动民族觉醒与经济发展。在学习了中国传统文化主流思想的演变后，我们更能深入理解近代中国思想从固守传统到打破封建、向西方学习的历程与原因，这既为理解近代中国的"变局"提供了关键视角，也为理解马克思主义在中国的传播与发展奠定了基础。因此，本单元以"'变局'与'新局'"为教学主题，以"近代中国思想之'变'"为线索，通过"'但开风气'—'中体西用'—'托古求新'"的问题链，将思想变迁置于时代大背景中综合考量。引导学生基于史实分析判断，反思晚清政府的落后与僵化，理解中国对西方文化的认识过程，从而发挥历史学科的功能与价值，提升学生的知识水平，培养更为理性、深厚的爱国情怀。

（二）问题链的设计依据

1. 紧扣课程标准的政策依据

历史课程标准是历史教学的核心指南，教学设计的各个环节都紧密围绕其展开。《中外历史纲要（上）》第五单元的目标要求是："认识列强侵华对中国社会的影响，概述晚清时期中国人民反抗外来侵略的斗争事迹，理解其性质和意义；认识社会各阶级为挽救危局所作的努力及存在的局限性。"① 重点聚焦鸦片战争后，近代中国社会面临的两大核心矛盾及其斗争，农民阶级在资产阶级革命时期已无法承担新的历史使命，这表明中国革命亟须一个顺应时代潮流的阶级力量来引领。第五单元中的思想史内容，特别是关于列强侵华对中国社会的思想影响，以及社会各阶级为挽救危机所作的努力与局限，是教学重点。在筛选出关键内容后，应设置关键问题，以整合教学内容并推动整体教学进程，同时将问题的解决与培育学生历史学科核心素养紧密结合。因此，问题链设计必须紧扣课程标准，以确保问题的针对性和目的性。

2. 遵循学生认知发展规律的理论依据

奥苏伯尔等人指出，"影响学习的唯一最重要的因素，就是学习者已经

---

① 中华人民共和国教育部. 普通高中历史课程标准：2017 年版 2020 年修订 [S]. 北京：人民教育出版社，2020：14.

知道了什么。要探明这一点，并应据此进行教学"①，这一观点强调，教师在设计问题时需深入分析学情，遵循学生的认知发展规律，确保学生在教学中的主体地位。通过预评估（见表1），教师可以准确了解学生的基础和认知水平，从而合理设定问题的难度及知识点间的衔接；此外，结合教育学和心理学理论，根据学生发展阶段设计既能激发学生探索欲，又能关联其已有知识与生活体验的问题。例如，构建具有立体感和层次感的"立体式"问题链，不仅能丰富课堂生态，还符合学科核心素养的分级培养要求，使优秀学生获得成就感的同时，基础较弱的学生亦能从中受益，从而激发学习动力。

表1　学生学习状况调查表

调查题目	调研意图
题目1：列强侵华给近代中国带来了何种变化？（变局）	评估辩证思维与批判性思维时，需关注学生能否全面认识列强入侵对中国造成的危害，以及国门开放后所带来的社会深刻转型
题目2：各阶级救亡图存的方式有何异同？（新局）	考查比较思维与概括能力时，应着重于学生能否准确识别各阶级在寻求发展道路中的异同，并对其进行全面而精练的概括
题目3：……	……

3. 观照"教学评一体化"的实践依据

教、学、评是课堂教学的核心，对实现教学目标至关重要。问题链作为教学的重要工具，能有效触发教学评价，为完善教学和学习方式提供依据。然而，在中学历史大单元教学中，知识密集且教学紧凑，这给评价带来挑战。为此，教师应坚持"教学评一体化"，将评价贯穿教学全程。通过课堂提问、自我反思、同伴互评和教师点评等多种方式，实现即时评价，鼓励学生参与，提升单元学习调控能力。这种评价方式有助于教、学、评更好地服务于学生核心素养的发展，实现教学与评价的良性互动，提高教学效果，推动学生全面发展。教师需灵活运用评价策略，不断优化教学过程，为学生提供优质的教育环境。

---

① 奥苏伯尔，等. 教育心理学：认知观点［M］. 佘星南，宋钧，译；邵瑞珍，皮连生，校. 北京：人民教育出版社，1994：扉页.

（三）问题链的教材内容映射

近代是中国历史发展的重要转折点，标志着中国与世界紧密联系的开始，这一转变对中国思想的演进产生了深远影响。鸦片战争后，中国步入半殖民地半封建社会，促使爱国知识分子的觉醒，他们摒弃了传统的"天朝上国"观念，转而探索新知，寻求民族自强之道。在这个过程中，学习西方、推动变革成为近代中国思想解放的主流。这一潮流历经新思想萌芽、维新思想成熟、民主共和思想兴盛、民主科学思想的高涨及马克思主义广泛传播等阶段，领域逐渐扩大、内容日益深化，实现了由器物层面到制度层面，再到思想文化层面的全面转型。

1."但开风气"——从"天朝上国"到"开眼看世界"

鸦片战争前，统治者以长期沿袭的封建思想钳制民众思维，自身亦沉溺于"天朝上国"的幻想之中。在腐朽落后的封建制度桎梏下，清政府思想僵化、闭目塞听、妄自尊大，屡次错失与世界进步潮流接轨的机遇，终致中国近代的沉沦与落后。鸦片战争后，少数开明的地主阶级知识分子从战争的沉痛教训中觉醒，他们洞悉时局，主张学习西方先进的科学技术，遂成为首批"开眼看世界"的先驱。林则徐率先组织编译《四洲志》《华事夷言》等著作，魏源则编纂《海国图志》，并提出"师夷长技以制夷"的深刻思想主张。这一新思潮有力地冲击了传统"天朝上国"观念的桎梏，引领近代中国迈出向西方学习的初步尝试，标志着中国近代思想解放的肇始。

2."中体西用"——从"师夷长技以制夷"到"师夷长技以自强"

经过两次鸦片战争的冲击，部分统治阶级中的掌权者认识到欧美国家在船炮技术方面的强大优势。他们认为，通过实施洋务新政，引进和购置先进的船炮器械，"可以剿发逆，可以勤远略"[1]，为了扭转国家颓势，他们积极推动以"自强"和"求富"为目标的洋务运动，旨在通过引进西方先进技术和管理经验，推动国家的现代化进程。但当时社会守旧的传统势力十分强大，"如果不以'中体'为前提，在当时封建主义弥漫的天地里、在自上而下罹患'顽固'病症的社会里，直接提倡西学，那是自寻死路"[2]。西学代表新兴之学，而中学则承载传统之识，洋务运动标志着新兴西学与深厚中学之间的首次实质性交锋与融合尝试。但洋务派仅在封建制度的框架内进行局

---

① 曾国藩. 曾国藩全集：奏稿之三 [M]. 长沙：岳麓书社，2011：186.
② 陈旭麓. 近代中国社会的新陈代谢 [M]. 北京：中国人民大学出版社，2012：113.

部调整与修补，他们期望通过洋务运动实现保障国家安全、抵御外敌入侵的目的终究未能实现。

3."托古求新"——从"君主立宪"到"民主共和"

清朝末年，甲午海战的惨败宣告"洋务运动"破产，帝国主义趁机掀起瓜分中国的狂潮，再次将中华民族推到了危亡的关头。在这一背景下，晚清的知识分子逐渐认识到，唯有通过变法才能挽救民族危亡，维新变法便是在这种思想启蒙与政治救亡的双重诉求下应运而生的一场政治运动。康有为通过撰写《新学伪经考》和《孔子改制考》，将中国传统儒家思想与西方资本主义政治学说相结合，为维新变法提供了坚实的理论依据，并在思想层面起到了解放作用；梁启超在《论不变法之害》中批判封建君主专制，宣传民权学说，明确提出"法者天下之公器也，变者天下之公理也"[①]；严复翻译《天演论》，利用进化论思想宣扬维新变法的必要性，宣传"物竞天择，适者生存"[②]的观点。以康有为、梁启超为代表的维新派，将维新思想推向了新的高峰，助推了甲午以后的改革变法浪潮。尽管他们的变法运动最终未能成功，但其在思想层面所发挥的启蒙作用不可忽视，进一步推动了社会的思想解放进程。

通过第五单元对近代中国思想变迁的深入剖析，学生得以深刻理解中国近代史中贯穿始终的"屈辱""抗争"与"探索"三大主题。历史的血泪教训昭示我们，在半殖民地半封建的旧中国背景下，企图通过自上而下的改良方式实现民族独立与人民解放是行不通的，由此为学生深入理解第六单元"辛亥革命与中华民国的建立"提供了坚实的思想基础，并为民族奋发图强的历史进程埋下了伏笔。在这一背景下，一部分先进分子逐渐放弃改良主张，转而走上革命的道路，以孙中山为代表的革命派在中国大地上掀起了一场波澜壮阔的资产阶级革命运动。

二、高中历史问题链的教学应用路径

高中历史教师在课堂教学中，应紧密结合新课程特点，针对学生学习难点，巧妙地将教材知识转化为层次分明、逻辑清晰的问题链。在此过程中，

① 梁启超. 论不变法之害［M］//翦伯赞，等. 中国近代史资料丛刊：戊戌变法：三. 上海：上海人民出版社，1957：18.
② 严复. 察变［M］//王栻. 严复集：第五册. 北京：中华书局，1986：1324.

教师应重视史料收集与教学活动设计，使问题链不仅承担知识传授的功能，更成为培养学生历史素养、激发历史思维、提升自主学习能力的关键工具。具体而言，教师可通过"课前""课中"与"课后"三个阶段，引导学生积极参与问题的发现、分析、论证与解决，从而促进学生在解决问题的实践中实现思维能力的显著提升。

（一）课前"预学"

"历史学科知识点多且难以记忆，这是学生学习历史最突出的感受"①，仅靠课堂难以展现历史脉络。因此，"预学"环节在历史学习中尤为重要，学生可以由此提前进入问题探究情境，对新知识有初步认识。在课前"预学"阶段，教师应设定学习任务，引导学生自主研读预习学案、搜集资料，学生完成任务后，能将新知与已有知识相联系，初步内化新知，并在知识建构过程中发现难点与疑问。这些疑问将促使学生带着问题走进课堂，以自我生成的问题为导向进行思考。教师在设计学习任务和编制预习学案时，应基于学生的最近发展区，选用能激发学生质疑和思考的材料，并强化预习学案的引导与启发作用，以提升预习成效，推动学生深度学习。

（二）课中"共学"

"共学"环节中，在教师主导下，学生针对课前预习中产生的问题进行小组合作探究，并在课堂上展示交流。教师负责组织引导、追问点拨，师生共同解决课前生成的疑问，形成思维导图。为提升学生的学习敏感度与主动性，教师可设计两种策略：一是挖掘史料细节创设具体情境，二是构建开放性情境，使学生在特定场景中自然生成疑问并深入思考，从而培养解决问题的能力。此外，教师还需围绕具体的任务，优化活动设计，细化探究问题，确保小组合作高效、具体地完成任务，实现对知识的多维度探索，不断深化学生的课程体验与学习成效。

（三）课后"延学"

"延学"环节中，教师通过提问或设计分层作业及时发现、解决新问题；学生发挥主体作用，与教师共同回顾和整合学习内容，促进知识的内化与升

---

① 黄静. 深度学习：核心素养导向的历史教学策略［J］. 中学历史教学参考，2017（23）：46－48.

华。"延学"不仅实现了学生新、旧知识的衔接，还与后续知识的预学相勾连，从而形成完整的学习闭环。此外，反思评价（见表2）也是教学流程的关键组成部分，它要求教师在课后不断优化问题链与探究活动，确保问题链具备明确的指向性、严密的逻辑性、显著的实用性及适当的难度。同时，评价过程需遵循开放性和主体性原则，以科学合理的评价体系支撑学生完成更具针对性的探究任务，实现"评价促进教学"与"评价促进学习"的双重目标，推动历史课堂的可持续发展。

表2　"变局"与"新局"单元学习中"历史人物评价"的评价方案

评价内容	评价要点			评价方式
	待改进	良好	优秀	
历史人物评价	能够依据史实，叙述该历史人物的主要经历，但评价过于片面，往往"一刀切"	能够考察当时的社会背景，从主要的社会矛盾出发，依据史实评价该历史人物	不仅能考察当时的社会背景与主要矛盾，还能依据阶级分析法，运用史实辩证且合理地评价该历史人物的功过	提问、课堂观察、展示交流、课堂小结

三、高中历史问题链的教学案例举隅

　　唐恒钧和黄辉按照教学功能，将问题链中的问题分为起点问题、延伸问题和提炼问题三种基本类型，为问题链的设计应用提供了理论支持。[①] 在设计"问题链"时，需考虑多方面因素。首先，明确学生的学习起点，确定问题链的起始点。其次，根据教学目标设定问题链的终点，引导学生解决关键问题。再次，规划实施路径，要符合学生身心发展特点和认知规律。从次，细化教学步骤，确保各环节对整体教学有价值。最后，具体设计问题链，可从课堂情境、学习素材、学生学习逻辑和思维特点等方面入手。构建结构化问题链需结合具体情况，因材施教，因地制宜。通过科学设计问题链，能有

---

① 唐恒钧，黄辉. 教学问题链教学设计与实施的三个关键 [J]. 中学数学，2020（5）：78 – 80.

效提升教学效果，促进学生全面发展。

（一）基于情境构建，激发学生兴趣

问题意识既是思维活跃的源泉，又是知识应用迁移的基石，教师应将创设问题情境作为教学关键，让学生在具体场景中感知问题实质。利用挑战性和探索性问题，点燃学生的好奇心与探究欲。问题情境可源于真实社会、历史事件或精心设计的模拟场景。置身其中，学生自然会引发思考，增强对问题的敏感度和主动性。以下将通过实例（见表3），进一步阐述这一教学策略的实践应用。

表3 基于情境构建的问题设计举例

设问依托	问题设计
鸦片战争前，中国封建统治者自视为"天朝上国"，轻视外国。两次鸦片战争后，有识之士如梦初醒。魏源便是其中代表，他在《海国图志》中提出"师夷长技以制夷"的思想，主张学习西方科技来强国御侮。这一思想标志着中国知识分子摒弃"天朝上国"观念，开始"开眼看世界"。	1. 在鸦片战争之前，中国传统的"天朝上国"观念是如何体现的？你认为这种观念对中国社会产生了哪些影响？
	2. 两次鸦片战争给中国社会带来了哪些巨大的冲击和变化？这些变化是如何促使魏源等知识分子开始反思传统观念的？
	3. 你如何理解魏源在《海国图志》中提出的"师夷长技以制夷"思想？
	4. 魏源的思想在当时的社会中产生了怎样的影响？它对于推动中国社会的近代化进程有何重要意义？

通过问题链设计，引导学生深入探究从"天朝上国"的传统观念向魏源"开眼看世界"思想转变的过程，以此激发学生的探索兴趣和深度思考。此过程旨在帮助学生深刻领悟历史背景及人物思想，提升其历史思维能力和批判性思维能力。同时，引导学生认识到开放的心态与持续学习的精神是推动国家进步的重要动力。

（二）基于内容挖掘，构建知识体系

在大单元教学设计中，教师应深入研读内容，围绕知识结构化构建问题链，以知识主干形成问题主线，引导学生循着学科脉络深入学习（见表4）。

表4　基于内容挖掘的问题设计举例

设问依托	问题设计
洋务运动是清朝晚期一场旨在"自强""求富"的改革运动，其领导者洋务派试图通过引进西方先进科技和管理经验来推动中国的现代化进程。然而，这场运动最终未能实现其预期目标，其失败的原因和教训至今仍引人深思。	1. 洋务运动提出的"自强"和"求富"两大口号背后，反映了当时中国社会面临哪些深层次的危机和问题？这些危机和问题对洋务运动的发起和实施有何影响？
	2. 洋务运动在推动中国现代化进程方面取得了哪些具体的成就？这些成就对后来的中国历史发展有何重要意义？
	3. 洋务运动为何最终失败？其失败揭示了当时中国社会在近代化进程中存在哪些根本性的问题？
	4. 洋务运动的失败对中国后来的现代化进程有何启示？我们应该如何从中吸取教训，推动当今中国的现代化发展？

通过建构问题链，引导学生结构化地探讨洋务运动的历史背景、实施过程、影响及局限性；剖析洋务运动兴起前的社会危机与根本问题，揭示其必要性与时代紧迫性；探究洋务运动实施过程中的挑战与障碍，认识改革的复杂性与艰巨性；评价其成就与失败根源，提炼现代化进程中的历史经验与教训；反思洋务运动对当代中国的启示，将历史智慧与现实需求相结合，为当前中国的现代化发展路径提供有益的参考与借鉴。

（三）基于逻辑推进，涵育核心素养

历史是一个具有学科逻辑的整体结构，而非孤立的知识点；学生的学习过程同样呈现出结构化的特征，而非碎片化的积累。因此，在设计历史学习的问题链时，需确保主问题与次问题之间逻辑严密，每个问题都应紧扣主线，层层递进，形成紧密相扣的逻辑链条。

通过分析戊戌变法中选择"君主立宪"的原因及其面临的困境，帮助学生理解当时社会的复杂局面；探讨戊戌变法失败对辛亥革命的影响，以及这一影响如何促使辛亥革命时期"民主共和"理念成为主流政治诉求，从而引导学生认识政治体制变革的必然性和历史进步性；评价这一政治体制转变对中国现代化进程的意义，帮助学生构建完整的知识体系，并深刻认识到该转变对中国历史发展的深远影响（见表5）。

表5　基于逻辑推进的问题设计举例

设问依托	问题设计
晚清以来，中国社会面临着前所未有的变革压力。戊戌变法试图通过君主立宪的方式，实现国家的现代化转型，然而以失败告终。随后，辛亥革命则以推翻君主制、建立民主共和政体为目标，最终成功实现了中国政治体制的根本变革。从"君主立宪"到"民主共和"，这一转变不仅反映了中国政治发展的必然趋势，也深刻影响了中国社会的历史进程。	1. 戊戌变法为何将"君主立宪"确立为核心改革内容？这一选择反映了当时中国社会哪些具体矛盾和迫切需求？
	2. 戊戌变法在推行"君主立宪"的过程中遭遇了哪些主要的困难和阻力？这些困难和阻力是如何影响变法进程的？
	3. 戊戌变法的失败对后来的辛亥革命有何影响？辛亥革命时期，为何"民主共和"成为最终确定的政治追求目标？
	4. 从"君主立宪"到"民主共和"，这一政治体制的转变对中国社会的近代化进程有何重要意义？它如何推动了中国社会的深刻变革？

（四）基于思维进阶，导向深度学习

历史学习的关键在于锻炼思维，而问题则是促进思维发展的核心要素。教师可以通过问题链，引导学生经历从发现、提出问题到分析、解决问题的完整过程，促进思维的逐步深化，并在此过程中提升学生的思维品质。具体而言，教师可指导学生运用已掌握的历史观点和方法论，深入探究各种思想的根源及其在实践中的价值与意义。

表6中四个问题逐步引导学生深刻洞察晚清时期"变局"与"新局"的核心内涵，从挑战背景到社会各阶层的应对策略与反应，再到新局的形成过程及其特征，最后拓展至现实借鉴，体现了从"变局"到"新局"的思维进阶，以此促进深度学习与理解。

表6　基于思维进阶的问题设计举例

设问依托	问题设计
第五单元"晚清时期的内忧外患与救亡图存"详细描绘了自19世纪中期起，中国面临着前所未有的内外挑战与危机。列强侵略、封建统治的腐朽、民族资本主义的兴起，以及社会变革思潮的涌动，共同构成了这一时期的"变局"。在这一"变局"中，中国各阶层、各派别纷纷寻求救国之道，试图开创"新局"。	1. 晚清时期，中国面临着哪些主要的内外挑战？这些挑战如何导致了当时社会的"变局"？
	2. 在这一"变局"中，中国社会各阶层是如何响应的？请举例说明当时主要的救国思潮和行动。
	3. 晚清时期的"变局"最终如何推动了"新局"的形成？具体体现在哪些方面？
	4. 通过对晚清时期"变局"与"新局"的分析，你认为当今中国在面对国内外挑战时，有哪些值得借鉴的历史经验？

四、结语

美国教育学家布鲁纳曾说"教育过程是一种提出问题和解决问题的持续不断的活动"[1]，它启示我们，课堂教学应开展开放式问题探究活动，师生共同探究以传授知识。问题链设计作为一种创新的探究教学模式，在大单元教学的框架下，能够有效拓宽学生的知识视野，培养其思维能力与人文情怀，同时激发学生的独立思考与探究潜能。为确保提问的有效性，教师应精心构思问题，兼顾学生的认知水平和兴趣点，设计出富含情境性、层次性和启发性的问题，并着重强化核心与关键问题的设计。问题链设计因人、因时而异，只要有助于历史教学，都是优秀的方法。以上案例中问题链的设计与应用还需深化研究，特别是教师在课堂对话中即时引导学生深入思考的能力有待提升。同时，完善评价机制对于推动问题链设计的科学性与有效性也十分重要。因此，对问题链设计路径的探索仍是一项长期且艰巨的任务。

---

[1] 转引自刘绪菊，等. 启迪智慧：问题探究教学研究 [M]. 济南：山东教育出版社，2007：4.

初中历史大单元教学与学科核心素养的培育

徐　梅[*]

近年来大单元教学成为中小学教育改革的热点，"大单元""大概念"逐渐成为学科教育的重要抓手。为推进义务教育教学改革，2023年教育部办公厅发布《教育部办公厅关于推荐义务教育教学改革实验区和实验校的通知》，明确指出"实验区的工作任务是聚焦核心素养导向的教学设计、学科实践（实验教学）、跨学科主题学习、大单元教学、作业设计、考试命题等教学改革重点难点问题开展研究，形成指向问题解决的实践成果，推动课程标准理念要求在课堂教学中转化落地"①。这一任务安排再次强调了大单元教学在推动义务教育课程标准落地、培育学科核心素养、促进素质教育发展等方面的重要意义。对于历史学科来说，《义务教育历史课程标准（2022年版)》在说明如何以核心素养为导向整合教学内容时，强调"教师要根据大概念建构学习内容的框架，设计教学过程及环节，组织和开展教学活动，以大任务、大问题来统领整个学习过程"②。可见，开展大单元教学或者大概念教学是落实历史学科核心素养的重要途径，是中学历史课堂教学方式的变革。

一、大单元教学定义

在大单元教学的相关研究中，不少学者对"大单元教学"的定义是："在

---

* 徐梅，广西民族大学民族学与社会学学院2022级学科教学（历史）专业硕士研究生。

① 中华人民共和国教育部. 教育部办公厅关于推荐义务教育教学改革实验区和实验校的通知[EB/OL]. (2023 - 12 - 18) [2024 - 04 - 14]. http://www.moe.gov.cn/srcsite/A06/s3321/202401/t20240102_ 1097465.html.

② 中华人民共和国教育部. 义务教育历史课程标准：2022年版 [S]. 北京：北京师范大学出版社，2022：57.

大单元整体教学设计时，教师需要在学科核心素养的引领下，确定单元教学目标，进行单元文本重构。在分课时教学设计中，教师把教学内容设计成由核心问题引领的系列问题，在课堂上与学生的问题进行融通形成动态的问题系统，以此来引领课堂的推进。"①

根据大单元教学的定义，历史学科大单元教学则是旨在培育学生的历史学科核心素养，结合中学历史教材的通史和专题史的编写特点，通过教材单元主题和中学历史课程标准提炼单元大概念，立足于整个单元教学，将具有关联性的历史事件、历史人物、历史现象进行整合，围绕单元大概念进行课时教学设计，构建历史情境并以"大任务"推动历史课堂教学，使学生在教师的引导下以自主探究和合作探究的方式完成"大任务"，促进历史学科核心素养的培育。

二、初中历史实施大单元教学的必要性

一是新课程改革大背景下落实历史学科核心素养培育要求的需要。培育学生的历史学科核心素养既需要学生自主学习能力与历史思维能力的提升，更需要教师对教学内容的把握、对教学主题的解读。《义务教育历史课程标准（2022年版）》在课程实施指导中探讨教师如何把握教学内容，培养学生的历史学科核心素养部分指出："教师运用大概念对教学内容进行整合，以大任务、大问题来统领整个学习过程，引导学生建构合理的历史知识结构，避免碎片化，促进学生掌握探究历史的方法和途径，拓宽学生认识历史的视野。"② 大单元教学的实施已成为发挥历史学科育人价值、落实历史学科核心素养、推动素质教育发展的重要教学方式。

二是中学历史课堂教学转型的需要。大单元教学的重要特点是充分发挥学生的学习主体性，重视学生的课堂参与度，鼓励学生在教师的引导下开展自主探究和合作探究。新时代背景下，中学历史课堂教学改革是适应社会发展对人才培养要求和促进学生自身发展的必然选择。将大单元教学融入中学历史课堂，有助于充分尊重学生的学习主体地位，在"大任务"的驱动下提

---

① 朱群霞. 素养培育与学科通融：大单元问题化教学探索［M］. 上海：上海交通大学出版社，2022：4.

② 中华人民共和国教育部. 义务教育历史课程标准：2022年版［S］. 北京：北京师范大学出版社，2022：57.

高学生的课堂参与度和学习积极性，使学生在探究式学习中掌握终身学习的能力。可见，大单元教学对于中学历史课堂教学转型有着重要意义。

三是学生高阶思维发展的需要。大单元教学充分尊重学生的学习主体性，注重通过学生的自主探究和合作学习启发学生的历史思维，推进学生的深度学习。在大单元教学过程中通过具有逻辑性的任务驱动，学生能够掌握历史学习的知识与技能，能够促进唯物史观、史料实证、历史解释等历史学科核心素养的培育，在自主探究的过程中有助于促进学生知识的迁移，培育学生的高阶思维。

四是教师专业成长的需要。随着教育改革的推进，立德树人教育目标的实现需要教师转变角色，不断提升自身的教学技能与专业素养，深入把握教材，成为学生学习的引导者和促进者。新课程改革的推进使得统编版初中历史教材的结构得到了优化，历史脉络更加清晰，单元主题更加明确。大单元教学的教学实践有助于教师深入分析和把握教材内容，在课程标准的指导下梳理教材知识的基本脉络，把握教学内容之间的关联性；在单元主题提炼、课时"大任务"设置过程中也对教师的知识储备、教学技能提出了更高的要求，推动着教师的成长。

三、基于核心素养培育的初中历史大单元教学设计实践

要落实历史学科核心素养，在现行的课改发展潮流当中，大单元教学的价值不言而喻，如何切实有效地开展，笔者以统编版历史教材七年级下册的第3课"盛唐气象"为课例，进行实证研究。

（一）课例教学内容分析

要开展大单元教学，需要从课程标准中去提炼单元主题，再从单元主题延展到课时主题，这样方能将大单元教学落到实处。

1. 单元教学主题提炼

"盛唐气象"此课的课程标准在2011年和2022年的初中历史课程标准里有不同的表达。《义务教育历史课程标准（2011年版）》对本课的要求是："知道隋朝的统一，了解科举取士制度的创建和大运河的开通；知道隋朝灭亡的原因。知道唐太宗和'贞观之治'，知道唐玄宗和'开元盛世'，初步认识唐朝兴盛的原因。以文成公主入藏、鉴真东渡、玄奘西行等史实为例，

说明唐朝民族和睦与中外文化交流的发展。通过经济繁荣、开放的社会风气和唐诗的盛行，了解盛唐的社会气象。知道安史之乱导致唐朝由盛转衰；知道唐朝灭亡后五代十国的局面。"①《义务教育历史课程标准（2022 年版）》要求："通过了解隋朝的兴亡、'贞观之治'与'开元盛世'，知道隋朝速亡和唐朝兴盛的原因；了解科举制度创建、大运河开通、文成公主入藏、鉴真东渡、玄奘西行等史事，从制度、经济、文学艺术、民族交往、中外文化交流等方面认识隋唐王朝在世界历史上的重要地位；通过了解'安史之乱'后藩镇割据和五代十国的局面，认识唐末五代的社会危机。"②

通过新、旧课标的对比发现两版课程标准在内容要求上并没有太大的变化，2022 年版课程标准新增加的内容是"从制度、经济、文学艺术、民族交往、中外文化交流等方面认识隋唐王朝在世界历史上的重要地位"。从本课"盛唐气象"的内容出发，这一新增加的内容强调从世界历史发展的角度认识盛唐的重要地位，认识盛唐开放包容的世界影响力。而在 2011 年版课程标准中强调的"通过经济繁荣、开放的社会风气和唐诗的盛行，了解盛唐的社会气象"，这一部分并未在 2022 年版课程标准中出现，这一内容要求针对本课"盛唐气象"而提出，可作为课时大概念的参考。对比两版课程标准的不同之处可以得出本单元的关键词：开放、包容、繁荣。

将单元内容进行整合，本单元的时间段处于隋朝至五代十国时期，以隋唐时期的兴盛为明线，以统一多民族国家的发展为暗线，教学内容重点聚焦于经济繁荣、民族交融、中外文化交流对统一多民族国家的巩固。从单元课程设置来看，隋唐时期的经济繁荣为民族交融和中外文化交流提供了经济支撑，各民族的交流、交往、交融和中外文化交流又进一步促进了隋唐时期的经济繁荣。单元课程设置有很强的关联性，根据单元课程结构提取本单元的关键词：繁荣、交融、开放。

根据两版课程标准对比和教材单元内容整合，得出单元教学主题为繁荣与开放，如表 1 所示。

---

① 中华人民共和国教育部. 义务教育历史课程标准：2011 年版 [S]. 北京：北京师范大学出版社，2012：13 - 14.
② 中华人民共和国教育部. 义务教育历史课程标准：2022 年版 [S]. 北京：北京师范大学出版社，2022：13.

表1　第一单元单元内容分析

单元主题	对应课题	对应内容
繁荣	第1课"隋朝的统一与灭亡"	隋的统一、科举制的开创、开通大运河
	第2课"从'贞观之治'到'开元盛世'"	贞观之治、武则天统治、开元盛世
	第3课"盛唐气象"	经济的繁荣、多彩的文学艺术
开放	第3课"盛唐气象"	民族关系、开放的社会风气
	第4课"唐朝的中外文化交流"	遣唐使和鉴真东渡、唐与新罗、玄奘西行
单元总结	第5课"安史之乱与唐朝衰亡"单独用两个课时的时间学习唐朝的由盛转衰,引导学生了解盛唐气象的落幕并对本单元的"繁荣与开放"进行总结	

2. 课时主题提炼

当确定了此单元的教学主题后,接下来就是要进行课时主题的提炼。本课是本单元的第3课,在内容设计上分为"经济的繁荣""民族交往与交融""开放的社会风气""多彩的文学艺术"四个子目,课时内容上子目1和子目4体现了单元主题"繁荣",子目2和子目3体现了单元主题"开放"。因此本课的课时核心主题是唐朝的经济繁荣与社会开放,本课的课时重要概念是"社会经济""民族关系""对外交流""思想文化"。

随后由课时主题去确定教学重点、教学难点。具体而言,教学重点有两点:一是盛唐时期经济、文化、民族交流等方面的特点和成就;二是唐朝文学艺术发展的基本史实。教学难点:一是盛唐气象背后的社会历史背景,如政治制度、对外开放等方面的影响;二是从盛唐气象理解唐朝在世界历史上的重要地位;三是将历史人物与特定的历史背景相联系进行客观评价,如李白、杜甫。

3. 学情分析

七年级下学期的学生经过一个学期历史课程的学习,已经基本掌握了学习历史的方法,具备了一定的历史思维能力,为本节课的学习打下了基础。从南宁市H中学七年级上学期期末历史学科质量分析数据来看,七年级的学生历史学科学习能力属于中等水平。以适合学生认知水平的题目难度值0.7为标准,中等难度的题目学生一般能够达到60%左右的得分率。难度值在

1.0~2.0 的题目，学生得分率也能达到 40%~50%，七年级将近半数的学生能够应对这一难度等级的题目。对难度值在 2.0 以上的"非常难"的题目学生的得分率最高能够达到 36.01%，其中不乏历史学科学习能力较好的学生。通过七年级上学期历史学科质量分析（见表 2），南宁市 H 中学七年级学生的史料分析、理解能力较好，但在评价、运用认知能力方面还有所欠缺。在本课的教学中将基于学生的认知水平，在历史情境中运用多媒体资源、图片史料、文献史料，通过问题驱动引导学生在"任务"中培养唯物史观、史料分析能力、知识迁移能力。

表 2　2023 年七年级期末历史学科质量分析

题型	满分	知识点	认知层次	题目难度	得分率
问答题	4	秦朝创制的制度及作用	分析	中等（0.53）	61.85%
问答题	4	西汉的建立和文景之治	运用	难（1.22）	46.11%
问答题	4	独尊儒术	理解	中等（0.39）	64.62%
问答题	2	秦汉时期的治国措施	评价	非常难（2.05）	30.32%
问答题	3	战国时期的社会变化	分析	难（1.43）	41.85%
问答题	4	北魏政治和北方民族大交融	分析	难（1.32）	46.54%
问答题	4	北魏孝文帝改革	运用	难（1.07）	52.04%
问答题	2	中华文明发展	运用	难（1.71）	36.01%
问答题	4	原始农耕生活	运用	难（1.40）	42.20%
问答题	3	青铜器与甲骨文	分析	中等（0.68）	59.88%
问答题	3	丝绸之路	运用	非常难（2.71）	17.25%
问答题	3	北朝文化	创造	难（1.37）	43.46%

注：表中数据来自南宁市 H 中学七年级历史备课组。

4. 教学目标分析

根据《义务教育历史课程标准（2022 年版）》，可将本课的教学目标确定为：

第一，学生通过任务一能够以知识回顾、课堂讨论、史料分析联动第 2 课"从'贞观之治'到'开元盛世'"的内容来分析盛唐气象出现的背景（历史解释）。

第二，学生通过任务二能够了解唐朝前期经济繁荣、文化昌盛、民族交融的表现，理解文成公主入藏对推动民族团结的贡献（唯物史观、史料实证）。

第三，学生通过任务三能够认识盛唐在世界历史上的重要地位，增强学生对中华文明的认同感，认识到各民族共同谱写的中华文明灿烂篇章影响深远（家国情怀、时空观念）。

第四，学生通过任务四能够在文学作品鉴赏中认识到李白和杜甫诗风差异源于两人所处的时代背景，掌握评价历史人物的方法（唯物史观、历史解释）。

5. 教学过程

大单元教学需要以大任务、大问题推动教学过程，通过问题链的方式引导学生自主探究、合作探究逐级攻破任务，不断完善知识体系，启发历史思维，达到教师设定的教学目标。本课根据南宁市 H 中学学生的认知水平，设置了四个中等难度的"大任务"：任务一是分析盛唐气象出现的背景，任务二是分析唐朝繁荣与开放的具体表现，任务三是认识"万国趋河洛"下唐朝的世界影响力，任务四是掌握评价历史人物的方法。本次大单元教学具体教学流程如下：

导入部分播放《长安三万里》视频片段营造历史情境，带领学生初步了解盛唐的繁荣景象。

任务一：分析盛唐气象出现的背景。

问题1：如何理解"稻米流脂粟米白，公私仓廪俱丰实"背后的条件？

学生需要结合第2课"从'贞观之治'到'开元盛世'"的内容，通过回顾唐朝前期唐太宗、武则天、唐玄宗的治国效果，在课堂讨论中认识到盛世的景象需要安定的社会环境、轻徭薄赋、开明的民族政策的支持。

问题2：唐朝前期的哪些治国措施造就了这些条件？

学生需要在教师的引导下分析多媒体上展示的文献史料，结合第2课"从'贞观之治'到'开元盛世'"中有关唐太宗时期、武则天时期、唐玄宗时期的治国理念、治国措施分析唐朝前期社会安定、开明的民族政策背后的政治条件，加深对"盛世"与"仁政"关联性的理解。学生通过两个问题的解决完成任务一的要求，能够了解盛唐气象出现的背景，加深对第2课唐朝前期的政治知识内容与第3课经济、文化、民族关系知识内容的关联性的理解，站在"大单元"的高度把握知识的脉络。

任务二：分析唐朝繁荣与开放的具体表现。

问题1：盛唐的繁荣与开放有哪些具体表现？

教师可以构造历史情境"我在长安城的一天"，通过展示《唐长安城平面图》《雨中耕作图》《虢国夫人游春图》《步辇图》等图片史料，并补充文献史料（如："天下诸津，舟航所聚……弘舸巨舰，千舳万艘，交贸往还，昧旦永日"①）构建历史情境，引导学生课堂讨论"我在长安城的一天"看到了什么。通过师生互动，从农业发展、手工业发展、商业繁荣、民族交流、社会风气、文学艺术、对外交流方面总结归纳盛唐繁荣与开放的具体表现。这一问题探究涉及第3课"盛唐气象"的内容与第4课"唐朝的中外文化交流"的部分知识点，为下一课的教学内容做了铺垫，从单元主题设计的角度打破了课与课之间的界限，有助于学生融会贯通，促进知识迁移能力的培养。

问题2：你认为盛唐的繁荣与开放之间有什么联系？

通过问题1学生已经掌握了盛唐繁荣与开放的具体表现，在问题2中学生需要从多个角度进行史料分析，从繁荣与开放的具体表现认识到两者之间的内在联系，如唐朝的经济繁荣进一步增强了唐朝的民族自信心，使得盛唐敢于开放也乐于开放，中外文化交流频繁，这也使得唐朝在经济、文化等方面更加繁荣。在问题2的思维启发中学生认识到盛唐的繁荣与开放是相辅相成的，加深了对单元主题、课程结构的理解。通过任务二的突破，学生能够在加深对盛唐气象的具体表现的理解的基础上深度理解单元主题，从"大单元"的角度理解这个繁荣与开放的时代。

任务三：认识"万国趋河洛"下唐朝的世界影响力。

这一学习任务是根据《义务教育历史课程标准（2022年版）》新增内容制定的，也是本课的教学难点。在这一板块设置一个关键问题："你如何理解唐朝在世界历史上的重要地位？"在教学内容设计上这一板块的内容结合了第3课"盛唐气象"的教学内容和第4课"唐朝的中外文化交流"中"课后活动"与"知识拓展"的部分内容，将有关盛唐的世界影响力的知识内容进行了融合，使学生便于理解唐朝繁荣与开放的深远影响。学生需要通

---

① 许嘉璐，等. 二十四史全译·旧唐书卷九十四·崔融 [M]. 上海：汉语大词典出版社，2004：2461.

过结合教材内容及多媒体展示的相关图片史料、文献史料，例如《日本语文教科书里的中国》①一书中关于唐诗、汉字、中国传统文化的中日对比描述，以课堂讨论的方式谈谈对唐朝世界影响力的理解。教师对学生的讨论进行小结，引导学生认识唐朝在世界历史发展中的重要地位，增强学生的民族自信心、自豪感，通过任务三的学习能够促进学生史料实证、家国情怀、核心素养的培育。

任务四：掌握评价历史人物的方法。

任务四主要是针对本课的第4个子目"多彩的文学艺术"而设置，旨在培养学生评价历史人物、历史现象的能力。在这一板块设置一个关键问题："品读诗歌，从历史人物评价的角度谈谈你对李白和杜甫个人生平及创作活动的看法。"通过学情分析可知南宁市H中学七年级学生在历史评价方面的能力还有所欠缺，因此基于这一板块的诗歌等文学艺术鉴赏可以引导学生了解这些艺术形式背后的历史事件、历史现象，培养学生将历史人物放到特定的历史背景下进行客观评价的能力。这一板块的教学融合了第3课"盛唐气象"的教学内容和第5课"安史之乱与唐朝衰亡"第1个子目"安史之乱"的部分内容，学生需要在这些时代背景下对李白、杜甫诗风差异的原因进行探究进而了解两人的生平、创作背景，认识到社会历史背景对个人的影响，从多角度去进行历史评价。在这一部分的师生互动中，学生通过历史人物评价任务的完成，能够在教师的总结归纳中掌握评价历史人物的方法。

在本课的课堂总结部分回归单元教学主题"繁荣与开放"，从大单元教学的角度出发围绕着单元主题对本课的知识脉络进行梳理，使学生认识到盛唐气象到底"盛"在何处，从单元整体理解盛唐气象的促成因素。最后在教师的总结中，学生通过深度学习认识到出现盛唐气象的根本原因在于隋唐时期统一多民族国家的发展与巩固，使本课的教学紧扣中国古代史教学中"统一多民族国家的发展与巩固"这一主线。

（二）教学反思

在开展了教学后，需要及时进行教学评价和教学反思。笔者拟定了以下评价量表（见表3）。

---

① 崛诚. 日本语文教科书里的中国［M］. 邹波，译. 上海：华东理工大学出版社，2023.

表3　教学评价量表

水平层级	学生学习效果
水平一	1. 能够从视频材料、文献史料中提取有效信息，从"繁荣与开放"的角度认识盛唐气象的具体表现。（唯物史观、史料实证） 2. 能够结合单元整体内容辨识文献史料，概述盛唐气象出现的历史背景。（历史解释）
水平二	1. 能够结合教师呈现的图片史料、文献史料，在了解盛唐繁荣与开放的具体表现的基础上从单元整体的角度认识盛唐繁荣与开放之间的联系。（唯物史观、史料实证、历史解释） 2. 能够从唐朝民族交流、交往、交融的史实中认识文成公主入藏对民族团结的贡献，能够联系所学的中国古代史相关知识列举民族团结的相关史事，加深对统一多民族国家发展的认识，增强民族认同感和自豪感。（时空观念、历史解释、家国情怀）
水平三	1. 能够基于"开放"这一单元主题，结合文献史料及学生现今个人社会生活体验认识唐朝在世界历史上的重要地位，能够更加全面、深刻地理解唐朝的繁荣与开放，增强文化自信。（唯物史观、史料实证、家国情怀） 2. 能够通过任务四中对李白和杜甫的评价及课堂讨论，掌握历史人物和历史事件的评价方法。（唯物史观、史料实证、历史解释）
水平四	能够从统一多民族国家发展的角度理解盛唐气象出现的根本原因是统一多民族国家的发展与巩固。能够从整个中国古代史的主线去认识唐朝的繁荣与开放，增强国家认同和中华历史文化认同，增强维护民族团结的使命，铸牢中华民族共同体意识。（唯物史观、历史解释、时空观念、家国情怀）

　　结合学生的课堂反应以及课后的反馈，通过运用教学评价量表分析，笔者发现在本课的课堂教学中，大部分学生能够达到水平二，能够掌握盛唐气象出现的原因、具体表现，能够理解繁荣与开放的联系，能够回顾所学的中国古代史的知识并列举促进民族团结的相关史事。少部分学生能够达到水平三，能够通过文献史料并结合自身社会生活见闻理解唐朝在世界历史上的重要地位，能够总结归纳评价历史人物的标准。在生源较好的班级中极个别学生能够达到水平四，能够从统一多民族国家发展的角度理解中华民族多元一

体为唐朝的繁荣与开放提供了条件。总的来说，在本课的大单元教学中大多数学生能够认识、理解"盛唐气象为什么产生""什么是盛唐气象""盛唐气象的出现有哪些影响"，能够认识到课与课之间的相关性，能够从单元整体认识唐朝的繁荣与开放。

虽然本课的大单元教学总体效果能够达到教学目标，但其中也存在一些问题需要继续实践探索。首先，从学生的角度来看，南宁市 H 中学大单元教学仍然处于探索阶段。以大单元主题统领单元教学，打破课与课之间的界限、将具有关联性的知识点进行融合重组，以"大任务""大问题"驱动教学的方式，对于中等水平的学生来说，存在难以适应问题驱动式教学的节奏、难以把握本课的重难点、对于课堂笔记不知从何入手的问题。针对学生出现的以上问题，第一，需要教师在教学中重视单元导读课，引导学生在学习本单元的具体内容之前能对单元内容有大致了解，能够把握单元主题；第二，需要充分利用历史学科课后服务时间帮助学生查缺补漏，针对大单元教学中学生理解存在困难的知识内容进行知识补充，帮助学生立足于单元主题进行知识梳理。

其次，从教师课堂教学的角度来看，在大单元教学中存在部分学生对课堂的任务设置提不起兴趣以至于不愿意融入师生互动，教师难以引导后进生的思绪以适应教学节奏的问题。针对这一现象，第一，在今后的教学中教师首先应该增加自身的知识储备，提高自身的教学技能尤其是语言表达能力，在历史情境的设置和"大任务"的设计方面更多地考虑学生的认知发展水平和日常生活经验；第二，坚持以学生为主体的教学原则，"大任务"的推进节奏应该充分考虑班级后进生的课堂反应力和思维启发程度，尽可能使全班学生都能够融入师生互动中，启发学生的思维，培养学生的历史学科核心素养。

四、结语

新课程改革要求教师不断创新教学方式，培育学生的学科核心素养，推动素质教育的发展。大单元教学以单元主题统领教学，以任务、问题驱动教学，优化了课堂教学方式，对于培育学生的学科核心素养，帮助学生构建完整的知识框架，完成立德树人的教育目标具有重要意义。南宁市 H 中学大单元教学实践的过程证明了大单元教学进入初中历史课堂为课堂教学提供了一种有效的教学模式，能够推动教师教学理念的更新，帮助教师在有限的课时内完成教学任务，督促教师专业技能和专业素养的提高。同时，也能够从单元整体的角度帮助学生梳理历史脉络，搭建知识框架，通过"大任务"的完成培育学生的历史学科核心素养，启发学生的历史思维。尽管在本课的大单元教学实践中仍然存在一些不足之处，但在教育改革的深入推动下，掌握大单元教学的理念、进行大单元教学实践是新时代教师专业成长的必经之路。

以生成性学习助推高中历史大单元教学质量提升的策略研究

袁晓燕　　洪嘉桢[*]

　　自 2020 年秋起，全国开始逐步采用统编版的高中历史教科书《中外历史纲要》，新教材呈现出一个显著的变化，即知识密度增大，这样的改变其实也是在倒逼一线教育工作者转变教学思维。在这样的背景下，大单元教学应运而生。本文所说的"大单元教学"采信于华东师范大学崔允漷教授的理论研究，他指出"大单元教学堪称是一种学习单位，一个单元就是一个学习事件、一个完整的学习故事，因此一个单元就是一个微课程或者说一个单元就是一个指向素养的、相对独立的、体现完整教学过程的课程细胞"[①]。

　　随着高中历史大单元教学的落地实践，采用何种教学策略尤其是学习策略越来越受到教育理论研究者和一线教育工作者的重视：肖静指出了高中历史教学深度学习的关键，提出了基于大单元教学的高中历史教学深度学习的三种策略，分别为强化问题驱动、理清内容逻辑以及注重教学拓展；[②]龚倩认为在历史单元设计中，要明确学习目标、完善教学准备、应用多样化教学，以及反思学情指导；[③]王秀娟注意到了在开展大单元教学活动时，在多元评价

*　袁晓燕，广西民族大学民族学与社会学学院 2023 级学科教学（历史）专业硕士研究生；洪嘉桢，广西民族大学民族学与社会学学院 2023 级学科教学（历史）专业硕士研究生。

① 崔允漷. 如何开展指向学科核心素养的大单元设计 [J]. 北京教育（普教版），2019（2）：11 – 15.
② 肖静. 基于大单元教学的高中历史教学深度学习策略探究 [J]. 学周刊，2024（12）：121 – 123.
③ 龚倩. 深度学习视角下初中历史单元主题教学策略刍探 [J]. 成才之路，2024（12）：125 – 128.

中促进学生自主反思的重要性。① 陈海华精选大单元、大概念，探究高中历史的大单元教学策略。② 结合现场和线上观摩高中历史课堂的教学表现，能明显看到上述理论在实际历史课堂中渗透了应用的痕迹。但综合看来，无论理论还是实践，当前的成果更多地侧重于教法指导，在学生如何适应新课改后的课堂、学习方式如何转变等方面未展开深入、系统的探讨。鉴于此，本文针对性地提出使用生成性学习策略，通过构建完整的生成性学习模型，来深入探究高中历史大单元教学背景下的学习策略。

早在 20 世纪晚期，美国学者维特罗克就对生成性学习策略有所研究，并取得了一定的成果。他认为生成性学习是一个充满主动性的活动过程，学习者要减少部分被动地、消极地接收信息的活动，更多的是去主动构建自己对这些信息的理解，并据此进行逻辑推断。"学生有可能难以读懂老师讲解的句子，但他们一定能理解自己主动从脑海中加工生成而来的句子。"③ 学习的生成过程是以学习者当前的认知结构为基础，通过大脑的信息加工，与从外界环境中接收到的感觉信息，即接收的新知识，产生相互作用，继而有意识地选择新的信息，并且在脑中生成信息的意义。维特罗克的生成性学习理论是一种构建主义学习理论。④ 本文基于这样的理论，来构建生成性学习模型，以助推高中历史大单元教学质量的提升。

一、生成性学习准备阶段

准备阶段是生成性学习模型的最初阶段，也是奠基阶段。对于教师来说，要充分了解学生的已有经验和认知水平，根据教材和课标确定恰当的大单元教学目标，提出大单元问题，并准备所需的教学资源，为学生激活原有的知识储备做好准备。对于学生来说，需要提前了解单元内容，做到心中有数，保持问题意识，为接下来的学习做好铺垫。

---

① 王秀娟. 基于大单元教学的高中历史深度学习策略探究 [J]. 高考（下），2024（3）：41 - 43.
② 陈海华. 基于大概念进阶学习的高中历史单元教学策略 [J]. 中学历史教学参考，2023（22）：13 - 17.
③ 谭敬德，陈清，张艳丽. 维特罗克生成学习理论认识论特征分析及其对教学设计的指导意义 [J]. 电化教育研究，2009（8）：22 - 25.
④ 王秀娟. 基于大单元教学的高中历史深度学习策略探究 [J]. 高考（下），2024（3）：41 - 43.

（一）准确分析学情

《普通高中历史课程标准（2017 年版 2020 年修订）》（以下简称《新课标》）明确一个基本原则：要坚持科学论证，教学过程不仅要顺应教育教学规律以及学生的身心发展规律，而且要贴近学生的学习和生活实际，反映学生的成长发展需要，从而促进每个学生主动地、生动活泼地发展。这就要求我们要对学生有充分的了解，包括学生的认知水平、理解能力、当前的知识体系状况以及学习诉求等，在此基础上设计符合学生发展需要的教学目标、教学任务、教学活动以及作业题目等，提升课堂质量，以便学生在现有的基础上构建新意义。

例如，根据心理学家皮亚杰的认知发展四阶段理论，高一年级学生的思维已经超越了具体事物的限制，能进行更为抽象的逻辑思考。虽然他们可能意识不到形式运算结构的存在，但他们能运用这种结构去解决实际问题。[1]从知识体系角度分析，他们对重大历史事件的基本史实有所了解，但主要以识记和感悟为主，还有部分浅层的理解。但在如"封建专制制度""新民主主义革命""社会主义初级阶段""全球化与区域化"等重要的大概念的理解方面、内在逻辑的关联方面以及学生知识体系的自主生成方面是他们的薄弱项，是高中阶段所要重点攻破的难题。

（二）明确大单元教学目标

确定大单元教学目标是生成性学习准备阶段的核心问题。明确了教学目标，也就明确了学生后续开展生成性学习的方向。传统意义上，一般是通过教师来确定教学目标，学生跟着教师的节奏一步步展开学习，这样的方式在课堂节奏的把控上更为游刃有余，但在学生的自主生成性方面是有所欠缺的。在生成性学习模型构建中，让学生也加入教学目标的制定过程中，学习者从教学目标的制定就开始参与到活动中，明确自身任务和最终目标，从而为后续展开课堂教学准备条件。

例如，围绕"新民主主义革命的发展历程"的大单元教学，融合了《中外历史纲要（上）》中的"中国共产党成立与新民主主义革命兴起""中华民族的抗日战争和人民解放战争"两个单元的内容。首先，围绕两个单元

---

[1] 皮亚杰. 教育科学与儿童心理学 [M]. 杜一雄，钱心婷，译. 北京：教育科学出版社，2018.

标题，让学生寻找共性内容，学生会发现两个单元都是围绕"新民主主义革命"这个大概念铺展具体细节，此时学生的心中已经呈现出一个大概的大单元线索。其次，让学生从单元所处的位置来发现问题，这两个单元上接近代旧民主主义革命时期的发展和衰亡，下承社会主义革命和建设的内容。至此，学生对这两个单元所处时代的历史阶段有了更深的认识。最后，分解大单元目标，教师结合"新课标"要求，启发学生围绕"新民主主义革命的发展历程"这个单元主题，分解本次大单元学习的任务线：新民主主义革命的兴起和阶段性发展—新民主主义革命的发展—新民主主义革命的成功经验。上述整体过程，是教师和学生共同参与到教学目标的制定的过程，一方面在师生间达成共识，明确了最终的教学目标；另一方面目标制定过程本身就是促进学生思维进阶的过程。

（三）围绕教学目标凝练大单元问题

生成性学习强调学习者根据兴趣、需要以及已有认知，引发对当前的感觉信息产生注意，获得选择性信息后，结合原有的认知结构来构建信息的意义，从而获得新知识和新经验。① 生成性学习的动力源泉在于，先要引发注意，它使生成过程指向原有知识和经验。在大单元教学过程中，如何发挥注意力的作用，问题驱动是一个很好的答案。通过设计具有探究性的问题，激发学生兴趣，从而让学生更为主动地参与到历史学习中。

例如，以"旧民主主义革命时代的救亡图存"为单元主题来统领晚清时期的内忧外患、旧民主主义时期各阶级所进行的救亡图存活动等内容。为了让大单元教学更有条理性，以及在深入学习之前激发学生的学习兴趣，需要针对大单元内容设置富有探究性的问题。首先针对大单元主题和目标提出一个统摄性问题：旧民主主义革命期间，中国各阶层为了救亡图存曾尝试了哪些途径？基于这个关键问题进而再展开一系列的具体问题：为何鸦片战争之后中国社会各界要为救亡而奋斗？（救亡图存的背景）中国社会各阶级分别作出了什么样的努力？（救亡图存的经过）救国为何未能成功？（救亡图存的结果）应该如何看待没有成功的救国之路？（救亡图存的思考）通过这一系列的问题驱动，学生的思维已经被充分调动，从而能快速地进入学习情境当中。

---

① 谭敬德，陈清，张艳丽. 维特罗克生成学习理论认识论特征分析及其对教学设计的指导意义 [J]. 电化教育研究，2009（8）：22-25.

（四）准备教学资源

生成性学习资源是为实现教学设计中的核心素养目标，结合学生学习兴趣，通过语言、行动、情绪等表达方式生成的有助于提高学生思维方式、学习效果的资源。[①] 如在高中历史大单元教学中常用到的史料、思维导图、图片、视频等。生成性资源的产生过程是动态的、非模式化的，是师生共同参与的即时性资源。除了传统的教学资源外，还应当积极开发一些现代信息技术方面的教学资源，其中一个典型代表就是虚拟现实（VR）技术，VR 技术利用计算机仿生、三维图像和视觉传达等技术，通过创设虚拟、逼真的环境，激发人的视觉、听觉、触觉等感官，相互作用并引发共鸣。[②] VR 技术能满足教学实践中对构建学习环境的需求，可以提升学生的体验感。

例如，在设计"中古时期的世界"的单元教学时，时空跨度大，学生对相关内容也很陌生，学生很难产生兴趣。为了攻克这个难关，可以通过 VR 技术对这一单元内容进行重新设计，通过 VR 技术让学生感受中古欧洲的庄园生活，感受阿拉伯帝国的繁盛，感受美洲的农业文明。使用 VR 技术，学生仿佛身临其境，通过感官的刺激激发学生的思维，更容易培养学生的创新思维。

至此，生成性学习模型阶段一（生成性学习准备阶段）构建完成，如图1所示。

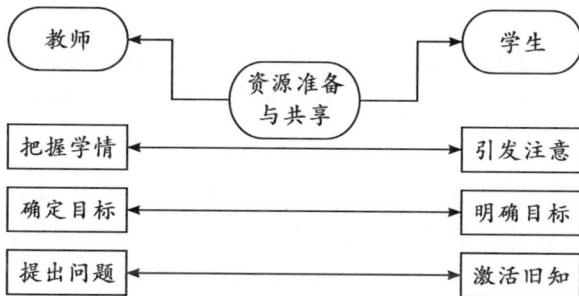

图1　生成性学习准备阶段模型

① 武婧琦，于贺巾. 生成性学习资源在大学英语词汇教学中的应用研究 [J]. 才智，2024（5）：157 – 160.

② 徐欢欢. 跨学科主题背景下 VR 技术在历史教学中的应用 [J]. 信息系统工程，2023（7）：165 – 168.

二、学习者主动构建阶段

学习者的主动构建是生成性学习的核心阶段。学习者在了解教学目标的基础上引发注意和选择性知觉，通过问题情境体验和实践，主动构建知识体系，在主动构建和实践的相互作用中实现意义构建，生成自身的知识体系，并完成对新知识的迁移应用，以完成生成性学习的过程。

（一）鼓励自主探究，培养创新思维

教育的目标是让学生成为积极的自我管理者。知识的主动构建，前提是充分调动学生的积极思维，鼓励他们进行自主探究。在高中历史大单元教学中，学生根据老师提出的一系列大单元问题和挑战，探究并解决问题，在自主探究的过程中，生成自己的看法和见解。虽然目前大部分教育工作者都认识到了自主探究的重要性，但是在实际的课堂上，学生参与的效果并不理想，针对性较低，学生很难开展自主探究，所以这需要一线教师掌握合适的教学方法。

（1）创设开放性的教学环境。传统的高中历史教学课堂习惯于在提问的时候预设答案，面对这样的教学环境学生的思维很难开拓，他们习惯于去寻找最正确的那个答案，或是揣摩老师的心思，思考老师期待自己说出怎样的答案。所以在实际教学过程中，要有意地为学生创设出宽松愉悦、开放民主的学习氛围，以便学生放松身心，活跃思维，从而能够各抒己见。例如，将《中外历史纲要（上）》和《中外历史纲要（下）》中中外历史的改革活动进行整合，形成一个新的大单元"历史上的改革者"，然后设定历史情境，让学生自主选定一个自己感兴趣的改革家展开探究，学生通过自主搜集资料，逐渐形成自己独特的看法，从而有效地训练学生思维。

（2）培养学生自主探究的习惯。这一习惯的养成并非一朝一夕之功，而是一项长期、复杂的系统工程。在实际教学过程中，教师的实施方式限于提问、作业等环节，难以让学生形成长期的主动习惯。所以在实践中，除过一些即时性的测试，还需要落实到持续的教学环节当中。例如，增加课前预习环节，通过预习先让学生对所学内容有所了解，预习时学生会产生一系列疑问，这可以为后续的探究学习打好基础。尤其是在大单元教学的过程中，打破了原有的上课节奏和内容排序，需要学生对所学知识有所预习，才能在大单元的深度教学过程中、生疑到解疑的过程中，构建起自己的知识系统。

（二）引导合作探究，提升协作能力

知识不是灌输，而是由学生在一定的情境中通过自主探究和合作学习获得的。一方面，要肯定学生在学习中的主体地位；另一方面，学生之间的合作探究同样也是学习的重要方式之一。通过合作探究，学生可以相互启发，相互质疑，从而实现共同提高。在高中历史大单元教学背景下，需要大概念、大问题、大任务进行引领，这需要小组合作，发挥团体力量，相互激发影响，通过团体的合作成就个人的生成性学习。

首先，组建学习小组，明确小组责任。要合理组建学习小组，保证其科学性和规范性，目的是促进小组内的每一位成员都能在原有的基础上成长提升。在划分小组时，不能一味地按照成绩进行笼统的划分，而是要根据学生特点、兴趣爱好、课堂表现、学习内容等多方位因素设置有效的学习小组，可按照学生的平时表现，将学生划分为不同层级，然后将各类层级的学生按合适的比例分配到每个小组上，从而在每个小组内部形成带动、促进的氛围。小组划分好之后，可根据具体的学习任务划定小组责任。

例如，在"新民主主义革命的发展历程"的大单元教学时，可以让每个小组内部进行分工，一方代表新民主主义势力，另一方代表旧民主主义势力，在这个设定下，小组进行辩论，为各自的势力寻求依据，小组不仅明确自己的职责，而且通过辩论，将对方的观点也进行积极提取，转化为自己的知识和能力。

其次，精选探究内容，激发学生的合作动机。合作学习的内容决定着学生参与探究活动的积极性，并影响最终的探究成果。所以要保证探究的主题是有价值、有意义的，学生才能有动力、有所得。如果选择的探究主题过于简单，或者本身跟教学目标相差甚远，那合作学习就会流于形式，华而不实。在高中历史大单元教学中，根据大单元核心任务设定问题让学生进行合作探究，激发他们的情感共鸣，在探究中完成学生思维的进阶。

例如，围绕"统一多民族封建国家的经济发展"这一主题展开小组探究时，可以将"概括这一时期江南地区得到开发的原因及其与隋唐大运河的关系"作为探究的任务之一。一方面，这个探究任务具有层次性：首先要了解江南地区开发的原因，其次需要了解隋唐大运河的概况，最后是探究两者之间的关系。另一方面，这个任务紧扣"统一多民族封建国家的经济发展"这一主线，将学生的旧识和新知进行勾连，开拓学生思路，在学习难度上也是呈递进式增加，便于学生接受、理解。

最后，发挥教师指导作用，提升自主探究和合作学习的有效性。强调学生的自主生成，教师绝不是"袖手旁观"，既要反对一把抓，也要谨防放任自流。教师要结合学生的学习进展，科学管理，及时指导。例如，学生在讨论陷入僵局时，教师要适当引导提醒；学生的讨论内容偏离探究主题时，教师要进行及时的干预，才能让整个合作探究的质量和效率有所保障。

（三）师生双向互动，构建知识体系

著名教育家、哲学家保罗·弗莱雷认为："教育不是一种银行式的操作，而是教师和学生之间的对话。"① 教师作为教育者的主体同时也是学习者，学生作为学习者主体同时也是教育者，从而形成互为教师、互为学生的教学双向互动。

例如，在"工业革命与马克思主义的诞生"的单元授课中，布置单元活动：绘制工业革命时期的工厂、街道、森林等，以及绘制马克思所勾勒的社会主义世界，进行对比，让学生理解两者之间的内在联系，通过老师的指导来构建自身的知识体系。而学生自主生成的这些创造性图像资源，也可以成为老师的教学资源，从而不断地丰富历史课堂，形成一种师生的良性互动，引起师生持续的相互生成。

至此，生成性学习模型阶段二（学习者主动构建阶段）构建完成，如图2所示。

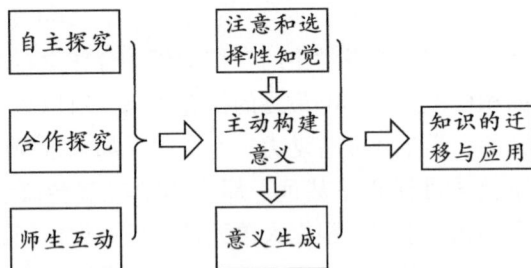

图2　学习者主动构建阶段模型

① 弗莱雷. 被压迫者教育学：30周年纪念版 ［M］. 顾建新，赵友华，何曙荣，译. 上海：华东师范大学出版社，2020：77.

三、生成性学习反馈阶段

反馈阶段是生成性学习成果的检验阶段，它贯穿整个教学活动。该阶段的反馈主要体现即时性、交互性和形成性。《新课标》明确要求，要将教学目标、教学内容、教学过程及教学评价等聚焦于培养和发展学生的历史学科核心素养。① 在大单元教学背景下，尤其要重视"教、学、评"的一致性，以立德树人为导向，构建整个大单元教学过程的评价体系。

（一）开展即时性评价反馈

教学过程中的即时性评价反馈意味着教师需要对学生的学习表现、进步和成果进行实时、连续的评估和反馈。这种评价方式不局限于单一的提问、考试或测验，更应将即时评价的理念融入日常教学活动中，从而更好地反映学生的生成性，便于教师及时调整教学。

例如，在《中外历史纲要（下）》"走向整体的世界"的大单元教学中，设定其中的一个评价目标是：理解人类认识世界的视野和能力在改变，以及对世界各区域文明的不同影响。明确这个评价目标后，引导学生阅读教材，研读史料，通过自主学习、合作探究等活动，生成各自的学习成果，及时进行互相交流评价，这样不仅使学生活动与教学目标紧密联系，而且教师通过观察学生的表现，发现问题，然后可以通过补充材料、深入探究等方式及时调整教学策略。

（二）开展交互性评价反馈

交互性评价反馈是指在具体教学活动过程中，各参与主体通过互相启发和互相评价来实现认知、情感和个性上互相促进的一种评价模式。这种交互性是教师、学生、内容之间的多维交互。基于穆尔（Michael G. Moore）的交互理论，教师之间可就教学法等内容进行交互评价，学生之间通过各类学习活动进行交互评价，内容与内容之间同样需要对比取舍或是融会贯通。除此之外，教师、学生和内容之间要进行多维有效互动，充分评价，从而更好地以评促教。具体如图 3 所示。

---

① 中华人民共和国教育部. 普通高中历史课程标准：2017 年版 2020 年修订 [S]. 北京：人民教育出版社，2020：45.

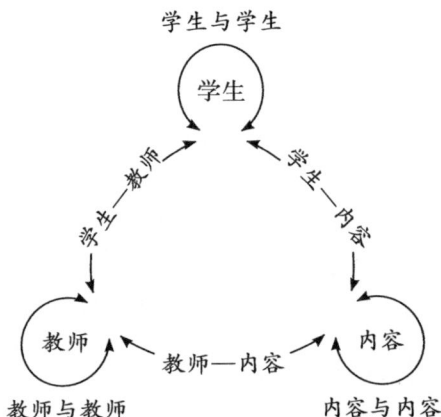

图3　交互理论模型

　　例如，在讲授"工业革命与马克思主义的诞生"的单元教学时，首先是师师交互，打磨最佳的单元主题。在课堂实践中，引导学生围绕"工业革命为什么能影响世界"这个问题展开小组探究，学生对大单元内容进行交互性分析，并展示小组探究成果。教师围绕学生表现进行综合性评价，鼓励学生创造。除此之外，还可以设定一个单独的评价小组，对展示小组的汇报成果进行点评，从生生互评的角度来促进生成性学习。

（三）开展形成性评价反馈

　　形成性评价重点在于评价过程，一般是在互动活动中判断学生的学习情况。形成性评价并非针对某几个重要知识点的一次或几次课堂中的暂时性使用，它必须通过连续的师生相互反馈，合力达成目标，并在这个过程中对学生进行"润物细无声"的情感教育与心智提升。[①]《新课标》指出，历史学科核心素养的达成是一个动态的过程。在评价中，要关注学生在学习过程中的表现。[②] 高中历史大单元教学中的形成性评价反馈尤其强调因材施评，大单元教学本身就是一种深度学习，学生生成知识的程度有所不同，面对不同的学习程度，对应的评价要采取不同的态度和方式。

　　例如，在学习"改变世界面貌的工业革命"大单元内容时，有的学生在

---

① 王会，袁诗龙. 高等教育课程形成性评价理论与实践 [J]. 淮北职业技术学院学报，2024，23（1）：47-50.

② 中华人民共和国教育部. 普通高中历史课程标准：2017年版2020年修订 [S]. 北京：人民教育出版社，2020：57.

搜集史料上成果丰富，有的学生在分析工业革命的时空背景上表现突出，而有的学生在运用史料输出观点上很有新意，在这整个过程中，学生在各自的职责上做出的贡献以及在生成性学习中获得的进步等都应该放入评价反馈环节当中。

至此，生成性学习模型阶段三（生成性学习反馈阶段）构建完成，如图4所示。

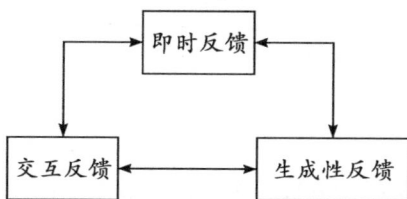

图4　生成性学习反馈阶段模型

四、结语

大单元教学在一线教学实践中越来越受到重视。面对时代的发展，一线教育工作者的教育理念也必须与时俱进，探索契合大单元教学的有效学习策略。秉持生本意识，充分发挥学生在历史学习中的主体作用，引导学生进行自主生成，培养时代所需要的有思想力的创新型人才。

高中历史的大单元教学契合21世纪培养学生思维能力和核心素养的规律，生成性学习策略能有效助推历史大单元教学质量的提升。在生成性学习策略的三个阶段中，学生首先通过教师的共享资源、预设的问题，在相应的任务驱动下，充分调动自身的思维，进入积极的学习准备状态中；其次，学生围绕大单元的核心任务，通过自主学习、合作探究以及师生互动等形式完成单元任务，构建基本的知识体系，完成能力的提升；最后，教师通过即时有效的反馈环节，开展多重评价，检验生成成果，进行迭代优化，最终完成生成性学习的闭环。生成性学习策略是对学习者知识体系和能力体系的再构建，教师以生成性思维贯穿高中历史大单元教学的全过程，是提升历史教学质量、涵养历史核心素养的有效途径。

主线式教学在高中历史复习课中的应用探究

韦彩凤[*]

我国普通高中课程改革持续推进，历史课程目标注意培养学生的能力，具体要求表现在历史学科五大核心素养的培养上。而复习课作为高中教学中常见的课型，它是帮助学生进一步理解和巩固已学过的学科知识，并且在此基础上引导学生总结规律，构建整体知识框架，同时也是教师弥补教学不足，提高教学质量不可缺少的环节。现阶段大部分省市都是使用统编版普通高中历史新教科书，五本教科书包括两本历史必修《中外历史纲要》和三本历史选择性必修《国家制度与社会治理》《经济与社会经济》《文化交流与传播》，五本教科书按照通史与专题史相结合的体例来编写，在此模式下高中历史教科书充分展示了中国和世界历史发展的过程，注重历史事件之间的时序性，展现了人类发展从古至今、从分散到整体、社会形态从低级到高级的发展历程，也更加注重让学生掌握历史人物、历史事件与历史现象之间的联系。从历史学科自身的特性出发，将主线式教学融入高中历史复习课，可以构建一个清晰的教学脉络，整合教学内容，优化教学方式，建构完整的教学情境，突出重点、突破难点，从而有利于学生加深对所学知识的理解，提高应用能力，让学生在更深层次上重新构建知识结构系统、提高思维能力。因此，教师应及时转变教学观念，深入细致地分析学生的认知水平，因材施教，进一步优化复习课的教学方式，提高教学质量。

---

* 韦彩凤，广西民族大学民族学与社会学学院 2020 级历史学本科生。

一、主线式教学在高中历史复习课中的价值

（一）符合高中历史学科的特性

普通高中历史课程是在义务教育历史课程的基础上，进一步运用历史唯物主义观点，以社会形态从低级到高级发展为主线，展现历史演进的基本过程以及人类在历史上创造的文明成果，揭示人类历史发展的基本规律和大趋势，是初中历史课程的继续和深化，它涵盖了历史学的基本内容，介绍了人类社会发展的基本过程和人类社会发展进程中的重要历史人物、历史事件、历史现象。[①] 因此，学生在学习中往往难以将不同的历史事件进行串联构建并形成相应的知识体系。"历史知识总体上讲是现成的知识，其所反映的内容是已经发生过了的，学生不能亲自经历和直接观察，只能通过教师的讲述、教材的叙述、媒体的信息传播等途径获取历史知识。"[②] 这就表明学生对历史的学习以及所掌握的历史文化知识在很大程度上依赖教师的教学，所以就要求教师在课前准备时先对教学内容进行整合，在符合课程标准的要求下，对多个知识点进行汇总，选择符合学生学习需要的内容进行设计，搭建起知识间的联系，将原本分散的历史知识以更加具体化的方式转化为学生易吸收的知识体系。因此，教师依托主线式教学，可以系统地讲解知识，帮助学生梳理所学知识，建立起新旧知识之间的联系，让学生能够对历史知识有整体的认识，以便帮助学生探索历史发展的客观规律，从而在以后的复习中能够举一反三、融会贯通。

（二）适应高中历史课程改革的需要

随着新课程改革的不断深入，《普通高中历史课程标准（2017 年版 2020 年修订）》（以下简称《课程标准》）指出要"将培养和提高学生的历史学科核心素养作为目标，使学生通过历史课程的学习逐步形成具有历史学科特征的正确价值观、必备品格和关键能力"。并且《课程标准》明确提出唯物史观、时空观念、史料实证、历史解释、家国情怀五大核心素养。可见，高中

---

① 徐蓝，朱汉国. 普通高中历史课程标准（2017 年版）解读 [M]. 北京：高等教育出版社，2018：35.

② 于友西，赵亚夫. 中学历史教学法 [M]. 4 版. 北京：高等教育出版社，2017：81.

历史课程是在初中历史课程的基础上进一步加强和提高学生的历史学科核心素养。

目前，新的高中历史课程将由必修课程、选择性必修课程和选修课程三类课程构成，并采用通史与专题史相结合的呈现方式。[①] 而这套新教材容量偏大，知识点分布过密，信息量巨大，教师在教学中更应该牢记学生的主体地位，充分调动学生学习的主动性，让学生进行自主学习、合作学习，深化学生对知识的理解与感悟，重视考查学生的历史思维能力，培养学生用历史眼光看问题的能力，注意学习过程与方法以及情感态度价值观的教育，最大程度上强化课堂的有效教学。因此，从高中历史实际出发，教师运用主线式教学，可以用一条清晰的主线串联历史，培养学生整体史观，这就要求教师课前要根据课程标准以及教材编写的特点整合教材内容，做好教学设计、开展教学，在课堂上正确引导学生思考历史，提升学生学习兴趣，让学生成为课堂的主人，从而更好落实五大核心素养。

（三）符合提高历史复习课教学质量的需求

由于新教材内容体量巨大，历史知识点过密，往往在新授课后学生所学知识没有得到及时复习巩固，加之在高一时要应对全省的学业水平测试，教师通常都在赶教学进度，导致学生的历史基础知识薄弱，知识框架不完整，历史概念模糊不清，给复习增添了难度。纵观整个高中历史教学进度安排，高中历史课课时的有限性决定了复习课课时更为有限。

此外，新课讲授大多数是以教师讲为主，以学生听为辅，学生在学习上也存在惯性思维，处于一种被动接受的学习模式，使得掌握的知识是碎片化的，很难形成系统的知识体系，加之学生对历史知识的熟悉程度、认知程度和知识储备不同，所以教师在复习过程中很难有一个明确的教学目标，教师往往会根据教材快速地把自认为的重点知识讲一遍，或者是把复习课当作练习课来上，教师一味地讲解习题，学生一味地做练习题，忽视了复习课要沟通知识的内在联系、构建知识体系，致使学生历史学科能力欠缺，大部分学生对很多知识只停留在机械记忆的程度，很多概念根本不理解，学生课堂参与度不高，学习兴趣下降，导致课堂复习效率低下。

再者，复习课具有较强的目的性和针对性，重在深化学习内容，对知识

---

① 朱汉国. 普通高中历史课程标准的修订及主要变化 [J]. 历史教学（上半月刊），2018（2）：3 - 8.

进行查漏补缺，温故而知新。通过复习可以弥补教师在新授课教学过程中的不足，解决存在的教学问题。学生可以通过复习课对所学知识加深理解，查漏补缺，强化基础，提高知识水平，提升能力。真正的复习课应该是师生双方再学习、再提高的一个过程。因此，为了实现复习课效果的最大化，提高复习教学效率，利用主线式教学可以使教师着重突出知识的整合，参与构建知识网络，发现知识规律，提高复习效率。

二、主线式教学在高中历史复习课中的应用对策

在复习教学中，教师应该教导学生学习知识，而不是把知识塞给学生；树立学生是课堂的主人的观念，在复习中让学生做好查漏补缺，提高学生的学习能力，做学生学习能力的培养者、学生发展的促进者。

（一）研读课标，立足教材，确定复习主线

《课程标准》作为教师教学的重要依据，是任何学科的教师都要认真研读的。教师研读课标，根据课标来制定复习课的主线，可以保证主线式教学的复习课始终围绕教学重难点展开。"教科书是从一定社会文化、思想意识里选择出来的材料，在选择过程中融入社会主流意识，是学生学习的主要材料。"[①] 历史教材作为历史学科学习的主要材料，是高中三年系统性学习历史知识的主要来源，而任何复习课都离不开教材，掌握基于课本的基础性知识依旧是复习备考的必备能力。教师在组织复习课时要深入研究分析教材的编排、目录结构、单元内的相关史事，将教材的学习内容重新整合，吃透教材的知识点，分清主次，抓住主干知识，保留符合课程标准所规定的历史事件、历史人物、历史线索、核心概念与基本原理等基础知识与核心知识，以实现复习课效果的最大化，从而让学生通过复习课不仅实现知识的巩固，形成一个完整的知识体系，并且也能达到提升能力的目的。

因此主线式教学的复习课以一条清晰、连贯的复习主线串联知识，这条主线应该涵盖所有需要复习的关键知识，因此复习离不开教材，并且还需要学会用教材教学生而不是照本宣科。总而言之，在主线式复习课中教师要以《课程标准》为指导，以教材为基础，整合构建知识点之间的联系，确立复

---

① 乔晖. 中小学生核心价值观培育：教科书的视角［M］. 北京：北京师范大学出版社，2021：3.

习主线，确保能够帮助学生系统地回顾和巩固所学知识，同时提高他们的综合应用能力和问题解决能力。

（二）紧扣复习主线，精心设计教学方案

确立复习课主线后，必须思考如何进行主线教学的问题。要围绕主线，选择合适的教学方法，完成整节课的教学设计，形成一个预设性的方案。主线和整节课中的教学内容、环节、资源等是一个有机整体。主线应串起整节课的所有教学活动的主要环节，各种教学活动的主要环节必须与教学主线相匹配。[1] 也就是说，在本节复习课正式开始前，需向学生明确本节课的复习目标，以便按照设计好的主线开展教学，教学过程中要注意确保主线的连贯性和逻辑性，恰当使用过渡词或者过渡环节，使主线能够流畅地连接各个教学内容和活动。同时，在复习课作业设计上也要与复习目标相照应，做好复习课上理解、消化、记忆、总结涉猎知识点，以及答题技能的提升。这一个教学环节设计下来，教师不能只教学生记知识点，更要教学生学会回忆，真正做到温故知新。

（三）改变教师教学观念，提升教师专业素养

《课程标准》的教学理念是强调以学生为主体的活动，在做中学，进行自主学习、合作学习、探究学习。[2] 注重发挥学生在学习中的主体作用，提倡学生的独立思考，教师在课堂起辅助作用，因此需要教师转变教学理念，更新教学手段，转变角色，更加尊重学生的主体地位，从教学者转变为学生学习的引导者、促进者。主线式教学在复习课的运用中并不是一个简单的过程，需要教师大量阅读文献，搜集素材，将历史知识之间的内在联系找出来创设主线，并在复习课堂上以合适的方式呈现给学生。在主线式教学法的引导下，教师在准备复习课，确定主线教学时，围绕主线选取哪个版块的内容、创设哪种教学活动，这本身对教师来说是需要具备一定的知识储备和很高的专业能力的，所以在创设主线时，要求教师能将教材中零散分布的知识聚集在一条主线上，让学生在主线复习的引导下，构建知识框架，提升学习水平和学习能力。同时，教师在准备复习课的过程中，教师对《课程标准》、

---

① 谢晓倩. 初中历史课堂中主线教学法的应用研究［D］. 太原：山西师范大学，2022.
② 中华人民共和国教育部. 普通高中历史课程标准：2017 年版 2020 年修订［S］. 北京：人民教育出版社，2020：50.

教材内容、学生认知水平的分析深刻与否也是对自身专业的挑战。因此教师在挖掘知识主线的这个过程，除了是教师对知识的再认识、锻炼专业能力的过程，也是教师的教学理念和教学模式发生转变、提升自身的综合专业素质的一种表现。

（四）激发学生主动参与，提高复习效率

提倡学生主动学习，是我们现代历史课程教学改革的重要举措之一。[1]大多数常态下的复习课，学生常常是一味地吸取知识，很少能真正参与到复习教学中，忽视了自身的主体地位，缺少学习主动性。学生应积极参与课堂教学活动，主动思考，主动提问并参与讨论，解决问题，发挥学习自主性，养成主动学习的习惯。同时，学生要对自己的学习负责，在复习中端正学习态度，根据自身的学习情况，找出不足之处，对症下药，并制定明确的复习目标和复习计划；还要意识到复习是在原有的知识基础上，对知识结构进行查漏补缺，对知识体系再深化和拓展的一个过程。当学生明确了复习的目的和意义，他们才更有可能主动参与课堂，提高复习效率。

三、主线式教学在高中历史复习课中的具体应用例证

（一）复习课中的人物主线式教学

《课程标准》中的课程目标对学生提出要求，强调学生要能够"按照时间顺序和空间要素，建构历史事件、历史人物、历史现象之间的相互关联"[2]，从中不难得出人物是串联起历史事件、总结认识历史现象的重要线索。统编版高中历史教科书用大量篇幅介绍了历史人物以及历史活动，因此教师选择特定人物作为复习课主线展开分析，就可以让学生在看到某一个历史人物时便能联想到相关的内容，从而强化学生脑海中出现的内容。当然，由于复习课的特殊性，往往在复习中涉及范围大，在选择人物时要考虑人物的典型代表、知识之间的连贯性。比如赵晓东老师发表的《以历史人物为主线营造历史情境》一文，他在中国近代思想史复习课部分，以陈独秀为核

① 朱汉国，郑林. 新编历史教学论 [M]. 上海：华东师范大学出版社，2008：31.
② 中华人民共和国教育部. 普通高中历史课程标准：2017 年版 2020 年修订 [S]. 北京：人民教育出版社，2020：6.

心，抛出人物主线，以陈独秀的经历，分别解决陈独秀不同阶段所遇到的核心、疑难问题，并将课程分为以下五个部分①：

第一目：少年时代（1879—1901）——生性叛逆，特立独行
第二目：青年时代（1901—1915）——留学东洋，探求真理
第三目：中年时代（1915—1927）——思想启蒙，建党革命
第四目：晚年时代（1927—1942）——流落江津，悲苦人生
第五目：逝世以后——千秋功过，任人评说

从这节以陈独秀生平作为人物主线的复习课来看，老师对内容的串联很自如，能够将学生带回历史现场，最大程度还原历史发展过程，将课本原本枯燥乏味的历史知识变得生动起来。整节课围绕陈独秀的生平这条明确的主线，着重分析陈独秀在不同阶段的思想转变，通过分析转变的原因，探讨陈独秀的思想差异。学生通过研究陈独秀这一人物，洞察并理解当时的大历史，体验当时思想界的纷繁复杂，让学生能根据老师提供的主线进行学习构建，帮助学生在后续复习中遇到关于陈独秀的内容时能联想到相关知识内容，加深学生复习过程中对该主线所涉及的知识记忆，并形成系统性知识体系。

（二）复习课中的事件主线式教学

纵观中华文明上下五千年，历史事件众多，能被记录在历史教材上的事件一般不是小事，其中的某些事件对一个国家、一个朝代甚至整个世界都产生了深远的影响，如选举制度的确立、鸦片战争、新航路的开辟、工业革命……这些历史事件都对现实社会有着深远影响。以这些重要的事件为主线，来引导学生深入挖掘和分析特定的历史主线事件，串联复习所学知识，能够让学生串联起历史发展脉络，进行更深刻的学习，让学生懂得学历史的目的不仅仅是铭记过去，更重要的是以史为鉴。

笔者受到实习学校教学实践和历史组备考复习学业水平测试教研内容的启发，决定尝试以亚非拉反殖民、求民主之路这一历史事件为主线来设计主线复习教学，主线重点围绕亚非拉反对西方殖民者的统治以谋求民族独立的诉求展开，结合杨凯老师在复习中以唯物史观的视角来分阶段分析亚非拉的

---

① 赵晓东. 以历史人物为主线营造历史情境 [J]. 中学历史教学，2015（12）：33–35.

民族独立之路①，设计如下主线：

第一目：工业革命前至"一战"前的独立
第二目：两次世界大战之间——亚非拉民族运动的高涨
第三目："二战"后殖民体系的瓦解

该主线式复习课教学主要涉及《中外历史纲要（下）》第13、16课和第21课，横跨三个单元，时间线从工业革命到第二次世界大战后。学生在不同单元的整合下以亚非拉反殖民、求民主之路作为主线复习，形成了完整的知识链，知识体系连贯。主线以三个不同阶段的不同区域反殖民独立形势来讲述亚非拉的反殖民愈演愈烈，经历了从反殖民到求民主，最后亚非拉国家基本独立并谋求自身的发展。在第一阶段主要把握拉丁美洲、亚洲觉醒的背景，非洲的抗争相关的内容，了解不同区域独立的背景、过程表现以及独立后的概况等。第二阶段是第一阶段反殖民诉求的深化，特点为领导力量、运动道路、历史任务、运动范围、指导思想的不同。同时分析这一阶段独立运动高涨的原因，是受"一战"以及俄国十月革命的影响，这就可以在复习时关联到第14、15课的内容，串联复习这两课的相关知识点，减少了单课复习的压力。第三阶段由于"二战"沉重打击了西方殖民主义的势力以及世界格局的变化，"二战"后殖民体系最终瓦解，这一阶段在帮助学生分析殖民体系瓦解原因时可以引导学生回忆"二战"后的世界影响、世界形势，这样有利于引导学生正确认识殖民体系最终解体的原因。"二战"后的亚非拉国家走上重生之路，并取得显著成就，但同时也面临着诸多问题与挑战，发展之路艰辛曲折，复兴之路任重而道远。在复习亚非拉反殖民、求民主道路的相关知识时，还可以穿插世界殖民体系的形成发展的内容。

（三）复习课中的特定时间线主线式教学

《课程标准》明确指出："任何历史事物都是在特定的、具体的时间和空间条件下发生的，只有在特定的时空框架当中，才可能对史事有准确的理解。"② 因此，在中国五千年历史文明中，一些特定的时间点或者时间线具有

---

① 杨凯. 唯物史观视角下亚非拉反殖民、求民主之路 [EB/OL]. (2023 - 10 - 23).
https://mp.weixin.qq.com/s/qUwkInHZTCjEiw0Mko2CHA.
② 中华人民共和国教育部. 普通高中历史课程标准：2017 年版 2020 年修订 [S]. 北
京：人民教育出版社，2020：5.

重要意义，关系着历史的发展脉络与走向。在教学中以特定的时间点作为主线展开教学，借助时间点对时空进行准确定位，以某个时间点来回顾旧知，引出相关时间线，可以让学生借助特定时间线把握历史发展的规律。如对统编版《中外历史纲要（下）》"经济全球化阶段特征"的复习中，在导入部分以历史分期为线索，讲述世界近代史开端为 15 世纪，中国近代史的开端是 1840 年，请学生简要说出造成中国近代史与世界近代史上限不同的原因是什么。① 通过这两个时间点来引导学生思考中国和世界对近代化时间点的分歧，由产生分歧的原因引出经济全球化的开端时间点。然后在授课阶段让学生在掌握时间点的基础上，结合知识的内在联系构成时空线索，串联时空脉络，分析经济全球化历史阶段性特征。笔者在实习学校讲授第 22 课 "世界多极化与经济全球化" 时选取有关经济全球化的教学片段来分析经济全球化阶段特征，并用多媒体课件进行展示（见图 1）。

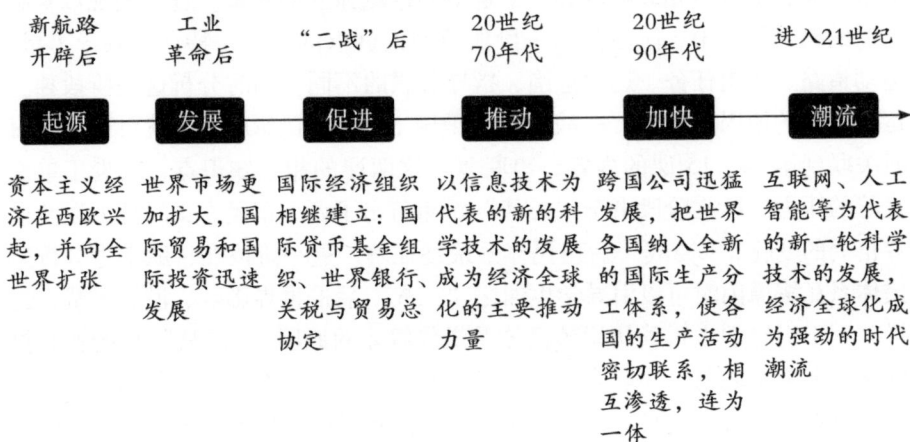

图 1　经济全球化进程图

以经济全球化阶段发展时间线为主线复习，从不同时间点入手，使学生能够将经济全球化定位在不同时空背景中，描述不同时间段经济全球化发展的历史经过，增进学生对经济全球化发展进程这一史实的理解，认识世界经济在全球化发展进程中从无序走向有序。引导学生认识：进入 21 世纪后经济全球化已成为强劲的时代潮流，经济全球化不可逆转。

---

① 裴媛. "时空观念" 视阈下高中历史复习课设计问题研究［D］. 哈尔滨：哈尔滨师范大学，2020.

四、结语

    主线式教学作为一种教学模式，能够在有限的课堂中，以时间、事件或人物为主轴，设定并向学生明确知识主线，在充分考虑学生认知水平的基础上，沿着如此一条完整而清晰可辨的线索，串联起一课或多课的教学内容，能够帮助学生从宏观的角度厘清历史发展脉络，培养历史的整体观，促进学生对历史知识的学习，提高学生的思维能力。主线式教学在课堂中的运用既能将一节课的起承转合理顺得非常自然，同时教师在复习课备课的过程中，教师在依据《课程标准》、对教材内容的综合考虑、关注学生认知水平的基础上，确保复习主线能够帮助学生系统地回顾和巩固所学知识，以实现复习课效果的最大化，优化历史学科的复习教学。

初中历史大单元教学设计探究

吴雪儿*

在过去传统的初中历史教学中，教师多是围绕某课或某知识点展开讲解，学生则根据教师讲授的知识进行学习，对知识形成刻板、单一的理解记忆。教师再结合所讲解的内容设计相应的练习，进而巩固学生对历史知识本身的理解和掌握。在这种教学形式下，学生看似掌握了知识，却更多是浅层化理解，缺乏深层次的思考，在一定程度上不利于学生综合思维的发展，妨碍学生对知识的串联和整合贯通，难以提升学习成绩和核心素养。而若在初中历史课堂中开展大概念单元式教学，以单元为整体教学主线，将单元内的历史知识点再次有效重组，实现知识点之间的连接，则可以帮助学生构建更加完善的知识结构。在这个基础上，教师在教学时就可以顺着单元主线延伸出多个知识点，让学生逐渐完成对知识点的理解和总结，从而更方便学生加深对历史知识的记忆，并建立完善的认知结构，以提高学习历史的思维水平，实现核心素养的养成。

一、初中历史大单元教学概述

初中历史大单元教学是指在新课标背景下，将历史学科的内容按照一定的主题或课时进行整合，重新组合成一个相对完整的教学单元。[①]它可以是以一个历史事件、时代或主题为核心，以多种教学活动和资源更好地帮助学生深入了解和理解历史事件的发展和演变。初中历史大单元教学的目标是培养学生的历史意识、历史思维和历史能力。通过学习历史大单元，学生可以在

---

* 吴雪儿，广西民族大学民族学与社会学学院 2020 级历史学本科生。

① 於以传. 把握中学历史学科单元内容主旨的基本路径 [J]. 上海课程教学研究，2015（4）：44-48.

了解不同历史事件和时期的背景、原因、影响的基础上，掌握历史知识和概念，进而培养批判性思维和分析问题的能力，实现跨学科的综合素养的养成。① 在初中历史大单元教学中，教师需要进行更有效的教学设计和组织，确保学生能够全面、系统地学习和理解相关的历史知识。教师在教学过程中从课堂的中心脱离开，以学生为中心建立更开放自主的互动课堂。教师需要充分发挥引导和辅助的作用，帮助学生建立正确的历史观念和价值观。教师要做到"因材施教"，需要针对不同学生群体的实际情况和学习需求，选择合适的教学资源和教学方法，提供个性化的学习支持和指导。评价是初中历史大单元教学的重要环节。重视在大单元教学课堂中、课堂后的效果反馈，以便及时调整教学策略和方法，总结经验，对教学做到精益求精。总之，初中历史大单元教学是一种有机整合历史学科内容的教学方式，旨在培养学生的历史意识和能力。通过合理的教学设计和组织，教师可以激发学生的学习兴趣，提高他们的历史素养和综合能力。

二、初中历史大单元教学的应用现状调查

为了解初中历史教学中大单元教学的应用现状，通过在学生中收集问卷调查数据和对多位历史教师进行访谈，以期为本研究提供真实可靠的数据支持。调查地点为佛山市的一所公立镇级初中。调查对象是该校初一到初三的学生和历史教师。该校使用部编版的初中历史教材，平时会将大单元教学应用于历史课堂。学生的调查问卷内容主要是学生关于大单元教学的学习情况和看法，教师的访谈从教师对大单元教学的理解、应用情况、备课方法和建议展开。调查结果显示，大部分教师还是主要采用传统的课时教学，大单元教学应用相对较少。大单元教学还是多用于复习课上，用于新授课和开展活动较少。大单元教学作为较新颖的授课方式在一定程度上可以提高学生的上课兴趣，具体效果还得根据教师的上课质量和学生的具体情况来定。大单元教学在一定程度上可以提高学生的学习效率。教师在开展大单元教学时常常不好把控上课时间、活动开展时间，是因为受制于课时有限和紧凑的考试安排。大多教师用于评价的方式不够多样，多依赖于作业和考试。大单元教学对于提高学生的时空观念和历史论述能力效果较为显著。有些学生希望课堂

---

① 中华人民共和国教育部. 义务教育历史课程标准：2022 年版 [S]. 北京：北京师范大学出版社，2022：61 – 62.

可以留出更多自主探究的时间，有学生提出可以调整大单元教学的内容安排，降低难度，保证学生对知识的理解，把控课堂时间。总体而言，初中一线历史教学中应用大单元教学较少，且多用于复习课中。由于课堂时间有限，在开展大单元教学时容易耽误下课。也由于学生在新授课中预习不充分而难以跟上教师上课的进度，造成反效果，反而使学生认识混乱，没办法形成系统的知识，无法发挥大单元教学应有的效用。因此需要教师在课前做好充足的备课准备，以规避以上不足。①

三、初中历史大单元教学的应用策略

审视历史教学过程，研究更加优质的教学方法，学习大单元教学的具体策略，分析更能满足学生学习需要的大单元教学手段是非常有必要的。在当前的教学工作开展过程中，大单元主题构建已经成为很多一线历史教师在研究的问题。笔者即将走出校园，成为未来历史教师队伍中的一员，在该问题的探索上花费了较长时间，并且找到了一些合适的教学设计思路，希望可以给教师们提供一点帮助。

（一）结构化整合历史知识

大单元主题教学的精髓在于将学科知识彻底打散，教师可以灵活地根据学生的学习需要，研究每一个历史知识点在历史学科中的定位。整合历史知识，是大单元主题教学中非常关键的一个环节，有利于培养学生的历史思维，也能够让学生尽快拥有比较成熟的唯物史观。例如，最近几年，部编版的历史教材有了一些调整，单元的整体性更加突出，教学过程中也方便教师对单元内容进行整合，教师可以认真分析整册教材中各个单元之间的联系，然后根据单元间的关系构建大单元教学主题。比如，学习或讲解部编版七年级上册历史教材的时候，教师第一节课主要向学生讲解中国境内早期人类的代表，以北京人为代表，向学生分析早期人类的生产、生活状况等。接下来带领学生学习原始农耕生活以及远古时代的一些历史考证，这些我们可以统一称之为早期人类文明起源，可以很明显地看出，这些课时教学的内容在时间上有一定的临近性，在主题上也有明显的相似性。所以教师直接将这样的

---

① 郭瑞. 高中历史教学大单元模式初探：以人教版必修二第六单元为例 [J]. 高考，2021（8）：132 – 133.

内容归为同一个大单元组织教学工作时，会按照时间顺序进行教学。除了按照内容以及时间顺序讲解历史知识，建构大单元教学主题的时候，教师还可以用例子驱动教学工作，比如教师带领学生研究三国两晋南北朝时期的政权分立与民族交融问题。对于初中阶段的学生来说，研究三国两晋南北朝时期的历史知识是一件非常复杂的事情，大多数学生对这部分历史并不是特别了解，学习兴趣也明显不足。在这样的背景下，历史教师可以用一个个学生熟知的案例展开教学，串联起整个大单元教学的主题内容。比如讲解三国鼎立时期的历史知识，教师就可以用一些三国时期的案例作为支撑，引导学生进一步了解这段历史，有利于满足学生多元化的学习需要，也有利于提高教学的整体效率。

（二）多元化创设教学情景

大单元主题教学中另外一个重要的问题就是教学主题的设计。当教师对所有的历史知识进行重新定位后，会发现讲解不同的知识可以采用的教学方法也是非常多元的。在教学中可以根据课标要求、课程目标和课程内容，对教学内容进行有效的划分和重组，提炼出不同于课本上所局限的更加新颖的主题，以求达到提高学生学习兴趣和动力的目的，作为实现大单元教学的第一步。[①] 基于不同的主题，可以采取不同的教学手段去提高学生的学习动力和更好地培养历史核心素养。面对新课改的教学要求以及学校下达的教学任务，教师应当学会将历史教学的主题变得越来越多元化，而通过积极地创设教学情景，可将单元主题教学打造得更加完善。例如，教师在讲解统编版教材中夏商周时期的相关知识时会发现，本单元的内容时间跨度比较长，如果单纯地按照时间顺序展开教学，恐怕不容易取得理想的教学效果。针对七年级学生年龄还比较小，刚刚接触历史这门学科，对于学习较为久远的朝代比较困难这一学情，在开展单节课教学之前，教师一般会给本单元寻求一个合适的教学情景。比如，教师可以用讲故事的方式让学生沉浸在故事氛围里面，同时思考和大单元主题有关的历史问题：

假如我们现在穿越回了夏商周时期，意外发现自己获得了穿越时空的能力。所以这个时候的我们可以直接站在上帝视角看待从夏商周时期到战国时

① 郭瑞. 高中历史教学大单元模式初探：以人教版必修二第六单元为例 [J]. 高考，2021（8）：132 – 133.

期的诸多历史事件，请同学们准备好体验这一次穿越之旅，穿越第一站来到夏朝，这个时期的人们生活方式还是非常原始的……

教师可以根据教学需要，利用多媒体设备向学生展示各种各样的教学资源，比如用一段视频让学生了解夏朝的建立与家天下的相关内容。随着大单元主题教学的深入推进，讲解之后的知识时，教师也可以运用同样的策略。比如：

穿越的第二站，我们来到了动荡的春秋时期，这个时期究竟会发生怎样的历史故事呢？跟随教师的脚步，一起来探讨一下。

紧接着教师就可以在同样的主题之下讲解历史知识。很显然，这种教学方法具有连贯性，学生可以在同一种教学兴趣的支配下，研究历史知识。这有利于提高学生的学习积极性，也能够更好地培养学生的历史思维，让学生尽早形成相对严谨的唯物史观，帮助学生更好地形成正确的时空观念，用自己的语言去解释专业的历史知识，培育历史学科核心素养。

（三）开放化构建自主课堂

一般来讲，大单元主题教学过程中，教师需要在一节课的时间里为学生讲解更多知识，而且这些知识之间往往还存在一定的联系，有些知识考验的是学生的历史记忆水平，有些知识考验的则是学生完善的历史思维。随着中考改革进程不断加快，近年来的中考真题难度明显有所提升。教师会发现，近年来考查的内容其实不完全局限于我们平时学习的教材，不再单纯作为检验学生对历史知识的简单记忆，有些题目更多的是在考查学生自身是否具备正确的历史观、历史解释能力、史料实证素养等。[1] 在这样的背景下，历史教师更应该用开放的教学方式，提升学生的历史学科核心素养，完善大单元主题教学工作。例如，在"辽宋夏金元时期：民族关系发展和社会变化"这一单元开展大单元主题教学时，教师会先设计一个单元学习的主题，比如让学生围绕着我国疆域版图的变化展开探索。围绕这个线索看一看，辽宋夏金元时期我国的疆域版图究竟发生了哪些变化，这是本单元教学的重点知识，

---

[1] 钟启泉，崔允漷. 核心素养与教学改革 [M]. 上海：华东师范大学出版社，2018：54-63.

也是非常考验学生时空观念的重要知识点。在教学过程中，教师会尽可能地用开放式的方法组织教学，比如讲解北宋的统治，带领学生一起研究宋太祖在强化中央集权方面所做的一系列措施，即使教材本身已经给出了非常明确的史料知识，教师也会给学生推荐一些阅读资料，让学生进一步了解宋太祖强化中央集权的相关史实。在这种情况下，教师会把学生划分为若干个小组，提醒学生以小组为单位，进行角色扮演，假设他们是宋朝时期不同的官员群体和当权者，围绕这些知识展开探究，身临其境地从内部了解宋太祖强化中央集权的相关史实。自主学习的环节结束之后，教师会让学生站上讲台讲解相关内容，每个学生都需要分享自己的思考。由于每位学生的学习能力不一样，很多小组在讨论过程中探究出来的结论也是不同的。比如有些学生研究的是宋太祖重文轻武的政策，有些学生研究的是宋太祖在收归中央集权方面的政策。学生之间共同研究，相互取长补短，有利于提高历史大单元主题教学的有效性，也有利于让学生在自主学习的过程中积累更多重要的历史知识，培育学生的历史学科核心素养。

（四）系统化设计思维导图

从笔者实习时访谈调查的结果来看，教师意识到对于初中生来说，学习历史面临一个难题，那就是很多学生缺乏框架意识。比如教师在讲解历史知识的时候，会给学生分析若干个朝代，但由于学生没有完整的框架意识，对知识的理解肯定是单个的、零散的，这容易造成学生即便是在课堂上认真学习，在课后也没有时间和能力去对整个单元或者某段较长的历史知识进行归纳总结和融会贯通，在考试中无法准确调动所学知识进行答题，所以需要教师在备课过程中对授课内容进行梳理整合，以便在课上就能更好地引导学生掌握所学知识。[①] 即便大单元主题教学在一定程度上弥补了以上问题，教师仍然可以使用思维导图等工具，更好地培养学生的框架意识，让历史教学变得系统化。我们应该从正面和反面两个角度进行分析，用更加有条理的方式研究历史知识，这有利于培养学生的历史思维能力，让学生能够带着更加成熟的历史眼光观察问题；也有利于培养学生的历史解释素养，更好地培育他们的学科核心素养。

---

① 张松. 大单元教学设计时应具备三种意识 [J]. 基础教育论坛，2021 (5)：48-49.

四、初中历史大单元教学设计案例分析

为了更好地说明大单元教学设计的理论，以下将以部编版七年级上册第四单元"三国两晋南北朝时期：政权分立与民族融合"为例进行课例分析，[①] 以第18课"东晋南朝时期江南地区的开发"和第19课"北魏政治和北方民族大交融"作为主要讲解课例。

（一）大单元教学的整体划分

单元主题是大单元教学的核心，对大单元教学起到关键的引领作用。是基于对新课标的理解上对课本内容的凝练和提升，可以是一个视角也可以是一条线索。首先从教材编写的角度入手，分析教材单元标题中的关键词，进而明确教学主题。如该课例中的"政权分立"与"民族融合"这两大关键词，可以明确本单元的学习主题是"孕育统一与民族交融"，那么"民族交往交流交融"是本单元的一大概念。

（二）多重依据的单元主题

关于如何制定一个好的单元主题可以依据以下多个方面，分别是课程标准、教材内容、国家政策以及相关学术研究。

（1）从课程标准上看，2022年版义务教育历史课程标准中明确提出六大板块的大概念，其中中国古代史的大概念是"统一多民族国家的形成与发展"，在内容要求方面强调"认识民族交往交流交融的历史特点及其对中华民族发展的意义"，在学业质量上的要求是"掌握历史发展过程中的重要史事；了解历史发展过程中的各种联系；认识历史发展的基本规律和大趋势"。那么重点在于在大单元的整合教学下帮助学生通过学习基本史实，认识中国作为一个独立完整的统一多民族国家的形成和发展。这一点在学业要求上从五大核心素养出发也作了更明确的阐述，如："认识统一多民族国家形成、巩固和发展的重要历史意义""认识中华民族共同体的形成是中国历史发展的必然结果，树立正确的中华民族历史观"。另外还可以结合相关课程标准的解读帮助教师对课标做出更准确的分析。总之，明确课程标准要求是制定

---

① 张年丰. 指向核心素养的单元作业设计 [J]. 思想政治课教学，2022（2）：41-43.

单元教学主题的关键。①

（2）从教材内容上看，从单元的内部结构上看三国两晋南北朝时期政权更替不断，是我国继秦汉之后近四百年的政治大分裂、民族大融合时期。北方的长期混战，同时也促进各民族的交往、互相学习，为各地区交流发展、局部的统一奠定了基础。因此，"孕育统一"这个概念会更加贴切。从单元的外部关联来看，三国两晋南北朝时期在中国古代史中起到承前启后的作用，是继秦汉时期大统一后的民族交往交流交融的重要时期，为后面隋唐时期的繁华与开放奠定了重要基础。

（3）国家的相关政策方针也是制定教学方向的重要参考，要紧跟国家步伐，培育时代新人。2023年习近平总书记在全国民族团结进步表彰大会上发表重要讲话："各民族共同在中华大地上繁衍生息，有着千丝万缕的血缘亲缘关系，逐渐形成血脉相融、骨肉相连，你中有我、我中有你，多元一体、不可分割的命运共同体。历史充分证明，中华民族是各民族长期交往交流交融的结果，各民族只有不断团结融合、自觉融入中华民族大家庭，才能拥有更美好的未来。""各民族文化相通，是中华民族铸就多元一体文明格局的文化基因。各民族文化互鉴融通、兼收并蓄，逐渐超越地域乡土、血缘世系、宗教信仰，汇聚形成具有强大凝聚力和吸引力的中华文化，形成了中华文明多元一体的格局。"② 因此，强调"孕育统一"和"民族交往交流交融"主题对本单元的学习至关重要。

（4）在学术研究上，刘徽提出大概念视角下"单元"被重新定义，单元是素养目标达成的单位。因此单元设计需要同时具备"望远镜"和"放大镜"两种思维。③ 此外，田余庆在《秦汉魏晋史探微》中提出"在分裂再现之时，中国人并不自安于分裂。纷争各方总是力求寻得恢复统一的路径，人们生活的各个方面，包括思想、感情、经济联系、政治交往，也自然而然地孕育再统一的条件，使统一成为全社会不可抗拒的潮流"④。陈寅恪在《李唐氏族之推测后记》中提到，"李唐一族之所以崛兴，盖取塞外野蛮精悍之精血，注入中华文化颓废之躯，旧染既除，新机重启，扩大恢张，遂能

① 中华人民共和国教育部. 义务教育历史课程标准：2022 年版 [S]. 北京：北京师范大学出版社，2022：9 – 10.

② 新华网，https://baijiahao. baidu. com/s?id = 1811335898516229113&wfr = spider&for = pc.

③ 刘徽. 大概念教学：素养导向的单元整体设计 [M]. 北京：教育科学出版社，2022：78 – 90.

④ 田余庆. 秦汉魏晋史探微 [M]. 3 版. 北京：中华书局，2004：230 – 238.

别创空前之世局"①，肯定了这一时期的民族交往、经济发展为隋唐盛世的到来奠定了重要基础。

基于以上分析可以确定本单元主题为"孕育统一与民族交融"，大概念为"民族交往交流交融"。这一时期以政治推动力、经济驱动力、民族向心力和文化认同力推动大一统国家的形成与发展，为隋唐盛世奠定基础。

（三）素养导向的单元教学

单元教学中制定教学目标，以实现核心素养的培育作为教学的核心和重点。要将五大核心素养落到实处，具体到每一个知识点、每一个教学活动当中。要以课程标准与学科核心素养的结合作为重要依据。② 根据新课标以及教学内容，本次大单元教学的教学目标可以设置为：

（1）时空观念：了解该时期各个政权的建立和灭亡，大致记得朝代的更迭和所在时期地图上的疆域分布，养成一定的历史图片类史料的分析能力，形成历史的时空观念。

（2）唯物史观：通过了解该时期的具体史事，分析南方经济得以开发的原因，认识经济重心南移的发展，认识到劳动人民是历史发展的推动者。

（3）史料实证、历史解释：了解不同类型的史料，学会提取不同史料信息的分析方法，提高史料的阅读理解能力。分析民族交融的背景、特点和意义。尝试养成历史论证能力，用具体史实支撑自己的观点。

（4）家国情怀：认识到中华民族是多元一体的大家庭，历史发展必然走向中华民族共同体的形成，树立正确的中华民族历史观。

在单元教学目标的驱动下教师需要尽可能整合多样教学资源，创设丰富的教学情境，充分调动学生的学习兴趣和动力，以期更好地实现教学目标。可以充分利用教材资源、社会资源、学术资源、乡土资源，创设学习情境、社会情境、学术情境和生活情境等，凸显教学重点，突破教学难点。

构建有效完整的知识结构，以第18课"东晋南朝时期江南地区的开发"为例：以"立江南——东晋南朝的统治、建江南——江南地区的开发、汇江南——民族交融育统一"为知识结构；以第19课"北魏政治和北方民族大交融"为例：以"战淝水——兵戎现交融、迁洛阳——改革促交融、聚长安——'胡'汉共交融"为知识结构，将课程内容进行有机重组、有效串

① 陈寅恪. 金明馆丛稿二编［M］. 上海：上海古籍出版社，2020：344.
② 林崇德. 21世纪学生发展核心素养研究［M］. 北京：北京师范大学出版社，2016：24.

联，使一堂课的节奏紧密，实现以任务驱动教学的目标。①

（四）覆盖全程的教学评价

实现"教学评一体化"，分别体现在课前、课中、课后的评价活动中。课前进行学情评价，评估课前预习。课中创设教学情境，评估教学关键进程。课后设置拓展作业，实施结果性评价。不单单只在考试中检测学生的学习成果，还应在课前检测上节课的学习效果，课中检测上个知识点的理解程度，课堂结尾的小结和思维导图检测学生的知识结构网的架构，课后作业完成的质量检测学生在学习知识后能否应用到具体的题目上，检测学生的核心素养是否得以提高。评价的角度也是多方面的，学科老师评价、学生之间互评、学生自评等都是重要的评价方式。

五、结语

大单元教学是一种相较于传统的以课时为单位的授课，它更加系统化并且整体性更强，在大单元教学中教师可以更好地实现对学生核心素养的培育。笔者通过在实习时对大单元教学设计的应用情况的调查，了解到初中大单元教学在设计实施上有困难，多用于复习课等问题。基于一线教学中遇到的问题，本文首先说明了初中历史大单元教学的核心概念；其次针对问题，阐述了学科核心素养下初中历史大单元课程教学设计的理论基础，包括结构化整合历史知识、多元化创设教学情景、开放化构建自主课堂、系统化设计思维导图；最后通过课例分析，较为全面地展示大单元教学在课前备课、课中教学及课后评价中的具体应用。大单元教学能够使学生对知识产生更大的学习动力，对课程内容一开始就奠定更清晰的印象，从而形成完整的思维体系，培育正确的历史观、历史解释和分析能力，实现"立德树人"的教育宗旨。

---

① 程世高. 高中历史大单元浅探：以"古代中国经济的基本结构与特点"为例 ［J］. 历史教学（上半月刊），2018（2）：66–69.

大概念立意下的高中历史单元教学探究

——以统编版高中历史选择性必修 1 第四单元为例

刘虹希[*]

高中历史新课标明确强调教师要以学科大概念为基石，构建结构化的课程体系，进而确保学科核心素养的切实培养，并阐述了历史学科五大核心素养的内涵和地位。这意味着教学重点转变为更注重发展学生的能力与素养、更重视学生的知识迁移和运用能力。相应地，高中历史教学也由传统单一的知识点或课时教学模式，逐步向更为综合和系统的单元教学模式转变。这需要教师详细解读课标与教材，整合教科书内容，构建连贯逻辑的知识体系，实施以大概念为核心的单元教学，提升学生的理解能力和应用能力。

一、大概念立意下高中历史单元教学理论概述

（一）历史学科大概念

大概念，又称核心概念，不仅内涵丰富，而且同时承载着认识论和方法论的意义。尽管国内外学者对大概念在学科中的内涵界定持有不同观点，但普遍认同的是，大概念是学科内容的核心，也是逻辑思维工具，它概括了事物间的内在关系与规律。深入探究大概念，有助于我们揭示知识间的深层联系，为教学设计提供坚实的理论基础，同时为学生深入探究知识本质提供稳定的支撑点。历史学科大概念，源于对一般历史事实的深入抽象与提炼，进而形成一种关于历史事件内在关联与知识间逻辑结构的体系。它不仅聚焦学科内容的本质特征，还致力于推动历史知识的迁移与应用，以及培养学生的历史思维能力，引导他们形成系统的历史思维，进而构建完整而深入的历史

---

* 刘虹希，广西民族大学民族学与社会学学院 2020 级历史学本科生。

知识体系。这样的概念不仅具有理论价值，更在实际教学中发挥着不可替代的作用。

历史学科大概念形式多样，可以是史实概念，如历史现象（百家争鸣、马克思主义的传播等）、历史事件（商鞅变法、五四运动等）、政治制度（郡县制、科举制等）等具体概念；可以是史论概念，如政治类概念（改革、革命、民主等）、经济类概念（社会分工、商品交换等）、思想文化类概念（文明互鉴、思想启蒙等）；可以是历史哲学概念，如新课标提出的历史学科五大核心素养。

可将高中历史课程的学科大概念由抽象到具体分为四个层次：大概念、重要概念、一般概念、历史事实（见表 1）。

表 1　高中历史课程学科大概念的四个层次

大概念	君主专制
重要概念	中国古代君主专制不断加强
一般概念	不同时期君主专制程度不同
历史事实	明朝废宰相设内阁，君主专制强化；清朝设军机处，君主专制达到顶峰

（二）单元教学

单元作为一种集合形式，传统上多指"教材单元"，其编排主要依据内容关联性。然而，这些单元的课时之间往往仅存在表面的内容联系，而未能形成更高层次的有机整合。究其原因，是将"单元学习的目的定位于学习内容，而不是立足于发展素养"[①]。从大概念的角度出发，今日的单元不再局限于"内容"的界定，而是转型升级为"素养"单元。这一单元的核心目的在于实现素养目标的达成，它是以大概念为基石，有机整合了学习内容、学习材料以及各类学习资源的一个综合性集合体。

关于单元教学设计的界定，学者们持有不同观点，总体上可分为以下两种：一是从单元教学性质角度，认为单元教学设计应以学科素养为基础，紧密围绕特定的目标与主题展开探究活动叙事，以此构建高质量的教学体系。[②]

---

① 刘徽. 大概念教学：素养导向的单元整体教学设计［M］. 北京：教育科学出版社，2022：17.

② 钟启泉. 学会单元设计［J］. 新教育，2017（14）：1.

二是从单元教学操作角度，提出在整体教学思想的指引下，系统地完善相关教材内容。这些经过优化的内容应被视作教学单元，以更好地凸显教学的主要脉络与知识间的内在联系。在此基础上，应对教学单元进行全面而持续的改进，实施动态的教学设计。①

综上所述，单元教学应立足于学科核心素养，深入解读课程标准，全面掌握学生的学习状况，科学整合教学目标，进而对教学内容进行优化组合，构建出一个相对独立且完整的教学单元。此举旨在凸显教学内容的内在逻辑结构以及教学过程的系统性，从而提升教学质量与效果。

（三）历史学科大概念与单元教学的关系

在高中历史教学中，大概念具有至关重要的作用。作为历史学科的本质性知识和思维，它不仅能够整合单元教学内容，还可以作为教学的切入点，有助于提高学生的学科核心素养。首先，大概念与单元教学有共同的目标指向。高中历史新课标指出，历史课程的目标在于培养学生形成历史学科的核心素养，促进他们的全面发展、个性发展以及持续发展。② 而整合教学形态就需要基于大概念。大概念具有中心性、概括性和抽象性，能整合历史知识，提高学习效果，它的结构性能引导学生依托概念框架认识历史，建构认知。单元教学也注重整合性，强调提取主干，避免碎片化，构建系统，促进学生形成逻辑的知识思维体系。两者能共同促进历史学科核心素养的培育。

其次，大概念是整合内容的线索、是单元教学设计的核心。单元教学设计的核心在于对教学内容进行详尽解析，并以此为基础构建科学有效的教学框架。这需要摒弃传统的教材框架束缚，以创新的视角整合单元教学内容，将其整合为便于教师教授和学生学习的有机整体，确立清晰、连贯的逻辑线索作为支撑，以确保教学内容的系统性、条理性和有效性。在强调学科核心素养的教育环境下，学科教育的重心已从单纯的对知识点的掌握，深化为对学科核心素养的培养，以及对必备品格和价值观念的熏陶与塑造。③ 构建和整合单元教学需实现从知识导向到素养导向的转变。用于整合的线索需要具

① 吕世虎，杨婷，吴振英. 数学单元教学设计的内涵、特征以及基本操作步骤［J］. 当代教育与文化，2016，8（4）：41-46.
② 中华人民共和国教育部. 普通高中历史课程标准：2017年版2020年修订［S］. 北京：人民教育出版社，2020：6.
③ 崔允漷. 如何开展指向学科核心素养的大单元设计［J］. 北京教育（普教版），2019（2）：11-15.

备强大的统摄力和包容性，概括历史脉络，体现学科本质，这一线索与大概念本质高度契合。

二、大概念立意下高中历史单元教学设计策略

（一）确立单元学习目标，提炼单元大概念

在历史单元教学设计的初步阶段，必须严格遵循课程标准和核心素养要求，并且综合考虑学生的知识、思维、能力、情感等因素，面向每一个学生，从而确立清晰明确的单元学习目标，这是整个单元教学设计中着力突破的要点，也是贯穿整个教学设计的主线。在此基础上，进一步提炼出学科大概念为后续教学设计提供基础，并明确特定历史时期的核心特征或主题演变轨迹。

在进行单元教学设计时，应确保以提炼出的单元大概念为核心，凸显其在整个模块中的重要地位。同时，还需深入剖析单元内部各重难点内容之间的相互关联，形成有机的知识网络。每个单元通常围绕特定时期或主题展开，教师可通过整合知识，引导学生深入探究核心内容，揭示历史内在逻辑，培养学生的历史洞察力和正确价值观。

如《中外历史纲要（下）》的第一、二单元，教师在设计单元大概念时，可以从课程标准的内容要求出发，仔细阅读教材内容，深入理解其中的核心思想和关键信息。可以借鉴王德民等人在《统编历史教材的"大概念"及其教学实施》一文中的观点，将单元大概念确立为"古代文明的多元特征"。[①] 如第 23 课"从局部抗战到全面抗战"的知识与技能目标为："知道日本侵华的时间，掌握抗战过程中全国抗日救亡运动的重大历史事件，了解抗日民族统一战线的形成过程"，可以向上提炼出"全民族抗战"这一大概念。

教师在提炼单元核心概念后，还需运用逻辑关系对单元内容进行系统梳理、整合和创新性重构，进而展现学科逻辑与立体感，防止知识碎片化，提升教学效果。

---

① 王德民，罗怡静，刘雨涵，等. 统编历史教材的"大概念"及其教学实施［J］. 历史教学（上半月刊），2022（8）：53－58.

（二）依托大概念，转化为核心问题

提炼大概念后，需转化为单元的核心问题。核心问题旨在帮助学生理解大概念。大概念是教师对学科内在价值的共识，并不适合直接呈现给学生。所以，需要通过一定的"翻译"，将其转化成学生看得懂、能思考的问题。在实际教学中，核心问题往往是单元教学过程中最早呈现给学生的内容。核心问题应具备以下特质：其一，需紧密围绕单元核心概念，反复呈现并贯穿整个教学过程；其二，应指向本单元内关键的知识点或核心观念；其三，还需具备激发学生兴趣、开放性的特点，避免答案的单一性。

解决"大问题"需以多个小问题为基础。在教学过程中，教师应充分尊重学生现有的知识和经验，通过构建问题链的方式逐步推进。具体而言，教师应明确区分事实性问题、概念性问题和激发性问题，确保教学目标的清晰性和针对性。同时，教师还应着重凸显关键问题，并以辅助问题为支点，帮助学生逐步深入理解并掌握核心知识；做到问题设计环环相扣、层层递进，帮助学生建立知识关联。

在进行问题设计时需注重层次性和内在逻辑，以确保教学的高效性。教师在引导学生进行问题探究时，应充分考虑学生的现有知识水平和经验背景。通过逐步深入、相互关联的问题设计，可以有效攻克教学中的重点和难点，加深学生对历史知识的理解和认识。这种教学方法不仅有助于拓宽学生的思考角度、优化方法选择、精准知识运用，还能塑造学生严谨的逻辑思维和坚实的价值观念。这种"总体—具体—总结"的教学模式，相较于传统的"具体—总结"模式，更能有效促进学生对核心概念的理解和掌握。

（三）设计核心任务，构建单元教学活动

为了帮助学生对核心问题进行深入思考，还要设置单元核心任务和一系列子任务，核心任务不是传统意义上的习题或作业，而是为理解大概念、回答核心问题而设计的真实情境下的挑战性任务。核心任务贯穿整个单元学习过程，其达成度是单元学习目标达成程度的重要证据。核心任务之下的子任务，是完成核心任务的脚手架，为学生完成核心任务做好准备和铺垫。

根据大概念，教师可采取多种方式构建单元教学内容，包括创建历史情境、梳理知识结构、明晰核心要点以及设置问题链等。这些手段有助于构建完整的教学体系，丰富学习活动，从而帮助学生实现全面的提升。

梳理以上思维过程，大概念立意下的历史单元教学设计流程如图1所示：

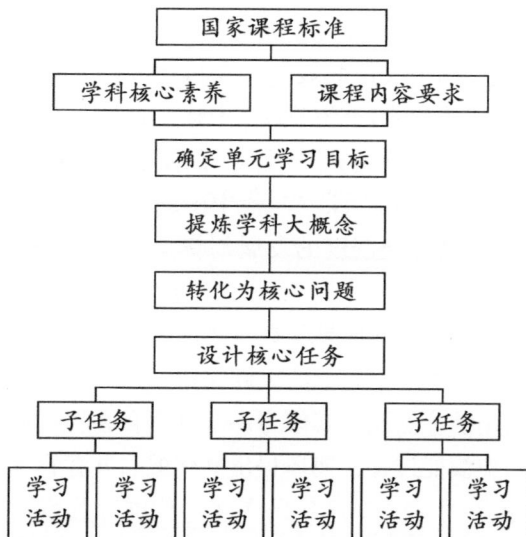

图1   大概念立意下的历史单元教学设计流程

三、大概念立意下高中历史单元教学设计案例分析

前文已论述了运用大概念进行高中历史单元教学设计的策略，为了更加直观地呈现大概念立意下高中历史单元教学如何设计，笔者将以统编版高中历史选择性必修 1《国家制度与社会治理》第四单元"民族关系与国家关系"为例，提供具体的案例作为参考。

（一）确立单元学习目标，提炼单元大概念

首先，明确课标对本单元的任务要求，历史课程标准对该单元的要求为：了解中国古代民族政策和边疆管理制度，认识中国作为统一多民族国家的发展历程，以及处理对外关系的体制；了解近代西方民族国家的形成和国际法的发展；了解当代中国民族区域自治制度的历史意义和独立自主和平外交政策的主要成就。①

其次，对本单元的四课内容进行研读，本单元共有四课内容，这四课内

---

① 中华人民共和国教育部. 普通高中历史课程标准：2017 年版 2020 年修订［S］. 北京：人民教育出版社，2020：23.

容相互联系、互为表里。第 11 课"中国古代的民族关系与对外交往"讲述各民族交往交流交融推动统一多民族国家发展，以及对外交往不断扩大，这既是第 13 课"当代中国的民族政策"中所讲述的民族区域自治制度的历史依据，也是第 14 课"当代中国的外交"中独立自主和平外交政策的历史经验；第 12 课"近代西方民族国家与国际法的发展"是国际法形成发展与外交制度建立的现实需要；第 14 课"当代中国的外交"中讲述的中国特色大国外交是第 12 课所讲的外交制度的发展创新，同时也为国际法和外交制度的发展完善贡献了智慧。

最后，借鉴参考相关学术成果。在《中华民族多元一体格局》一书中费孝通指出，中华民族作为一个自觉的民族实体，是近百年间在与西方列强的对抗中逐渐崭露头角的，然而，其作为一个具有自在性的民族实体，则经历了数千年的漫长历史演变过程，他还提出共休戚、共存亡、共荣辱、共命运的共同体意识理论。① 丁金光、李广民在《当代国际关系》中谈到，人类社会在不断分享物质文明和精神文明的同时，也受到越来越严峻的全球问题的困扰和挑战，② 其中蕴含着"全球法理与国际关系"理论。

根据素养导向，可将本单元的学习目标确立为：

第一，勾勒中国在民族政策与边疆治理方面的历史图谱，归纳中国历代民族关系发展的总体特征与阶段特色（时空观念、历史解释）；研习图文史料，理解民族政策实行的必要性，认识统一多民族国家的治理与发展（唯物史观、史料实证、历史解释、家国情怀）。

第二，梳理欧洲民族国家从中世纪萌芽到近代正式产生的发展脉络（唯物史观、时空观念）；研习图文史料，探寻近代西方民族国家产生的历史渊源，理解民族国家利益的冲突推动国际法的形成（史料实证、历史解释、家国情怀）。

第三，绘制中国历史上对外交往的历史年表（唯物史观、时空观念）；概括各阶段特征，辩证分析中国古代处理对外关系的基本体制（唯物史观、时空观念、历史解释）；体会当代独立自主和平外交政策推动中国的社会主义现代化建设，促进世界的和平与稳定（史料实证、历史解释、家国情怀）。

本单元的内容一直围绕民族与民族之间、国家与国家之间展开，由此提炼出第四单元的大概念为"从天下国家到民族国家发展过程中如何处理内外

---

① 费孝通. 中华民族多元一体格局 [M]. 北京：中央民族学院出版社，1989：4.

② 丁金光，李广民. 当代国际关系 [M]. 北京：时事出版社，2009：1.

关系"，其展现了由自立的民族转向自觉的中华民族的过程。

（二）依托大概念，转化为核心问题

锁定在"从天下国家到民族国家发展过程中如何处理内外关系"的立意之下，本单元的内容主旨为：从中国的时空视阈看，古代各民族迁徙汇聚、交融发展，在华夏认同的基础上，形成了统一的多民族国家。伴随着民族交往交流交融，统一多民族国家巩固发展，多元一体的民族格局渐趋稳定。近代中国在救亡图存中汇集形成强大的中华民族凝聚力，中华人民共和国成立后，在传承中华优秀传统文化和社会治理经验的基础上，创造性地建立民族区域自治制度，中华民族大团结局面日益巩固。

放眼全球人类发展历程，中国古代亲仁善邻、和而不同地发展与周边国家的交往。伴随着近代西方民族国家意识的觉醒，民族国家诞生，推动了外交关系和国际法体系的产生，中国以现代民族国家的姿态积极参与国际事务，在推进中国特色社会主义建设的同时，为新时代的国家治理和全球治理贡献了经验智慧。

以单元大概念为脉络，从中提炼出核心问题："中国历史上的民族关系与边疆治理是怎样的？""近代西方民族国家与国际法是如何发展的？它如何改变近代中国的国家和外交观念？""中国从古代到当代的对外关系与外交观念发生了什么变化？"

（三）设计核心任务，构建单元教学活动

在单元大概念立意和素养导向性目标的指导下，围绕核心问题，可将本单元整合为三个课时，课时主题分别是："大一统和天下观影响下的中国古代的民族'三交'与对外关系""近代民族国家思潮重塑近代中国的国家和外交观念""'多元一体'与'独立自主和平'塑造新中国的民族和外交关系"，从而派生出核心任务（见表 2）。

表 2　第四单元"民族关系与国家关系"核心任务

任务一	结合中国古代民族政策与边疆治理的史实，理解国家治理体系的不断完善，认识中国自古就是由各民族共同参与构建起来的、真正意义上的统一多民族国家

（续上表）

任务二	结合近代中国屈辱抗争的历史，理解国家认同奠定了近代中国向现代民族国家转型的思想基础，认识中华人民共和国成立后开创的民族区域自治制度促进了统一多民族国家的稳定发展
任务三	在梳理近代西方民族国家产生、发展以及国际法演变等史实的基础上，分析民族国家和国际法发展的内在、外在成因，认识当今世界范围内的民族国家和国际关系发展的现实问题
任务四	从中华民族传统文化和谐发展理念以及中国和平共处原则的视角，认识中国将自身治国理政的经验智慧，带入国际舞台，开展外交活动，并逐步推动全球治理体系的改革完善

　　根据以上三个确定的课时以及对应的核心任务，以此来组织本单元的教学内容，可将本单元分为三个课时进行讲授，分别是"中国古代的民族关系与对外关系""近代民族国家思潮重塑近代中国的国家和外交观念""中国当代民族政策与外交制度"。

　　基于以上内容，笔者以第二课时"近代民族国家思潮重塑近代中国的国家和外交观念"做教学设计以供大家参考（见表3）。

表3　第二课时"近代民族国家思潮重塑近代中国的国家和外交观念"教学设计

教学环节	教师活动	学生活动	设计意图
导入新课	多媒体显示文艺复兴时期著名画家拉斐尔的《查理大帝加冕》和法国画家雅克－路易·大卫画的《拿破仑一世加冕图》，观察加冕图上人物形象的变化，突出国王权力增大，引出法国近代民族国家的建立。	观察图片，思考	引导学生观察、对比两幅加冕图上的人物形象，激发学生探索新知识的兴趣
讲授新课：一、探究近代西方民族国家的产生	步骤一：教师展示"2—14世纪法兰西地图"，"英法百年战争和农民起义地图"，百年战争、宗教改革等相关资料。设问：中世纪的法国是什么社会状况？战争对法国产生了怎样的作用？	根据教材内容和已有知识，观察地图，思考，并通过举手发言回答问题	通过观看地图，让学生直观地感受英法百年战争前后法国版图的变化，理解专制王权国家的建立过程。培养学生的时空观念和历史解释的能力

（续上表）

教学环节	教师活动	学生活动	设计意图
讲授新课： 一、探究近代西方民族国家的产生	步骤二： （1）教师展示"太阳王路易十四"画像和相关史料，设问：专制王权国家有何特征？专制王权国家对民族国家形成有何作用？ （2）教师展示图片"攻打巴士底狱"和"路易十六命丧断头台"，提出问题：法国民众为什么会从拥戴国王到抛弃国王？并让学生阅读教材，归纳民族国家建立的表现和基本特征，以及还有哪些原因推动民族国家产生。 （3）教师展示材料，提出探究问题：民族主义对欧洲历史发展的影响，对近代中国产生了哪些启示？让学生分组讨论交流。	独立思考，举手发言 阅读教材，归纳教材内容 根据材料思考、讨论交流	学生通过阅读教材和相关史料，分析得出答案，培养学生史料实证的能力 学生阅读史料，找出关键词、关键句，学会研读分析史料，培养史料实证的素养
讲授新课： 二、探究国际法与外交制度的发展	（1）概念解析：国际法 国际法，简言之，是国家之间的法律，或者说，主要是国家之间的法律，是以国家之间的关系为对象的法律①。 通过分析国际法的内容，结合民族国家产生的影响，引出国际法产生的背景。 （2）自主学习：阅读教材第二、三子目，梳理国际法和外交制度的发展，完成表格。 （3）教师展示材料和图片，让学生分组讨论：根据所学知识，结合时政，谈谈你对国际法的认识。	速读教材内容，找出国际法与外交制度发展中的重大事件。加深对国际法与外交制度演变的理解 相互讨论，发表自己的见解	培养学生归纳概括和辨析的能力 学生小组合作，讨论探究，培养学生合作学习和表达能力

① 王铁崖. 国际法 [M]. 北京：法律出版社，2005：3.

（续上表）

教学环节	教师活动	学生活动	设计意图
教学小结	教师总结：近代民族国家的崛起是现代化的基石，推动了国际法的形成和世界整体化。然而，全球化与民族意识的增强导致民族国家间纷争频发，给世界和平和文明发展带来挑战。为了和平，我们需要树立人类命运共同体的观念，摒弃偏见、歧视、仇恨和战争，追求相互尊重、平等、和平发展与共同繁荣，各国应共同推进世界和平与发展。	思考	总结本课核心内容，深化主旨；进行情感升华，培养学生热爱和平，学会运用法律解决问题的理性精神和爱国主义情怀

四、结语

大概念的内涵及特征，不仅深刻影响着历史教学的效果及学生的学习成果，更在历史学科单元教学设计中占据举足轻重的地位。大概念立意下的单元教学，意味着以大概念体系为框架，整合相关教学内容，构建结构紧凑、目标明确的历史教学单位。它包括明确的单元目标、详尽的单元内容、针对性的教学活动和评价体系。需要教师深入理解大概念，审慎考虑教学设计的主题、目标、内容及评价。面对挑战，教师需从传统以知识为本位的教学模式转变为以素养为本位的教学方式。

为了有效实施基于大概念的高中历史单元教学设计，教师需要不断提升自身的专业素养。具体而言，教师可以致力于构建系统化的基础知识框架，通过横向和纵向的梳理，深化对历史课程内容的理解；同时，还应关注历史教学领域的最新发展，精准把握大概念的内涵及其在实际中的应用逻辑。这些举措将有助于提升教学质量，更好地培养学生的历史学科核心素养。

大单元教学理念下反侵略斗争史的教学研究

——以第五单元"晚清时期的内忧外患与救亡图存"为例

伍文艳 黄 鑫*

大单元教学理念要以新课程标准为导向，设计单元主线，以各个单元为教学单位，以学生的实际学习情况为基础，以学生为学习主体，分析教材内容，找到知识的前后逻辑，以任务驱动为手段，注重对教材知识的再次整合，帮助学生构建历史知识体系。因此，大单元教学被越来越多的教师所重视并尝试在课堂上运用。本文以《中外历史纲要（上）》第五单元"晚清时期的内忧外患与救亡图存"为例，以"侵略—反侵略"为本单元主线，从单元的角度探讨基于大单元教学的高中历史单元整体教学设计。

一、反侵略斗争史在大单元教学中的地位和重要性

（一）反侵略斗争史在大单元教学中的地位

"反应—冲击论"是西方学者在分析中国近代历史时提出的一种理论框架，其核心观点认为中国近代社会的变革和发展主要是由于西方列强的冲击和影响所引起的。这一理论最早由费正清①提出，该理论认为，中国近代史基本上是中国对西方做出反应的历史。他强调西方的冲击产生了彻底改变中国社会结构的力量，推动了中国国内的现代化进程。费正清认为，由于中国传统文化的"惰性"，中国对西方的挑战和回应不力，导致了中国近代化的失败。这一理论在第二次世界大战后成为中国研究的核心观点，并衍生出许

---

* 伍文艳，广西民族大学民族学与社会学学院 2021 级历史学本科生；黄鑫，广西民族大学民族学与社会学学院 2021 级历史学本科生。

① 费正清，邓嗣禹. 冲击与回应：从历史文献看近代中国 [M]. 北京：民主与建设出版社，2019.

多类似的模式。但是这种理论忽视了中国社会内部变革的动力和复杂性，过分强调了外部的因素。因此笔者认为在第五单元"晚清时期的内忧外患与救亡图存"中"侵略—反侵略"更适合作为本单元的主线，同时，"反侵略斗争史"应该成为本单元的主题，因为这在很大程度上能够体现出中国人民反抗外来侵略的决心和勇气，表1为反侵略的具体表现。

表1　晚清社会各阶层救亡图存运动

侵略活动	反侵略斗争
两次鸦片战争	林则徐虎门销烟、三元里抗英、大沽口之战、太平天国运动、洋务运动
甲午中日战争	黄海海战、戊戌变法、反割台斗争
八国联军侵华战争	义和团运动

（二）反侵略斗争史在大单元教学中的重要性

将"反侵略斗争史"作为本单元的主题，不仅有利于学生更加全面地了解中国近现代史的整体发展脉络，还体现了中国人民在面临外来侵略时的民族抗争精神，体现了中国人民为争取国家独立、民族解放和人民幸福而做出的不懈努力。其重要性主要体现在以下四个方面：

第一，反侵略斗争史是中国近现代史的重要组成部分，通过对这段历史的学习可以增强学生的民族自豪感和爱国情怀；同时它也是中国近现代史的一个重要节点，它充当了封建社会与现代社会之间的桥梁，体现了历史发展中的阶段性和连续性。

第二，反侵略斗争史强调了国家主权和领土的重要性，通过对这段历史的学习，可以增强学生对于国家主权和领土的完整认识和维护意识；同时这也是中国人民争取民族独立和民族解放的重要组成部分，学生可以了解到当时的中国如何在国际舞台上争取自己国家的地位和权益。

第三，反侵略斗争史展现了中国人民面对外来侵略时不屈不挠、英勇抗战的民族精神，这是中华民族在历史发展中的宝贵财富，需要在历史教学中得到传承与弘扬；同时，这一部分是爱国主义教育的重要内容，通过学习这段历史，可以激发青少年的爱国热情，培养国家意识和民族认同感。

第四，通过对反侵略斗争史的学习可以总结历史经验与教训，不断激励学生为国家的繁荣富强而努力奋斗。

二、大单元教学理念下第五单元"晚清时期的内忧外患与救亡图存"教学研究

（一）关联单元内容，凝练单元主题

根据大单元教学的基本概念，从整体出发可以更好地促进学生掌握本单元的知识结构，深入学习本单元的基本内容。从单元结构课程安排寻找共性，凝练单元主题。围绕单元主题"侵略—反侵略"展开，深入探究主题与单元课时的结合体现。

1．基于课标要求

《普通高中历史课程标准（2017 年版 2020 年修订)》要求学生认识列强侵华对中国社会的影响，概述晚清时期中国人民反抗外来侵略的斗争事迹，理解其性质和意义；认识社会各阶层为挽救危机所作的努力及存在的局限性。在认知层面要求学生认识列强侵华给中国社会带来的影响，理解对中国社会性质造成的变化；针对课标中第二个和第三个要求则可以找到本单元的主题逻辑来源，要求学生知道列强侵华的史实以及中国社会各阶级所做出的反侵略斗争，从这个角度则可以深入理解本单元的主题内涵。

2．教材解读

（1）单元分析。

从本单元开始，对中国历史的学习进入近代史时期。本单元阐述的是中国近代史早期，即从鸦片战争到八国联军侵华这一段历史，这也是从道光帝到光绪帝的晚清时期。在这段历史时期，发生了两次鸦片战争、中法战争、甲午中日战争和八国联军侵华战争等，中国的政治、经济和社会等多方面都发生了巨大的变化，面对西方列强的入侵，中国人民没有畏惧而是不断寻找救亡图存的道路，中国社会各阶级都进行了自己道路的探索，开始了他们的反侵略斗争，有以太平天国为代表的农民起义、以洋务运动为代表的封建地主阶级救亡运动，还有以戊戌变法为代表的资产阶级改良派运动等。但是在当时特定的历史条件下，这些反侵略斗争始终存在着历史的阶级局限性，难以取得实质性的成功。但是，中国人民面对外来侵略的英勇无畏的反抗精神也正是近代中国未完全沦为西方列强殖民地的重要原因。

（2）单元结构解读。

《中外历史纲要（上）》第五单元共三个课时，其具体课时结构与子目设置如表 2 所示：

表2　第五单元"晚清时期的内忧外患与救亡图存"课时结构

第16课　两次鸦片战争	19世纪中期的世界与中国、两次鸦片战争、开眼看世界
第17课　国家出路的探索与列强侵略的加剧	太平天国运动、洋务运动、边疆危机与甲午中日战争、瓜分中国的狂潮
第18课　挽救民族危亡的斗争	戊戌维新运动、义和团运动、八国联军侵华、民族危机的加深

（3）知识梳理。

通过直观的单元结构表我们可以清楚地知道它们之间的内在关系。从历史发展的角度来看，三个课时的安排具有紧密相关的逻辑关系。在这段时间内，中国面临着前所未有的内忧外患，这一时期也是中国近代史上的重要转折点。晚清政府的腐败统治、官僚体系的效率低下等无法有效应对西方工业文明的冲击，也无法解决影响国内政局稳定的不确定因素。在西方工业文明的强烈冲击之下，中国被迫打开了国门，外国商品大量涌入中国市场，打破了中国的传统经济模式，对国内的农业和手工业造成了严重的冲击，造成了经济结构失衡。在鸦片战争之后，中国被迫签订了一系列不平等条约，面对西方列强的侵略与压迫，中国与西方列强之间的民族矛盾成为主要矛盾，中国人民也开始意识到国家主权和民族尊严受到了严重威胁，因此开始了轰轰烈烈的反侵略斗争。

（二）关联单元主题，确立教学目标

针对单元主题进行教学目标设计，能够使学生理解主题的深刻内涵以及相关概念之间的联系，落实学生应该掌握的基本知识。

1. 学情分析

单元授课对象为高一学生，经过初中的初步学习，学生对于"太平天国运动、洋务运动、甲午中日战争、义和团运动、戊戌变法"等基本史实已有了解，但学生对于西方列强侵华对中国社会的影响以及晚清时期中国人民反抗外来侵略的斗争事迹仅停留在感性认识阶段，对其历史意义认识不深。因此需要教师在课堂上将历史事件置于特定的时空背景之下进行分析，梳理这些历史事件之间的联系，从中提炼出关键信息，激发学生的学习兴趣。从学习困惑点来看，通过分析发现，学生对于社会各阶级为救亡图存所做的努力及其存在的局限性之间的关系、如何评价晚清时期中国人民反抗外来侵略斗争事迹的性质、列强侵华对中国社会的影响这三个问题存在疑问。

2. 确立单元主题

中国自从鸦片战争失败之后被迫打开了国门，中国社会各阶级采取了不同形式的反侵略斗争。从军事抵抗层面来看，中国人民进行了直接的军事抵抗，诸如在鸦片战争期间，清军以及民众进行了顽强的抗争。在太平天国运动中，太平军与外国的侵略军进行了长期的战斗，不仅打击了西方列强的侵略势力，也冲击了清政府的统治。在义和团运动中，民众通过自发组织抵抗八国联军的入侵。在认识到西方列强的军事和科技优势之后，清政府内部的一些开明官员和知识分子发起了洋务运动，主张"师夷长技以制夷"，通过学习西方的先进技术和管理经验来增强国力达到抵御西方列强的目的；同时以康有为、梁启超等为代表的维新派人士，主张通过学习西方的政治制度，通过政治、经济、文化等多方面的改革来实现国家的现代化以达到增强国力的目标。这些应对的措施虽然产生于不同时期的不同阶段，并且在形式上有所差异，但都真真切切地体现了中国人民不屈不挠、顽强抵抗的抗争精神，从而可以确立本单元的主题是"反侵略斗争史"。

3. 确立教学目标

学生能够说出第一次鸦片战争以来签订的《南京条约》《北京条约》《马关条约》《辛丑条约》等一系列不平等条约的内容及其不同之处，认识这些条约的不平等性质及中国社会性质发生的变化。

学生能够说明并分析太平天国运动、洋务运动、戊戌维新运动、义和团运动等历史事件，了解这些运动的历史局限性，特别是阶级的局限性，阐述中国社会各阶级为挽救国家危局而进行斗争的意义。

学生能够在时代背景中分析两次鸦片战争、甲午中日战争、八国联军侵华战争给中国社会发展带来沉重打击和中国如何逐步沦为半殖民地半封建社会，认识列强侵略中国的本质。

（三）基于单元主题，设计核心问题

根据单元主题设置核心问题有助于引导学生深刻理解单元内容，把握课时与课时之间、课时子目与子目之间的逻辑关系，促进学生实现深度学习，提高学生的课堂参与度。第五单元的核心问题如表3所示：

表3　第五单元"晚清时期的内忧外患与救亡图存"教学任务

课题	学习任务	核心问题
第16课 两次鸦片战争	【任务一】知道19世纪中期的世界与中国发生的变化； 【任务二】分析鸦片战争之后中国发生的变化； 【任务三】探究开眼看世界的实质	1. 19世纪中期的世界与中国是怎样的发展情况？ 2. 鸦片战争之后中国发生了什么变化？ 3. 开眼看世界的历史影响是什么？
第17课 国家出路的探索与列强侵略的加剧	【任务一】认识太平天国运动中两个政策的内容； 【任务二】认识洋务运动的实质； 【任务三】探讨甲午中日战争带来的影响	1. 探究太平天国运动中两个政策是否相同以及未能实行的原因； 2. 洋务运动是如何开展的？带来了什么影响； 3. 甲午中日战争失败后签订的《马关条约》给中国社会带来了什么影响？
第18课 挽救民族危亡的斗争	【任务一】认识戊戌变法的历史意义； 【任务二】探究义和团运动中"扶清灭洋"口号暗含了清政府怎样的态度以及对义和团后续活动的影响； 【任务三】探究《辛丑条约》的签订对中国半殖民地半封建社会形成的影响	1. 戊戌变法的性质与以往的运动有何区别？ 2. 从"扶清灭洋"口号中探究清政府、义和团和洋人三方之间态度的变化？ 3. 通过《辛丑条约》的签订回顾中国沦为半殖民地半封建社会的历史进程

（四）落实大单元教学主题的教学设计

以下教学设计主要以第17课"国家出路的探索与列强侵略的加剧"为基本内容，以学习任务为驱动，抓住关键问题，探究大单元教学主题"反侵略斗争史"与本课之间的逻辑联系。

【任务一】认识太平天国运动中两个政策的内容。

　　材料一　凡分田，照人口，不论男妇，算其家口多寡，人多则分多，人寡则分寡，杂以九等。如一家六人，分三人好田，分三人丑田，好丑各一半。凡天下田，天下人同耕，此处不足，则迁彼处；彼处不足，则迁此处……有田同耕，有饭同食，有衣同穿，有钱同使，无处不均匀，无人不饱暖也。

——《天朝田亩制度》

　　材料二　政治上，提出"禁朋党之弊"，以加强中央统一领导。经济上，提出发展交通事业，兴办邮政等，兴办工矿企业，鼓励发展民间工业，开办银行。文化上，主张兴医院，办学校，设新闻馆。外交上，在主权完整的前提下，自由通商，平等往来。

——《资政新篇》

【问题设计】

　　①阅读《天朝田亩制度》和《资政新篇》中的两段材料，阐述两则材料的主要内容，它们有相同之处吗？

　　②这两个政策可以实现"天国梦"吗？为什么？

【教师分析】

　　问题①旨在引导学生知道两部文件都是中国近代史上太平天国运动期间颁布的，反映了当时社会的不同愿望和改革方向。《天朝田亩制度》所反映的是农民阶级要求废除封建土地所有制和平分土地的愿望；《资政新篇》则反映的是太平天国运动的领导层吸收西方先进的技术和管理经验的愿望，二者在实质上存在不同，这也引起了问题②的思考：一前一后两个反映不同愿望的纲领实现了吗？该问题的实质在于让学生理解当时处于战争的特殊环境下以及农民阶级的局限性等，这两个纲领实际上只是农民阶级对于未来社会的美好构想，当时是不可能真正实现的，因此"天国梦"没有实现。从更深层次的影响来看，当时在纲领中提出的部分改革一定程度上是为了增强国家的实力以抵御西方的侵略。

【设计意图】

　　两个问题的设计从对内改革的尝试方面与反侵略斗争史的主题进行了关联，有助于学生对太平天国运动产生更加全面深刻的认知。从小方面逐步延伸，再从太平天国运动肩负着对内反封建与对外反侵略的双重任务、民族意识的逐步觉醒与对外强硬政策以及对西方列强进行抵抗等方面全面认识太平天国运动，它不仅仅是一场反封建统治的农民战争，更是一部农民阶级的反侵略斗争史。

【任务二】认识洋务运动的实质。

材料 今日和议既成，中外贸易有无交通，购买外洋器物尤属名正言顺。购成之后，访募覃思之士，智巧之匠，始而演习，继而试造，不过一二年，火轮船必为中外官民通行之物，可以剿发捻，可以勤远略。

——曾国藩《复陈购买外洋船炮折》

【问题设计】
①根据材料并结合所学知识，指出材料中的"剿发捻""勤远略"分别指的是什么意思？
②曾国藩等人"剿发捻""勤远略"的最终目的是什么？
【学生活动】
以表格的方式梳理洋务运动创办的军事工业和民用工业。（略）
【教师分析】
问题①和问题②意在引导学生探究洋务运动所开办的不同领域的工业及其实质。学生以表格的形式对军事工业和民用工业进行总结，由教师对洋务运动在不同领域所开展的活动进行补充，如在增强国防力量方面，清政府也引进了西方的军事技术与装备，建立了诸如北洋水师等先进军队以提高军事实力；同时兴办新式学堂诸如京师同文馆等，培养了一大批掌握西方语言和科技知识的人才；以及在对外界交涉上作出的努力，对外已开始通过国际法和外交惯例及和平谈判等方式来维护国家的利益和主权。从这些角度出发意在引导学生更加全面地认识以封建地主阶级为代表的洋务派为反侵略所做出的努力。

【任务三】探讨甲午中日战争带来的影响。

材料 是役（甲午战争）后，日人资中国赔款以兴百政，培力既厚。俄、法、德以仗义归辽，责报殊奢，而中国复乘于应付，于是俄据旅顺、大连湾，英据威海卫，德据胶州，法据广州湾，以互为铃制。均权之说昌，中国乃不国矣。

——杨松《中国近代史资料选编》

【问题设计】

甲午中日战争失败后签订的《马关条约》给中国社会带来了什么影响？

【学生活动】

（略）

【教师分析】

任务三中问题设置的主要意图是说明在甲午中日战争爆发之前，中国社会各阶级已做出自己的努力，当时由于自身的局限性，都以失败告终。甲午中日战争失败之后，中国半殖民地半封建社会的性质大大加深，日本在中国攫取了诸多利益激起了西方列强瓜分中国的狂潮。在此背景下，中国人民仍然在继续进行自己的斗争与反抗，始终没有放弃，仍然在寻找救亡图存的道路上，这部反侵略斗争史仍在续写。

三、大单元理念下反侵略斗争史的教学评价

大单元教学开始时，教育目标能否实现要看教学评价给予的反馈。教学评价对于大单元教学的质量评估至关重要，教学评价的设定要深入对知识的理解、注重课程的延伸性、符合学生认知水平的要求，使教学评价有参考价值。

（一）学业水平质量划分

学业水平质量是指学生在完成一课时、一学期或者一学年历史学科课程后的学业成就表现。教师可以根据学业质量水平分析学生的学习情况（见表4），更好地进行大单元教学。

表4　学业水平质量划分

水平	质量评价
一	能够从晚清抗争的史料中提取出有效的信息，从反侵略斗争史的角度，初步认识中华民族为争取民族独立顽强抗争的民族精神是整个民族生生不息的源泉（唯物史观、史料实证、历史解释、家国情怀）。能够通过辨别历史材料、识别历史地图，概述鸦片战争至八国联军侵华战争的重要历史事实和历史发展进程；概述中国地主阶级、农民阶级、资产阶级反抗外来侵略的重大史实，认识中国各阶层争取民族独立的意义，增强民族认同感和自信心（时空观念、历史解释、家国情怀）

（续上表）

水平	质量评价
二	能够从近代中国文献及特定的时空框架下，论证列强入侵对中国社会造成的影响及原因，理解晚清救亡图存运动的来龙去脉，理解列强入侵方式、时空的变化（条约体现），理解中国近代社会两对矛盾以及中国社会性质发生的变化（时空观念、史料实证、历史解释）。能够从诸多史料中提取出事件的线索并获得有用的信息，理解列强入侵对中国经济、政治、社会文化的影响与中国各阶级应对民族危机的关系，进一步理解中国人民坚贞不屈、不懈的斗争精神（唯物史观、历史解释、家国情怀）
三	能够利用文物、历史地图、前人研究成果等不同类型的史料，对各阶级救亡图存的活动进行分析论证，认识其存在的局限性、失败的必然性及社会性质发生的变化，对其形成更加全面、立体的认识，理解阶级斗争是推动阶级社会发展的直接动力（唯物史观、史料实证、历史解释）；能够把握每次抗争运动与其经济、政治之间在时空上的联系，认识近代中国两对矛盾发生的变化（时空观念、历史解释）。能够从认同的角度认识晚清民族危亡的抗争运动（家国情怀）
四	能够将中国放在世界历史的发展进程这一时空框架中，东方从属于西方，认识晚清中国反侵略斗争失败的必然性，以及随着工业革命的深入发展，西方列强侵略中国的方式发生改变，中国的社会性质也进一步发生变化（唯物史观、时空观念、历史解释）。能够自觉将对各个抗争运动的分析与各阶级局限性的探究置于特定的时空框架之下；认识中国历史进入新时期，但新的社会结构并未形成，革命性变革力量并未形成，阶级矛盾与民族矛盾发生了变化；对重大历史事件进行反思，从中吸取经验，能够客观、全面地对历史事件进行评价，从而更深刻、更全面地认识现实问题（唯物史观、时空观念、史料实证、历史解释）。能够从反侵略斗争史的角度理解中国人民为民族独立做出的不懈努力与牺牲，增强中华民族的自豪感和自信心、维护祖国统一的使命感和责任感（家国情怀）

（二）过程性评价

在《中外历史纲要（上）》第五单元的教学过程中，为了使学生对于晚清时期的内忧外患与救亡图存有更深刻的理解，可以举办一个主题为"你是如何看待晚清时期的内忧外患与救亡图存"的讨论活动，帮助学生更深刻地理解和评价晚清时期的抗争运动。可设计如下过程性评价量表（见表5）：

表5 学生学习过程性评价量表

班级：	姓名：	学号：		小组：	
核心素养	评价标准	自我评价	小组长评价	教师评价
唯物史观	能够运用唯物史观正确理解中国社会各阶级的局限性	1 2 3 4	1 2 3 4	1 2 3 4
时空观念	能够将各事件置于当时的时代背景之下，认识其发展的来龙去脉	1 2 3 4	1 2 3 4	1 2 3 4
史料实证	能够掌握获取史料的基本方法；能够正确认识晚清时期中国人民反抗外来侵略斗争事迹的性质、列强侵华行为对中国社会产生的影响，尝试运用史料作为证据论证自己的观点	1 2 3 4	1 2 3 4	1 2 3 4
历史解释	能够分析史料中关于晚清救亡图存运动的历史结论；能够在晚清内忧外患、救亡图存运动的历史事件中，把握事件发展的各种联系	1 2 3 4	1 2 3 4	1 2 3 4
家国情怀	正确认识中国各阶级救亡图存的积极作用，理解社会各阶级为挽救中国危亡做出的努力，进一步理解中国人民坚贞不屈、不懈的斗争精神	1 2 3 4	1 2 3 4	1 2 3 4
学生自我总体评价				
小组长总体评价				
教师总结评价				

注：表中1、2、3、4分别表示学科核心素养的四个等级水平，从低等级到高等级，依次为水平一、水平二、水平三、水平四。

将学业水平质量评价、过程性评价加入学生学习的过程当中，及时了解学生对本单元学习的完成情况。依据评价，有助于教师把握学生对于晚清社会各阶级对于救亡图存所做出的努力及其存在的局限性以及两者之间的关系、如何评价晚清时期中国人民反抗外来侵略斗争事迹的性质、列强侵华对中国社会的影响这三个关键问题的理解与掌握，以便于查缺补漏。

四、结语

新一轮课程改革已成为趋势，我们要清楚地认识到无论以何种理念进行大单元教学设计，其主题与课时之间的关系以及课时子目之间的相互关系都极为密切。同时在历史学科教学中，课时始终占据极为重要的位置，不能因为单元凝练出来的主题而对课时内容或者子目进行削减，而是要寻找它们之间内在的逻辑联系，以使学生通过主题学习对历史事件有更加深刻清晰的认知。第五单元围绕"反侵略斗争史"进行教学，目的是让学生对这段历史有更加深刻的认知，在教学的每个课时中讲述了不同历史时期不同阶级进行了不同的反侵略斗争，虽然都以失败告终，但是中国人民的反侵略斗争仍在继续。农民阶级、封建地主阶级、资产阶级因其自身的局限性，不能承担起领导中国人民实现民族独立的任务，因此需要在反侵略斗争的不断探索中催生出一个新的有革命性的阶级领导中国人民完成革命任务。晚清时期中国内部存在着许多分裂和诸多矛盾，导致军民不能一致对外，这在一定程度上削弱了国家的凝聚力和战斗力。同时学生也要深刻认识到民族团结是国家强盛的重要基础，只有全国人民团结一致，才能有效应对各种挑战。